Was wir wieder schätzen sollten

CHRISTINE PAXMANN
&
JOHANNES THIELE

Was wir wieder schätzen sollten

DIE SCHÖNEN TRADITIONEN

CHRISTIAN BRANDSTÄTTER VERLAG

Inhalt

Geleitwort

von Desirée Treichl-Stürgkh

Tradition bedeutet, das Feuer und nicht die Asche weiterzutragen! Treffender kann man kaum die Bedeutung von Tradition erklären. Ein guter Freund hat mir diesen Spruch einmal erzählt, als wir die Frage diskutierten, ob Tradition Bürde und Auftrag oder Verbundenheit und Leidenschaft ist.

Tradition ist keine alte Tante der Zeit, die dieser hinterherhinkt, wohl eher eine schöne Tochter der Zeit oder noch besser der Erinnerung. Sie kann auch stets verjüngt und wieder neu werden, wenn man sie pflegt. Verstaubt wirkt sie nur, wenn man sie nicht von Zwängen befreit und in die Kommode der Vergangenheit packt. Tradition kann ständig neu interpretiert werden. Ihre Gene bestehen aus Werten – und unseren Vorstellungen von diesen Werten. Genau davon handelt dieses Buch: von Werten, die es wert sind, geschätzt zu werden.

Das Feuer weiterzutragen, ist mein Lebensmotto geworden. Von der Organisation des Wiener Opernballes, die es galt, behutsam ins 21. Jahrhundert zu führen, bis zur Erziehung meiner Kinder, die auf den traditionellen Werten meiner Familie und jener meines Mannes beruht. Ich halte die Tugenden meiner Eltern wach – so wie sie mir von den Eltern beigebracht worden waren.

Offen gesagt: Ich bin ein echter Familientraditionen-Freak. Das friedvolle Miteinander, das Verständnis für den anderen, mit dem man seine Lebenszeit teilt, ist geschützt und geleitet durch Respekt, gegenseitigen Respekt. Höflichkeit und Anstand sind dessen Kleider. Die familiären Rituale hoch zu halten, kann eine erfrischende Strategie sein, traditionelle Ideale zu vermitteln. Meine eigene Lebenserfahrung hat keinen Zweifel gelassen: Man kann einem fast alles nehmen, doch die eigene Geschichte und die Wurzeln bleiben fest mit einem verbunden. Die schönen Erinnerungen an gewisse Situationen, die sich oftmals zu wiederholen schienen, sind ebenso abrufbar wie die Geschichten, die sich um bestimmte Situationen abspielten – Malheurs genauso wie Glücksmomente. Dann schätzt man die aufwendig gestalteten und zelebrierten Weihnachtsfeste, die Osterbräuche, die Nachmittage beim Fünf-Uhr-Tee der Großmutter, die Gesänge an diversen Geburtstagen oder die Ermahnungen der Mutter: »Sag Grüß Gott!« oder »Sitz gerade!« Wie ein roter Faden zieht sich meine Erinnerung an diese Familientraditionen und die damit verbundenen Gesten und Geschichten durch mein Leben.

Begonnen hat alles mit kleinen schwarzen Lackschuhen. Denn Lackschuhe durfte ich als kleines Mädchen immer dann anziehen, wenn in der Familie etwas Besonderes gefeiert wurde. Das war zu Weihnachten, zu Ostern, an diversen Geburtstagen und sonstigen Familienfesten. Zu diesen speziellen Anlässen standen die Lackschuhe vor meinem Bett, und ich wußte sofort: Heute wird ein besonderer Tag. Doch es waren natürlich nicht nur die Lackschuhe allein, die diese Tage so speziell machten. Es war die Vorfreude auf etwas, das ich teils schon kannte, weil es sich als etwas Schönes in meiner Erinnerung manifestiert hatte. Meine Mutter, ebenso traditionsbewußt, gab allen diesen Tagen etwas ganz Besonderes. Da kam das Familienservice auf den Tisch, das mit den Initialen der Urgroßmutter bestickte Damasttischtuch, die geerbten Lobmeyr-Gläser und die wertvollen Porzellanfigurinen. Auch das Menu war auf die Familienfeier abgestimmt – im Winter gab es Schokoladentorte und im Sommer Eisbombe. Die gut gehüteten Familienrezepte kamen ebenso zum Einsatz wie die schweren Stoffservietten der Urgroßmutter. Das Zelebrieren hatte seinen eigenen Rhythmus: Es folgte der Familientradition.

An diesen Tagen, an die ich gerne zurückdenke und von denen ich regelmäßig meinen Kindern erzähle, kam die ganze Familie zusammen, Großmütter, Tanten und Onkel sowie Cousinen und

Cousins. Alle waren hübsch gekleidet, alle hatten dieses »Feiertagslächeln« auf den Gesichtern. Meine Mutter verstand es wie keine andere, diese Familienfeiern so zu gestalten, daß es für alle Beteiligten ein echtes Fest wurde.

Es wurde Konversation gepflegt. Da waren die üblichen bohrenden Fragen meiner Großmutter nach Männerbekanntschaften. »Was flüstern die Herren?« fragte sie regelmäßig meine älteren Schwestern. Oder: »Was liest du gerade?« Es wurden alte Geschichten erzählt, Erinnerungen ausgetauscht und Anekdoten zum besten gegeben. Es wurde schwarzer Kaffee getrunken und dabei über die letzte Aufführung in der Wiener Staatsoper gesprochen. Es wurde die Verwandtschaft durchleuchtet sowie über den Verlobten der Cousine getratscht. Und alles war von bestimmten Ritualen geprägt. Die Großeltern wurden von den Jüngeren zu ihrem Platz geleitet. Die Jungen lernten, wie ein echter Handkuß geht, und die großen Mädels mußten beim Abräumen der Speisetafel mithelfen. Man begrüßte sich herzlich und man verabschiedete sich ebenso innig. In Erinnerung ist mir geblieben, daß auch Nicht-Familienmitglieder diese Stunden in meiner Familie schätzten. Sie fühlten sich wohl in einer Umgebung, die aufgeschlossen war. Sie spürten das Feuer, das von der Familie und ihren Traditionen ausging.

Das Ende war immer dasselbe: Die Lackschuhe wurden weggeräumt und warteten auf ihren nächsten Auftritt.

Das waren meine feierlichen Augenblicke. Es waren aber auch die großen Auftritte der Tradition, die dem Anlaß noch die Ehre und der Erinnerung den Glanz gegeben hat. Jeder von uns hat auf die eine oder andere Art sein eigenes Paar Lackschuhe, mit denen man auf schöne Weise durchs Leben tanzt. Das hat nichts mit Geld zu tun. Und genau dies macht die Tradition so sinnlich und so gegenwärtig: Sie hat keinen Preis. Aber – wie für Generationen zuvor – eine große Zukunft.

Vorwort

Es gibt sie noch, die guten alten Traditionen. Auch wenn tradierte Werte in unserer ziemlich kühlen, urbanen, globalisierten Welt beiseite geschoben oder vergessen wurden – heute werden sie zunehmend wiederentdeckt. Viele Menschen spüren in einer Zeit, in der immer mehr gegen die »natürliche Uhr« gelebt wird, Jahreszeiten nur mehr eine Größe im Kalender sind und die Unterhaltung in der Hauptsache aus den elektronischen Medien kommt, daß ihnen oft Antworten auf die Fragen fehlen, auf welche Art und Weise man Feste im Jahres- und Lebenslauf feiert, damit sie Fixpunkte des frohen Herzens im Alltag werden. Wie man gutes Benehmen kultiviert, das auch im Beruf einen unschätzbaren Startvorteil bietet. Wie man die Traditionen und Überlieferungen und Dinge, welche die ganze Familie betreffen, wieder für sich gewinnen kann.

Die Geburt eines Kindes, eine Familienfeier, der Tod eines Angehörigen, die große Liebe – bewegende Situationen, in denen wir auf Traditionen zurückgreifen, auf ein »Lebenswissen«, das sich über viele Generationen bewährt hat. Die Sehnsucht nach Authentizität und nach Werten, die Bestand haben, scheint wieder zu wachsen.

Die *schönen Traditionen* heben sich aus dem hektischen und unübersichtlichen Alltag ab wie Inseln in einem Strom: Orte zum Ausruhen und Auskosten. Dieses Buch hilft, jene Inseln bewußt anzusteuern, die Schatztruhen zu öffnen und fündig zu werden. Es will die Leserinnen und Leser vertraut machen mit der scheinbar unleserlich gewordenen Ordnung und dem tieferen Sinn hinter äußeren Abläufen und Arrangements. Es will Aufmerksamkeit für gewachsene Traditionen wecken und das Grundvertrauen stärken, daß hinter dem Rad der Zeit und dem Räderwerk der Geschichte ein geheimnisvoller, nicht auf den ersten Blick erkennbarer Sinn zu entdecken ist, der neu vitalisiert und gelebt werden kann.

Wir verstehen die Welt der schönen Traditionen als eine umfang- und farbenreiche Palette an Wissenswertem und Nützlichem, als einen Fundus, aus dem die ganze Familie Rat und Tat für die Wechselfälle des Lebens schöpfen kann. Als »Lebenswissen«, das eine Mutter ihrer Tochter, ein Vater seinem Sohn mit auf den Weg in die eigene Existenz gibt. Als eine Erlebniswelt für alle Generationen. So werden die guten und schönen Traditionen wieder lebendig, Bräuche wieder brauchbar, Symbole wieder verstehbar.

So viel es in diesem Buch auch um Erinnerungsfähigkeit und sinnliche Entdeckung geht, es will nicht nostalgisch sein. Es will der Vergewisserung traditioneller Lebensformen dienen und aufzeigen, wie sich diese neu erschließen lassen, wie man bewußt nach der inneren Uhr durch ein Jahr und durch das Leben gehen kann. Es will Anregungen geben, wie man neue und signifikante Erfahrungen machen kann, um das eigene verschüttete Traditionsbewußtsein wiederzubeleben – nicht zuletzt jenes, das mit Manieren und mit Herzensbildung zu tun hat. Es will schließlich auch gesellschaftliche Akzente setzen, allerdings nicht als ausgearbeitetes Modell und Entwürfe zu einem möglichst zweckgebundenen Lernen, sondern in der Art einer Einladung und Aufforderung, dem Leben seine Farben wiederzugeben. Sein Ziel ist es, Erfahrungen anzuregen, die schönen Traditionen, die wir wieder schätzen sollten, in einem neuen Licht zu sehen, um darin etwas von ihrer Bedeutung wiederzugewinnen.

Was wir wieder schätzen sollten ist jenseits aller Praktikabilität auch ein Buch zum Träumen. Zum Wirkenlassen und Beherzigen. Ein Reiseführer mit Wegweisern aus der Vergangenheit in eine glückliche Zukunft, große und kleine Weisheiten, die man nur mit der Seele suchen und finden kann.

München, im Juli 2008
Christine Paxmann & Johannes Thiele

Die schönen Traditionen

Was wir wieder schätzen sollten · Feste neu entdecken · Rituale schätzen lernen · Brauchtum wieder brauchbar machen · Traditionen neu entdecken

Was wir wieder schätzen sollten

Häufig hört man die Ansicht, wir lebten in einer Zeit des *Laisser-faire* und des *Anything goes*, es gebe keine Maßstäbe und keine Verbindlichkeiten mehr. Das stimmt in vielerlei, vor allem in moralischer Hinsicht – nur in einer nicht: Die letztverbindlichen Kriterien allen Handelns sind heute Erfolg und Effizienz. Da es keine geistige Orientierung von bindender Kraft mehr gibt, zählt nur mehr das hemmungslose Diesseits: Bezüge, Beziehungen, Besitz. Die Ökonomisierung hat alle Lebensbereiche erfaßt, die Traditionen und die Institutionen, die Bildung und die Wissenschaften. Sie dringt in die Kapillaren des privaten Lebens ein, verändert die Liebe, die Gefühle und die Phantasien. Das Prinzip der doppelten Buchführung, das Soll und Haben gegeneinander aufrechnet, sickert ein in die Fundamente von Treu und Glauben, von Anstand und Mitleid.

Die europäische Kultur ist alles andere als eine Einheit. Durch die Technologie, die auf Kosten humaner Werte die Vorrangstellung eingenommen hat, ist sie heute ein aus dem Gleichgewicht geratenes Sammelsurium. Wir erlangten wirtschaftlichen Wohlstand und bezahlten mit dem Verlust von Moral und Lebensqualität. Im Modell der Industrie- und Kommunikationsgesellschaft entdecken wir eine barbarische Mentalität, die sich vor allem in der maßlosen und brutalen Art und Weise äußert, mit der die Technologie eingesetzt wird. Technik und Wohlstand, die eigentlich dazu dienen sollten, das Leben angenehmer zu gestalten und die Menschheit zu höheren Werten zu führen, machen das Leben nur bequemer und die Menschen immer selbstsüchtiger.

Seit dem achtzehnten Jahrhundert sind in bezug auf Gleichheit und Freiheit beachtliche Fortschritte erzielt worden, in bezug auf die Brüderlichkeit sind jedoch nur wenige bedeutende Entwicklungen zu verzeichnen. Die qualitativen Aspekte des Fortschritts wurden der quantitativen Produktion geopfert. Das Wahre, Gute und Schöne ist bis heute nicht in die Zielvorstellungen unserer Gesellschaft eingegangen.

Die zunächst unmerkliche, auf lange Sicht jedoch dramatische Veränderung erkennen wir nur im Rückblick oder dann, wenn wir Menschen aus anderen Zeit- und Tempozonen begegnen, wenn uns ihre Langsamkeit, Bedächtigkeit, ihr Beharren auf Tradition nervös macht. Wir hingegen werden überschüttet mit Vorwürfen, zu langsam, zu unbeweglich und zu bequem zu sein, am Überkommenen festzuhalten. Anstrengung und Leistung, Mobilität und Flexibilität sind die Zauberworte der Innovationsfetischisten, Tradition ist für sie ein Problem, Überlieferung eine Last.

Wahr ist aber, daß nicht alle Tugenden an der kriegerischen Front des Wettbewerbs gedeihen. Andere gibt es, die Dauer und Beständigkeit brauchen, emotionale Heimat und Zuwendung, wie sie die Familie ihrem alten Ideal zufolge gewährt hat und kaum noch gewähren kann.

Doch nur der kann sich selbst kennen, der träumen und verweilen darf, der weiß, wo er herkommt. Herkunft ist nie nur biologisch, immer auch kulturell, und wem die Tradition, die geschichtliche Tiefe des kulturellen Raums verschlossen bleibt, wer die Erzählung nicht kennt, die in der Gestalt von Mythen und Märchen, von Gemälden und Büchern, von Gesten und Gedanken auf uns überkommen ist, der wird im traurigsten Sinne des Wortes seines Glückes Schmied, weil er allein mit sich selber bleibt. Er verliert das Bewußtsein für Formen und Stile, die immer tradiert sind, jedoch nicht immer verstanden werden. Er wird traditionslos und einsam.

Was vor allem auffällt: die Formlosigkeit. Waren die früheren Zeiten vielleicht zu formell, zu starr und zu wenig beweglich, schlägt heute das Pendel in die andere Richtung aus: Unter dem Diktat von Spontaneität und Flexibilität gelten »Formen« als überholt, als unzeitgemäß, als verkrampft. Gleichzeitig besteht ein großer Wunsch nach dem Authentischen, dem Rituellen, der Geborgenheit, die über Manieren und Traditionen, Feste und Bräuche vermittelt wird.

Feste neu entdecken

Geblieben ist nach der Auslöschung der Geschichten, nach der Bilderstürmerei und der Entsinnlichung des Lebens das Bedürfnis, den Lauf (und die Leere) des Alltags zu unterbrechen, Höhepunkte im Jahreskreis festlich zu markieren, mit Familie und Freunden feierliche Anlässe zu begehen. Geblieben ist in unserem rationalen Zeitalter doch die vielleicht nur noch verschwommen erahnte Bedeutung, die der Gestaltung der Feste innewohnt und von der wir nicht recht wissen, wie wir sie wieder beleben können. Geblieben ist auch der Wunsch, die eigene Entwicklung, die unverwechselbare und unaustauschbare Lebensgeschichte als sinnvoll zu erfahren, die Sehnsucht nach Bildern, an denen diese Erfahrung symbolisch haften bleibt und welche die Erinnerungen wachhalten.

Ein Jahr – Winterzeit und Lichtertag, Narren- und Osterfest, Freude an Brot und Wein, am steigenden Licht des Frühlings und am sich neigenden Abend des Herbstes, Namenstage und

Familienfeiern –, die zwölf Monate sind reich an vielgestaltigen Festen, Feiern und Zeiten. In den Festen – viele heidnischen, manche kirchlichen Ursprungs – wohnt so viel Zauber und Kraft zur Verwandlung des Lebens, daß man wehmütig darüber werden könnte, wie wenig sie im Bewußtsein vieler Zeitgenossen geblieben sind.

Wenn man in alten Büchern und Kalendarien zu blättern und zu lesen beginnt, zeigt sich der Jahreskreis so farbenfroh und vielgestaltig, daß es zum Wiederentdecken von immer Gefeiertem, jedoch vielfach auch längst Vergessenem verlockt. Es stimmt nachdenklich, wie viel an Festfreude, an Zeitbewußtsein, an heilsamer Spannung von Alltag und Fest heute verlorengegangen ist. Viele Menschen, vor allem in Städten und städtischen Regionen, haben keine »innere Uhr« mehr, die ihnen eine Beziehung erlaubt zu Natur und Jahreskreis, zur Freude und Selbstbetätigung, die in der alten Ordnung verborgen sind. Dabei sind die alten Feste des Kirchenjahres und des säkularen Kalenders, die vielen Bräuche und Sitten, so gerecht in der Achtung jeder Art von Arbeit, in den eigens den Kindern gewidmeten Festen, in der selbstverständlichen Einbeziehung der Alten, daß sie zum erneuten Aufgreifen und Experimentieren geradezu auffordern.

In einer Zeit, die als säkularisiert bezeichnet wird, erleben viele Kinder (und Erwachsene) kaum noch etwas von dieser alten Ordnung, die sich in Jahreszeiten und Festen widerspiegelt. Dabei gibt es in allen Ländern und Regionen zahlreiche Gelegenheiten, das Leben an den gewachsenen Höhepunkten des Jahreslaufs zu orientieren, alte Bräuche wiederaufleben zu lassen und zu pflegen.

Rituale schätzen lernen

Feste und Feiern leben zu einem guten Teil davon, daß sie sich Jahr für Jahr wiederholen. In dieser Wiederholung liegt die Gewißheit, daß ihre Formen über Jahrhunderte hinweg tradiert werden können.

Bis in die Aufklärungszeit hinein gab es nicht einmal voneinander getrennte Feste sakralen und profanen Gepräges, jedes Fest hatte einen deutlichen Bezug zum Christentum. Erst das aufstrebende Bürgertum und mit ihm die Entstehung nationalen und konfessionsneutralen Staatsbewußtseins haben dazu beigetragen, staatliche Feiertage unabhängig vom kirchlichen Festkalender einzuführen.

Traditionen bilden sich nicht zuletzt über Wiederholung. Jede Generation ist von neuem an der Weiterführung von Traditionen beteiligt: wo diese unterbleiben, geraten Festformen und -inhalte, Bräuche und Gepflogenheiten rasch in Vergessenheit. Ein weiteres Mittel, Feste und Feiern über lange Zeiträume hinweg lebendig zu halten, ist die Ritualisierung.

Man könnte annehmen, daß die kreatürlichen Ausdrucksformen eines Festes verkümmern und absterben, sobald sie zu starren Ritualen und immer wiederkehrenden Abläufen zusammengeschmolzen werden. Darin liegt tatsächlich eine Gefahr – andererseits aber trägt gerade die Ritualisierung dazu bei, den Charakter eines Festes auch den kommenden Generationen weiterzugeben. Denn Feste brauchen trotz aller Spontaneität und ursprünglicher Freude, trotz sich wandelnder Entwicklungen und Nuancierungen, trotz sich immer wieder ändernder Bräuche und Gepflogenheiten doch den bleibenden Grund, das Ritual und die symbolischen, immer wiederkehrenden Grundmuster des Handelns. Gerade modern denkende Menschen wollen die Feste so feiern, wie sie es seit jeher kennen und wie es »von alters her« ist.

Ohne diese Grundstruktur könnte keine Vertrautheit in die »innere Ordnung« von Festen wachsen, wäre keine Erinnerung möglich, gerieten Feste nur beliebig und zufällig.

Es gilt also, beides zu erleben: den ursprünglichen Sinn eines Festes, seine feststehenden und wiederkehrenden Rituale – und die Möglichkeiten, das Fest jeweils mit eigenen Einfällen und Ideen zu gestalten, es zu verlebendigen durch die aktive Beteiligung mit Kopf, Herz und Hand.

Brauchtum wieder brauchbar machen

Brauchtum gibt es nicht als vereinzelte und auf den einzelnen bezogene Tat – es braucht die Gemeinschaft. Es kann erstarren oder seinen Sinn verlieren, wenn seine Formen nicht lebendig weiterentwickelt werden oder wenn es industrialisiert und kommerzialisiert wird. Dann artet Brauchtum in Betrieb, Kunstgewerbe und Geschäft aus, wird durch Fremdenwerbung, Event-Charakter und Tourismus instrumentalisiert. Auch jede Folklore ist bedroht durch Vermassung, Aufhebung von gewachsenen Traditionen.

Man könnte das Brauchtum als eine gestalthafte, sich wiederholende Ausdrucksweise der Gemeinschaft bezeichnen. Es wird aber nur dann nachvollziehbar sein, wenn es als »brauchbar« erfahren wird zur Sinndeutung des Lebens und zur Ausprägung gemeinschaftlichen Lebens. Wo dies nicht der Fall ist oder wo aufgrund geänderter Weltsicht das Brauchtum nicht mehr verstanden wird, muß es entweder zu einer Umdeutung bzw. Neuinterpretation kommen oder zum Experiment mit neuen Gestaltungsformen – sonst besteht die Gefahr, daß das Brauchtum erstarrt.

Die Urbanisierung des ländlichen Lebensraumes und eine allgemeine Skepsis gegenüber Provinz und Brauchtum haben mit dazu beigetragen, daß viele Bräuche nicht mehr akzeptiert und gelebt werden, weil der ihnen zugrunde liegende Sinn irrelevant geworden ist. Neben der Erschließung des Brauchtums ist heute aber auch die Befähigung zur kritischen Distanz und Freiheit gegenüber überkommenen Bräuchen wie auch gegenüber neu gewachsenen Formen säkularisierten Brauchtums unerläßlich. Auch hier gilt: Wenn nicht der *Sinn* von Sitten, Gepflogenheiten und Bräuchen *erfahrbar* gemacht werden kann, haben sie ihre Existenzberechtigung verloren.

Die verschiedenen Regionen haben oft sehr unterschiedliche und vielfältige Brauchtumsformen ausgeprägt. So wird zum Beispiel Fastnacht – oder Karneval oder Fasching – in jeder Region mit anderen Formen gefeiert, im Rheinland anders als in Westfalen, in Baden anders als in Bayern. Darüber hinaus gibt es in der Kirche auch eine Reihe das Kirchenjahr begleitender Bräuche, die überall vollzogen werden, wenn auch manchmal in veränderten Formen.

Traditionen neu entdecken

Kinder bewußt – und selbstbewußt – in Traditionen einzuführen, ist vielerorts in Vergessenheit geraten. Man hat das »Lehren« oftmals ganz der Schule anvertraut und traut sich kaum mehr, Kindern selbst etwas beizubringen. Außerdem sind viele Eltern unsicher geworden im Umgang mit ihrer eigenen Herkunft und Tradition; lautlos vollziehen sie den Auszug aus den selbstverständlichen Gewohnheiten eines gemeinschaftlichen Lebens, deren Sinn ihnen nicht mehr verständlich ist, aus den überkommenen und über Generationen tradierten Bräuchen und Mustern kollektiver Erinnerung und Vergegenwärtigung. Diese an ihre Kinder weiterzugeben, erscheint ihnen »unmöglich«.

Über Tradition zu verfügen, heißt jedoch nicht nur, eine Menge von »Verhaltensmaterial« vorliegen zu haben. Es heißt auch, darauf zu verzichten, völlig Herr seiner selbst zu sein und das Leben allein meistern zu wollen. Tradition stellt die Menschen in die Formen der Gemeinsamkeit. In der Tradition leben, heißt sagen zu können: Ich bin nicht der erste, und ich bin nicht der einzige. Es waren andere vor mir da, die ihre Sprache und ihre Gesten gefunden, oft auch festgelegt und überliefert haben, weil sie ihnen wichtig waren. Ich werde meine Sprache sprechen, und ich werde ihre Sprache übernehmen, wo meine Sprache versagt. Ich brauche nicht alles selber zu verantworten, die Tradition gibt mir Rückhalt und Sicherheit.

Manchmal wird den traditionellen Formen und Lebensäußerungen vorgehalten, es hafte ihnen etwas Äußerliches, »Nicht-Eigentliches«, beinahe Mechanisches an. Sie seien oft nicht bewußt angeeignet oder einverleibt, sondern nur oberflächlich übernommen, ohne innere Beteiligung und Überzeugung. Der Vorwurf »sinnleerer Traditionen« ist keineswegs aus der Luft gegriffen. Nicht alles ist existentiell, nicht alles sollte unbefragt übernommen werden, nur »weil es früher so war«.

Ob Traditionen lebendig bleiben, hängt im wesentlichen davon ab, ob Menschen sich entscheiden, ihren Lebensort und ihre Gesellschaft als etwas anzusehen, wo ihre Interessen verhandelt und ausgedrückt werden dürfen. Wo die Sprache der Formen verstanden wird. Wo ein bestimmter Stil, eine bestimmte Art, die Dinge zu sehen, akzeptiert, gelebt und weitergetragen wird. Tradition ist eine einzige große Kennzeichnung, viel mehr als Etikett und Etikette, sie ist eine innere Idee bzw. eine Vorstellung, die allem zugrunde liegt. Darum die große Vorliebe für bestimmte Formen und Rituale, die so und nicht anders ablaufen sollen. Darum der Wunsch, die eigenen Hoffnungen zu kennzeichnen und auszudrücken, sie zu verorten in der Gesellschaft, aus der man kommt und in der man lebt und die in traditionellen Formen und Ritualen eine Sprache gefunden hat, in der man sich ohne großes

Überlegen und völlig selbstverständlich artikulieren und verständigen kann.

Tradition gibt dem gesellschaftlichen Leben ein Gesicht und eine Gestalt, indem wir öffentlich bekunden, wer wir sind, was uns wichtig ist und worauf wir vertrauen. Sie hilft uns, erkennbar zu werden und zu bleiben, uns selber und den anderen. Wir haben nichts mehr zu verschleudern aus unserer Tradition, weil so viel auf dem Spiel steht.

Begrüßung

Gute Umgangsformen erkennt man insbesondere am höflichen Grüßen. Ein gut erzogener Mensch hat für jeden Bekannten einen freundlichen Gruß.

Viele Menschen empfinden bei der mitunter heiklen Begrüßung Unsicherheit, so daß wir hier einige Traditionen der »Kunst des Grüßens« ins Gedächtnis zurückrufen wollen. Firlefanz und Geziertheit sind heute fehl am Platze; es sollte immer ungezwungen sein und natürlich wirken, wie man sich begrüßt.

Regel eins: Übersehen Sie niemanden. Es gibt Menschen, deren Selbstbewußtsein so schwach ist, daß sie meinen, absichtlich nicht gegrüßt worden zu sein.

Regel zwei: Mit dem Händeschütteln sollte man sparsam sein. So manche kurze oder flüchtige Begegnung ist mit zweimaligem Händeschütteln reihum vertan worden; es wirkt auch etwas lächerlich, wenn in kurzen Abständen ständig Hände geschüttelt werden.

Regel drei: Auf der Straße wird gegrüßt: die Dame vom Herrn, der Ältere vom Jüngeren, der Vorgesetzte vom Mitarbeiter, der Stehende vom Vorübergehenden, die Gruppe vom einzelnen.

Begegnen sich mehrere Personen, gibt es oft ein Durcheinander. Früher existierten genaue Vorschriften: wer wen aus welcher Gruppe wie begrüßt, daß Hände nie überkreuzt gereicht werden (denn das soll Unglück bedeuten!), daß immer das mutmaßliche Alter abgeschätzt werden muß, um Rang- und Reihenfolge zu entsprechen, wer wen mit wem bekannt macht und vorstellt, wann die Dame den rechten Handschuh auszuziehen und der Herr den Hut zu ziehen hat, wen man umarmen und wen man küssen darf, daß im Dunkeln nicht gegrüßt wurde, wie man sich auf ein paar höfliche Worte beschränkt oder Erkundigungen einzieht. Das alles ist passé, und das ist gut so.

Sind wir in Begleitung, so grüßen wir mit, wenn unser Begleiter (oder unsere Begleiterin) grüßt oder gegrüßt wird. Treffen wir aber eine bekannte Person, die in Begleitung ist, so grüßen wir nur, wenn sie uns zum Grüßen ermuntert. Es kann durchaus vorkommen, daß ein Bekannter in bestimmter Begleitung oder in bestimmter Umgebung nicht von uns gesehen werden möchte. Wenn wir annehmen, daß dies der Fall ist, grüßen wir nicht und ignorieren ihn.

Im übrigen ist es selbstverständlich, daß derjenige, der einen geschlossenen Raum betritt, die Anwesenden freundlich grüßt. Entfernt sitzende Bekannte – zum Beispiel im Theater oder in der Oper – werden durch ein leichtes Neigen des Kopfes oder ein aufmunterndes Nicken gegrüßt.

Bildung

Allgemeinbildung · Charakterbildung · Herzensbildung · Musische Bildung

Der bürgerliche Bildungskanon ist, wenn nicht tot, so doch totgesagt. Da ist alles historisiert, soziologisiert, klassifiziert und systematisiert – doch er lebt nicht mehr. Er ist keine lebendige Tradition, die Menschen in ihren Gedanken inspiriert und in ihrem Handeln vitalisiert.

Unter diesen Voraussetzungen das ambitionierte Projekt einer Wiederbelebung traditioneller Bildung anzugehen, mag an Vermessenheit nicht zu überbieten sein. Mit welchem Recht läßt sich heute ein Bildungskanon zusammenstellen, ohne die Absegnung staatlicher, gesellschaftlicher oder akademischer Kommissionen und Ausschüsse, ohne eine Legitimierung durch die Kulturbürokratie, durch tatsächliche oder vermeintliche Kompetenzinstanzen?

Dabei stellt sich die sehr unbequeme Frage, ob es überhaupt einen solchen Kanon geben kann, soll oder muß. Was sind die Kriterien, die Maßstäbe, die Interessen, die Bemühungen um Bildung motivieren?

Andererseits ist die Sehnsucht nach verbindlichen Formen, der Wunsch, die republikanische Identität als Tugendlehre des zivilen und zivilisierten Verhaltens neu zu begründen, vital. Sie ist weit mehr als eine akademische Debatte über das, was man gelesen, gesehen, gehört oder sonst wie kommuniziert haben sollte, über das, »was man kennen muß«.

Doch muß man es kennen? Wir meinen, ja. Es soll hier keine melancholische Klage über das Verschwinden der »alten Bildung« oder des europäischen Bildungskanons des bürgerlichen Zeitalters geführt werden. Gerade »alte Bildung«, solche aus der Vergangenheit, als eine »Form des Bewahrens«, die auf tradiertes Wissen, auf Erfahrungen und Überlieferungen rekurriert, ist der Überschuß angesichts der Halden »verwertbaren Wissens«, des schulischen und universitären Anwendungs- und Prüfungswissens.

Während früher der Kanon noch in den Erzählfluß einer großen, zusammenhängenden Geschichte und in den Reflexionsfluß der akademischen und universitären Kultur eingebunden gewesen ist, herrscht heute die Logik komplexer Datenbanken, die einen navigierbaren Raum konstruiert, in dem freilich die einzelnen Elemente austauschbar werden und ihre identitätsstiftende Funktion weitgehend einbüßen.

Bildung realisiert sich immer über konkrete Inhalte. Weil es davon aber so viele gibt, wird man um eine Auswahl nicht herumkommen. Wir versuchen hier, die Aufmerksamkeit auf die Allgemeinbildung, die Charakterbildung, die Herzensbildung und die musische Bildung zu richten.

Allgemeinbildung

Berufliches Wissen und Können ist zwar unbedingte Voraussetzung für den beruflichen Erfolg, im Leben aber reicht es nicht aus. Wer darüber hinaus nicht über ein gewisses Maß an Bildung – an Allgemeinbildung – verfügt, wird sich im Umgang mit anderen Menschen oft unbeachtet, ja überflüssig vorkommen. Und er wird feststellen, daß ihm trotz seines ausgezeichneten Fachwissens auch der Aufstieg in höhere berufliche Positionen verschlossen bleibt.

Was ist denn Allgemeinbildung? Sicher ist es nicht das, was ein Abiturient in der Schule mehr gelernt hat als ein Haupt- oder Realschüler. Zwar erhält der Schüler eines Gymnasiums eine bessere und breitere Grundlage, auf der er seine Allgemeinbildung aufbauen kann, aber entscheidend ist das nicht.

Zur Allgemeinbildung gehört, über *Tagesfragen* unterrichtet zu sein, über politische, wirtschaftliche, kulturelle und sonstige bedeutende Ereignisse und Entwicklungen Bescheid zu wissen. Und nicht nur Bescheid zu wissen, sondern Zusammenhänge zu verstehen und Entwicklungen einordnen zu können. Über Gebiete, die man besonders interessant findet, erweitert man sein Wissen über die Lektüre einer guten Tageszeitung hinaus aus Büchern und Zeitschriften, unterhält sich darüber mit anderen und sucht jede Möglichkeit der Weiterbildung. Es ist besser, auf einigen Gebieten ein gründliches Wissen zu besitzen, als auf vielen ein oberflächliches oder gar nur einige Schlagwörter, mit denen man zu blenden versucht. Man sollte bei einem Gesprächsthema, von dem man nicht soviel versteht, um eine eigene Meinung vertreten zu können, ruhig zugeben: »Ich kenne mich da zu wenig aus.« Dieses offene Zugeständnis wird jeder respektieren.

Zu einer guten Allgemeinbildung gehört auf jeden Fall eine gewisse Aufgeschlossenheit für Kultur, Literatur und Kunst und die Kenntnis ihrer Entwicklung, wenigstens in großen Zügen. Noch wichtiger ist die möglichst perfekte Kenntnis der Muttersprache, die Grundlage aller Bildung ist, und der Fremdwörter aus dem Griechischen, Lateinischen oder Französischen, wobei man instinktiv zwischen international gültigen und völlig überflüssigen Fremdwörtern unterscheiden sollte. Wer Fremdwörter falsch anwendet oder ausspricht, kommt eher in den Verdacht, ungebildet zu sein, als derjenige, der sie durch deutsche Wörter ersetzt oder umschreibt. Und auch Fremdsprachen gehören zur Allgemeinbildung, zumindest die Kenntnis einer fremden Sprache in Wort und Schrift.

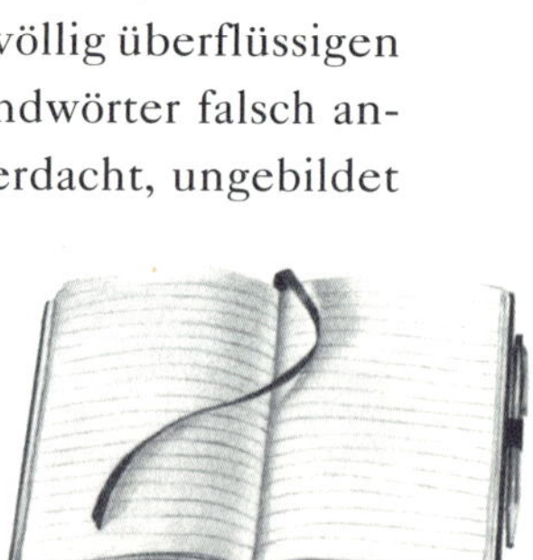

Charakterbildung

Welchen Charakter ein Mensch hat, entscheidet oft über seine gesellschaftliche Position, seine soziale Anerkennung, seine Beliebtheit und den Respekt, der ihm zukommt. Charakterschwache Menschen sind ungebildet in dem Sinn, daß sie sich selbst nicht gebildet und geformt haben, daß sie keinen Stand in ihrer Gesellschaft gefunden und in der Menschenkenntnis Defizite haben.

So wird Benehmen verschieden beurteilt, was vor allem mit den verschiedenen Charakteren der Menschen zusammenhängt. Benehmen allein reicht also nicht aus, um ein gutes Verhältnis zu anderen herzustellen, man muß es gewissermaßen auf die Eigenart jedes einzelnen abstimmen. Was voraussetzt, daß man seine Charaktereigenschaften, seine persönlichen Eigenarten kennt.

Es gibt nur wenige Menschen, bei denen gute Menschenkenntnis natürliche Veranlagung ist, eine Art Instinkt, ein besonderes Vermögen, Menschen schon auf den ersten Blick zu erkennen und richtig zu beurteilen. Alle anderen müssen auf Grund von Erfahrungen, Beobachtungen und Vergleichen versuchen, aus der äußeren Erscheinung eines Menschen, aus bestimmten körperlichen Merkmalen also, der Haltung, der Kleidung usw. sowie aus seinem Benehmen und seinen Gesten Charakter und Wesensart zu erschließen. Zweifellos ein schwieriges Unterfangen, doch Charakterkenntnis erleichtert den Umgang mit einem Menschen ungemein: Wir können dann »richtig mit ihm umgehen«, Handlungsweisen verstehen und den richtigen Umgangston treffen.

Wenn wir sagen, daß ein Mensch »Charakter« hat, dann meinen wir, er hat eine Wesensart, die andere Menschen überzeugt und die sie als angenehm empfinden. Ein charakterlich gefestigter Mensch ist verläßlich, er läßt sich nicht manipulieren. Charakterstärke läßt ihn immun werden gegen Zumutungen aller Art, läßt ihn aufrührerisch und widerständig werden gegen Ungerechtigkeit und Zwang.

Das Ideal des charakterstarken mitteleuropäischen Mannes ist der »Kavalier alter Schule«, der weiß, was sich gehört – der Gentleman. Dieses englische Wort, das etwa mit »Edelmann« zu übersetzen ist, gilt als Ehrentitel für einen Mann, dessen Verhalten immer und überall vorbildlich ist, früher nannte man es ritterlich. Er ist also ein Mensch, der nie gegen die guten Umgangsformen verstößt, dem Höflichkeit und Herzenstakt, kurz alle traditionellen Tugenden zur zweiten Natur geworden sind und dessen äußere Erscheinung stets korrekt und tadellos ist. Eines ist klar: Um ein Gentleman zu sein, braucht man nicht in einem vornehmen Haus und als Kind reicher Eltern geboren zu sein. Und doch sind Gentlemen heute eine Seltenheit.

Herzensbildung

Gerade kleine Gesten, die nichts kosten, die keine großen Anstrengungen oder kaum ein Opfer verlangen, sind erfreuliche Zeichen menschlicher Herzensbildung. Sie ist nirgendwo Teil eines Lehrplans oder Erziehungsprogramms. Das altmodische Wort »Herzensbildung« läuft moderner Pädagogik und ihrer Erziehung zum »funktionierenden Menschen« zuwider. Und doch ist kaum eine Tradition wichtiger als die, das eigene Herz zu bilden, es aufzuschließen für andere.

Taktgefühl

Es ist schwer, Regeln für taktvolles Verhalten aufzustellen. Denn Takt ist vor allem eine Eigenschaft des Herzens, ist jenes Feingefühl, das uns in bestimmten Situationen eingibt, das Richtige zu tun und zu sagen, um den anderen nicht zu kränken oder um ihn vor Peinlichkeiten zu bewahren. Wir kommen täglich in Situationen, die taktvolles Verhalten von uns erfordern. Manchmal nehmen wir sie gar nicht wahr und tun instinktiv das Richtige. Manchmal aber erkennen wir, daß wir eine Situation nur mit viel Taktgefühl meistern können. Und da handelt man meistens richtig, wenn man versucht, sich in die Lage des oder der anderen Beteiligten zu versetzen.

Taktgefühl zeigen wir vor allem auch da, wenn wir Schwächen unserer Mitmenschen übersehen, wenn wir uns so verhalten, als nähmen wir sie nicht wahr. Wir verzichten auf unangebrachte Neugierde – was nicht für unsere Augen oder unsere Ohren bestimmt ist, nehmen wir nicht zur Kenntnis und bemühen uns vor allem nicht, es zu erfahren. Ist aber ganz unbeabsichtigt etwas zu unserer Kenntnis gelangt, was einem anderen peinlich sein könnte, so werden wir uns das nie anmerken lassen. Taktlosigkeiten haben im allgemeinen keine schwerwiegenden Folgen, aber irgendwie sind sie immer kränkend oder beleidigend oder peinlich. Um so mehr kommt es darauf an, heikle oder brenzlige Situationen schnell zu erfassen und sich in die Lage des anderen zu versetzen, rasch zu beurteilen, was ihm peinlich oder unangenehm sein könnte. Dazu gehört unter anderem auch, daß man andere nicht unnötig in Verlegenheit bringt, selbst wenn man sie bei kleinen Schwindeleien oder Unwahrheiten ertappt. Noch immer als grober Verstoß gegen den Takt sollte gelten, eine Dame zu kompromittieren.

Vertrauen

Die Frage »Wie gewinne ich Vertrauen?« gehört zu den wichtigsten im menschlichen Leben. Denn Vertrauen gewinnen und besitzen bedeutet: Freunde haben, eine gute Position haben, angesehen sein. Vertrauen zu gewinnen ist sicher eine Kunst, die zuverlässigen, ehrlichen, taktvollen, feinfühligen und warmherzigen Menschen nicht schwerfallen dürfte.

Worte allein vermögen kein Vertrauen zu erwecken. Man gewinnt es auch nicht von heute auf morgen. Vertrauen muß sich immer von neuem beweisen und bewähren. Und einmal enttäuschtes Vertrauen ist meist nur sehr schwer wiederherzustellen.

Einem Menschen Vertrauen schenken heißt: ohne Vorbehalte und ohne Einschränkung an seine Zuverlässigkeit in allen Dingen glauben. Würde auch nur der geringste Verdacht auftauchen, daß der eine den anderen kontrolliert oder sein Tun überwacht, wäre es mit dem Vertrauensverhältnis sofort vorbei.

Verzeihen

Es gibt ein bekanntes französisches Sprichwort: *Tout comprendre c'est tout pardonner* (Alles verstehen bzw. für alles Verständnis haben heißt alles verzeihen). In diesen einfachen Worten liegt eine große Lebensweisheit beschlossen.

»Verzeihung« sagen wir, wenn wir im Gedränge jemand unbeabsichtigt anstoßen. »Bitte« antwortet der wohlerzogene Mensch, weil er Verständnis für einen »Fehltritt« bei einem solchen Gedränge hat. Auch in größerem Zusammenhang gilt die Regel, den anderen nicht gleich zu verdammen, sondern sich zu bemühen, die Ursachen, die Beweggründe seiner Handlungsweise zu verstehen. Sie lassen oftmals eine Tat in einem ganz anderen Licht erscheinen; dann haben wir »Verständnis« dafür und sind eher geneigt zu verzeihen, auch wenn wir schwer gekränkt wurden.

Die Bitte um Verzeihung ist ein Eingeständnis, daß man einen Fehler gemacht, daß man sich nicht richtig verhalten hat. Das zuzugeben, mag oft nicht einfach sein. Und selbst wenn es demütigend sein sollte – es ist angebracht, sich zu überwinden, zu dem Beleidigten oder Gekränkten zu gehen und ihn ohne Einschränkung um Verzeihung zu bitten. Ob er sie gewährt, hängt von seiner Großmut ab.

Hilfsbereitschaft

Hilfsbereitschaft ist eine der schönsten menschlichen Eigenschaften. Nichts zeigt so sehr wahre Herzensbildung, Höflichkeit, Rücksichtnahme und menschliches Taktgefühl wie die Bereitschaft zu helfen, zu raten und beizustehen, wo jemand in Verlegenheit oder in Not ist. Wahre Hilfsbereitschaft ist nicht mit einer großen Geste verbunden, sie wirkt still, oft im verborgenen, meistens fast unbemerkt. Sie wird wie eine Selbstverständlichkeit ausgeübt, ohne Dank oder gar Lohn zu erwarten. Im täglichen Leben bieten sich zahllose kleine und große Gelegenheiten, sich behilflich zu erweisen. Zum Beispiel einen Kinderwagen in die Bahn zu heben, einen Koffer ins Bahnabteil zu tragen, jemandem zu helfen, wenn er bei der Durchführung einer Arbeit nicht weiterkommt oder weiterweiß. Oder Hilfe anzubieten, wenn jemand erkrankt ist. Unzählige Möglichkeiten, in denen Mitmenschen fremde Hilfe gebrauchen können, ohne direkt in Not zu sein.

Hilfsbereitschaft hat allerdings auch ihre Grenzen, nämlich da, wo sie mißbraucht wird. Und leider gibt es Menschen, die sich darauf verstehen, immer den in Not Geratenen oder Hilfsbedürftigen zu spielen, um sich Vorteile zu verschaffen. So sehr aber Hilfsbereitschaft als eine der besten menschlichen Eigenschaften gilt, wird ihr Mißbrauch als grober Verstoß gegen die guten Sitten verachtet.

Diskretion

Diskretion, zumeist mit dem deutschen Wort »Verschwiegenheit« übersetzt, ist ein Prüfstein für die Vertrauenswürdigkeit eines Menschen. Nicht umsonst lautet die feststehende Redewendung: »Diskretion ist Ehrensache«. Wer alles und jedes, was er von anderen als Tatsachen oder auch nur gerüchtweise erfährt, ausplaudert, verliert nicht nur bald die Achtung seines engeren Umfelds, er macht auch andere Menschen und nicht selten sich selbst unglücklich – man wird ihn schneiden und links liegen lassen.

Zur Diskretion Dritten gegenüber sind wir verpflichtet, nicht nur über Dinge, die uns unter dem Siegel der Verschwiegenheit erzählt werden, sondern über alles, was uns ein anderer im Vertrauen auf unsere menschliche Anständigkeit anvertraut. Allerdings müssen wir uns nicht immer alles anhören, was jemand uns erzählen möchte. Wenn er mit wirklichen Sorgen und Nöten zu uns kommt, um sein Herz zu erleichtern und vielleicht einen Rat von uns zu bekommen, dann ist es unsere Pflicht, ihn aussprechen zu lassen und ihm zu helfen. Merken wir aber, daß er selbst Indiskretionen über einen andern ausplaudern will, dann sollten wir ihn höflich, aber bestimmt darauf hinweisen, daß uns das nicht interessiert.

Diskretion übt ein Mensch mit guten Umgangsformen aber auch gegenüber seinen eigenen Gefühlen, seinen Gedanken und seinen Plänen. Wer oft »sein Herz auf der Zunge hat«, berührt ebenso peinlich wie der, welcher Gedanken und vage Pläne schon als große Leistungen hinausposaunt. Verschwiegenheit spielt besonders auch im Berufsleben eine große Rolle. Diskretion nach außen über alle Vorgänge in der Firma muß auch von denjenigen geübt werden, die sich nicht eigens dazu verpflichtet haben. Innerhalb des Betriebs aber zerstören Indiskretionen die gute Zusammenarbeit und damit das gute Betriebsklima. Schon mancher hat sich dadurch unmöglich gemacht. Schließlich ist Diskretion auch noch in anderer Hinsicht eine Frage taktvollen Benehmens. »Diskret« wird ein Mensch genannt, der in bestimmten Situationen Dinge nicht sieht oder hört, die nicht für ihn bestimmt sind, weil sie für einen anderen peinlich wären; oder der peinliche Situationen geistesgegenwärtig erfaßt und überbrückt.

Musische Bildung

In der gegenwärtigen praktischen Pädagogik spielen die musischen Elemente nicht mehr eine so große Rolle wie früher. Zumal in der Schule hat die Entsinnlichung und Kognitivierung der Erziehung weite Kreise gezogen. Übriggeblieben sind vielfach nur blasse Information, flügellahme Praxis und dürftige Ethik.

Das Familienleben bietet ungezählte Gelegenheiten, ein stärkeres Gewicht auf die musische Bildung von Kindern zu legen. Das bedeutet nicht, daß sie ständig mit Bilderpuzzles spielen oder auf Orff-Instrumenten klimpern. Musisch bedeutet vielmehr, offen zu sein für die Aussagen und Gestaltungen der Künste und empfänglich für Assoziationen, Improvisationen, Einfälle und Fähigkeiten, selbst Neues zu schaffen und ihm künstlerischen Ausdruck zu geben. Musische Erziehung zielt dabei nicht auf perfekte Kunstfertigkeit oder künstlerische Beherrschung von Techniken, sondern auf charakterliche Fähigkeiten, sich im Gegensatz zur verzweckten, verplanten und sachdenkerischen Welt für spielerische und schöpferische Imagination, für Phantasie zu öffnen.

Gegen die Verkopfung der Schule kann musische Bildung Kräfte und Sinne wecken für Muße, Besinnung, Ausdruck. Sie löst heraus aus der Rationalisierung der Welt, aus scharfer Begrifflichkeit und analytischem Zerlegen, auch aus der Entzauberung und Entseelung der Wirklichkeit. Und sie betont gegenüber der Flüchtigkeit des Erlebens und dem raschen Wechsel der Eindrücke, auch gegenüber einer unzulässigen Intellektualisierung schulischer Inhalte und Ausbildung einseitig rationaler Kräfte das Spiel, die rhythmische Bewegung, die Arbeit am Ausdruck, die Erfahrung von Körperlichkeit und Sinnlichkeit.

In der musischen Bildung kommt die Ganzheit des jungen Menschen zum Ausdruck: Einer Aufspaltung des Ich wird entgegengewirkt durch das musische Ganzheitserlebnis in der Einheit von Musik, Sprache, Bewegung. Sie artikuliert Widerstand gegen das bloße Funktionieren des Menschen im gesellschaftlichen und wirtschaftlichen Prozeß, indem es schöpferisches Handeln in der Selbstfindung und Hingabe einübt, Selbstvergessenheit und Gelöstheit ermöglicht, zum gesammelten Nachdenken einlädt.

Auch zur Bildung einer spezifischen Schulkultur kann eine neue Aufmerksamkeit für die musische Bildung wichtige Beiträge leisten. Sie kann sich darum bemühen, das Schulleben insgesamt musischer zu gestalten und dadurch lebenswerter, reicher und erfüllter; das Zusammenleben zu humanisieren, das Gefühlsleben aller zu ordnen und zu bereichern.

Blumen

Blumenstrauß · Welche Blumen zu welchem Anlaß? · Blumengeschenke · Blumensprache

Blumengeschenke

Blumen schenkte man sich bereits im antiken Rom. Am 14. Februar wurden der Göttin Juno Blumen als Opfer dargebracht. Die am selben Tag stattfindenden Liebeslotterien sollen mittels Blumenpräsenten Paare für ein Jahr verbandelt haben. Bereits seit dem fünfzehnten Jahrhundert, mit der Renaissance, die viele antike Rituale wieder populär machte, haben sich in England Liebespaare am 14. Februar mit Gedichten und kleinen Geschenken Freude bereitet. Durch Bischof Valentin, der den von ihm getrauten Paaren einen Blumenstrauß überreichte, bekam der Tag seinen Namen »Valentinstag«.

Bereits im Mittelalter fungierten Blumen als Botschafter zwischen Liebenden, ein dezent erotischer und ausgefeilter Ritus, den die Minnesänger lyrisch begleiteten. Im neunzehnten Jahrhundert wurde, ausgehend von England, die Sprache der Blumen sogar eine »offizielle Umgangssprache« zwischen Männern und Frauen.

Auch heute noch sind Blumengeschenke die beliebteste Art, Wertschätzung oder Dankbarkeit auszudrücken. Daß man auch bei diesem Akt der zwischenmenschlichen Kommunikation einiges falsch machen kann, liegt auf der Hand. Blumen sind nicht nur eine Geschmacksfrage, sondern sprechen auch eine symbolische

Sprache: Jede Art oder Sorte drückt auf je eigene Weise eine Empfindung oder Botschaft aus.

Beherzigt man einige ungeschriebene Regeln, kann man beim Blumenschenken eigentlich nicht viel falsch machen, außer die Beschenkte ist Allergikerin und nach dem Präsent regelrecht verschnupft.

Wer bei einem Arbeitskollegen eingeladen ist, wird sich möglicherweise nach dem Blumengeschmack der Gattin oder Lebenspartnerin des Gastgebers erkundigen. Es ist keineswegs altmodisch, der Frau des Gastgebers – oder dem Gastgeber selbst, falls er allein lebt – Blumen zu überreichen. Frauen, die bei Frauen eingeladen sind, vertrauen auf ihren sechsten Sinn, den Geschmack der jeweils Beschenkten zu treffen. Eine im klassischen Stil gekleidete Busineßfrau wird selten Freude an bonbonrosa Gerbera haben. Genauso wenig wird man eine Gastgeberin mit Vorliebe für rustikale Tracht mit einem Ikebana-Gesteck erfreuen. Mit dem Verschenken von Rosen sollte man bei neutralen Anlässen ebenfalls vorsichtig sein. Rote Rosen und dunkelrote Nelken gelten als Symbol der Liebe.

Blumenstrauss

Grundsätzlich gilt in Europa, nur eine ungerade Anzahl Blumen zu schenken: eine, drei, fünf, sieben oder elf Blumen (nur zu runden Geburtstagen ist diese Regel außer Kraft gesetzt) – eine aus Frankreich stammende Tradition, wo es auf den Blumenmärkten üblich war, eine gerade Anzahl von Blumen zu verkaufen. Bürger und Aristokraten, die zeigen wollten,

daß sie ihre Blumenpräsente in teureren Geschäften erworben hatten, machten dies mit der ungeraden Anzahl im *Bouquet* sichtbar. Bis heute hält sich diese Konvention – in Rußland zum Beispiel werden gerade Stückzahlen in einem Blumenstrauß nur zu Beerdigungen überreicht. In Fernost sollte die Anzahl der Blumen immer durch zwei teilbar sein, mit Ausnahme der Vier, die als Unglückszahl gilt.

Grundsätzlich sollte der Blumenstrauß eine maßvolle Geste der Wertschätzung sein und möglichst nicht aus dem Rahmen fallen. Sein Wert sollte dem entsprechen, was der Beschenkte sich auch leisten könnte. Ein monumentaler Siegerstrauß, wie er gerne am Ende eines Formel-1-Rennens überreicht wird, kann zu peinlicher Verlegenheit führen.

Hat man die Wahl der Blumen und ihrer Anzahl gemeistert, kann auch der Akt der Übergabe Tücken bergen. Sträuße, Gebinde, Einzelblumen gut sichtbar gleich bei der Begrüßung und mit den Köpfchen nach oben überreichen, so lautet die offizielle Ansage. Transparente Folien sind erlaubt, ansonsten hat das Einwickelpapier bei der Übergabe nichts zu suchen, ebenso wenig dornige Blumenstiele. Kommt das Blumengeschenk von einem Paar, überreicht der Mann die Blumen. Wird ein Paar beschenkt, erhält die Dame das florale Präsent. Bei offiziellen Anlässen mit zahlreichen Gästen sollte ein angeheftetes Kärtchen nicht fehlen, bei Bällen und Empfängen kann das Gebinde auch bereits einen Tag vorher mit Widmungskarte überbracht werden.

Welche Blumen zu welchem Anlass?

Vorsichtig muß man auch mit weißen Blumen sein, sie erinnern an den Friedhof. Insbesondere gelten Lilien, weiße Astern, Calla, Immortellen und weiße Nelken als klassische »Trauerblumen«; sie haben außer in gestylten Designersträußen nichts verloren, zumal ihr Duft nicht nur betörend, sondern bei einem Essen störend sein kann. Trotzdem schenkt der Bräutigam seiner Braut zur kirchlichen Trauung die zum weißen Kleid passenden weißen Blumen, nämlich Myrten, weißen Flieder oder weiße Rosen. Zartfarbige Kränze zur Geburt werden seit der Antike überreicht und an die Tür gehängt, zur Begrüßung des neuen Erdenbürgers.

Blumensprache

Sag's durch die Blume – ein Sprichwort, das heute noch so wertvoll ist wie im achtzehnten Jahrhundert, als eine gewisse Mary Wortley Montagu, die im Jahre 1717 ihren Mann nach Konstantinopel begleitet hatte, die geschickte Liebessprache der Haremsdamen kennenlernte: *Selam* – eine Tradition aus dem Osmanischen Reich, die es den im Serail verborgen lebenden Frauen erlaubte, Liebesbotschaften »nach draußen« zu schicken. Lady Montagu befaßte sich in ihren »Briefen aus Istanbul« intensiv mit dieser ausgefeilten Symbolsprache und legte damit den Grundstein einer Mode, die im neunzehnten Jahrhundert, von England ausgehend, die galante europäische Welt erfaßte.

Nicht nur Anzahl, Farbe und Art jeder Blume hatte ein Wörtchen im nonverbalen Liebes- und Gesellschaftsgeplänkel mitzureden, sondern auch Bindeart, Schleifen und Alter der Blüten. Wohl dem, der diese raffinierte und ausgefeilte Sprache beherrschte und so dem Objekt der Anbetung ein geheimes Zeichen seiner seelischen Verfassung und seiner Gefühle geben konnte. Ein Kommunikationssystem, das im europäischen neunzehnten Jahrhundert in Romantik und Biedermeier nur allzu gerne aufgegriffen wurde, um Herzensdinge auszudrücken, die man auszusprechen nie gewagt hätte. Um einen leichten Einblick in die fein gewirkte Blumensymbolik zu erhalten, sei ein kurzer Abriß über die gängigsten Blumensorten erlaubt.

Anführer unter den sprechenden Blumen ist die Rose: Rot erblüht, vermittelt sie die große, die tiefe Liebe; als Knöspchen spricht sie von erwachender Begierde. Die weiße Rose steht für die reine, platonische Liebe, während die gelbe Rose von erwachender Eifersucht kündet. Rosa Rosen machen nichts falsch und zeigen ein zartes Interesse und Schüchternheit an. Je eine rote und eine weiße Rose dagegen sind ein kriegerisches Duo, viele rote und weiße bekunden hingegen herzliche Einigkeit.

Tulpen sind ebenfalls Boten der Liebe, rote bezeugen dem Beschenkten Unwiderstehlichkeit, während weiße von der ewigen Liebe sprechen. Liebe als Märchen symbolisieren gelbe Tulpen, weiße wiederum besiegeln der Liebe Unendlichkeit. Und auch rote Nelken sind wie fast alle roten Blumen Boten entflammter Zuneigung und Leidenschaft. Dunkelrot bestätigt die Ausschließlichkeit. In weiß drückt sich die Bereitschaft zur Liebe aus und gelbe Nelken stehen für Durchblick. Gelbe Narzissen blühen für die erfüllte Sehnsucht, weiße für die Aussichtslosigkeit eines Begehrens; die Iris verbreitet in allen Farben unverbrüchliche Loyalität. Vorsicht ist beim Schenken von Flieder geboten, denn dunkellila zeigt eine ernste Lage an und mauve versucht auszugleichen. Der wohlduftende Jasmin macht seinem Namen alle Ehre und harmonisiert. Die Lilie bedeutet Reinheit der Liebe und spricht deshalb als bekannteste Friedhofsblume auch den Schlußsatz in der Blumensprache.

Ein Reservoir

Tradition ist weder eine Sammlung schlechter

Angewohnheiten noch ein Museum.

Tradition ist ein Reservoir an belebendem Wasser

in einer Wüste der Form- und Farblosigkeit.

Briefe schreiben

Geschäftskorrespondenz · Privatkorrespondenz · Kondolenzen und Glückwünsche · Persönliches Briefpapier

Die vergnügte Lektüre alter Briefanthologien hat einen Nachteil: Sie bringt uns zu Bewußtsein, wie sehr die Kunst des Briefeschreibens heruntergekommen ist, und zwar in jeder Beziehung. Wir schreiben kurz, aber wir schreiben so oft das Wesentliche dennoch nicht. Wir empfinden Briefe als Last, telefonieren lieber oder schicken eine formlose E-Mail.

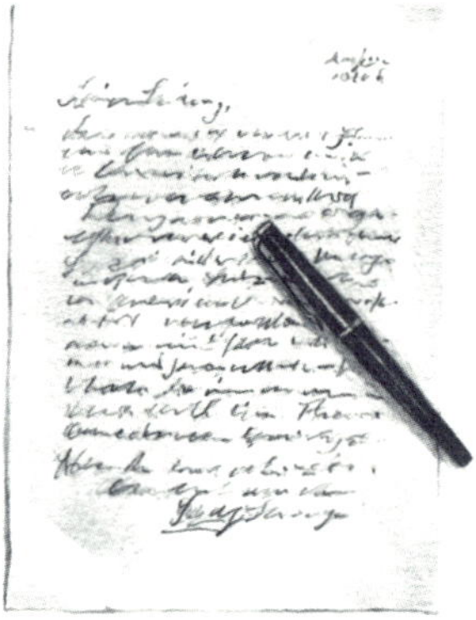

Raffen wir uns wirklich zu einem Brief auf, so sollte er jedoch noch immer eine persönliche Botschaft sein, die auf denjenigen eingeht, an den sie gerichtet ist. Herzenswärme, Teilnahme, echtes Interesse für den anderen werden auch dann spürbar, wenn ein Brief kurz, ja sachlich ist.

Geschäftskorrespondenz

Vollkommene Klarheit und Sachlichkeit erwarten wir vor allem vom Geschäftsbrief. Doch auch er ist selten geworden, jedenfalls in ausformulierter Form und nicht nur als Bestellung, Bestätigung oder ähnliches. Anders die offizielle Eingabe oder der Brief an die Behörde – er erscheint vielen noch als sinnvoll, da damit etwas dokumentiert wird, das im Gegensatz zum Telefonat oder zur E-Mail auch archiviert und damit »aktenkundig« wird. Die Briefe werden eine höfliche Anrede haben, keine persönliche Adressierung, jedoch einen Betreff, aus dem die Firma oder Behörde den zuständigen Empfänger ersehen kann. Der Irrtum, man müsse sich, wenn man einer Behörde schreibt, durch einen geschraubten Stil oder gar durch »Amtsdeutsch« hervortun, ist weit verbreitet. Lassen wir alle Wichtigtuereien und Abkürzungen weg und schreiben wir einfach, wie jeder »sprachbewußte« Mensch sich ausdrückt.

Die Formel »Mit vorzüglicher Hochachtung« oder »Hochachtungsvoll« ist noch immer möglich, in jedem Fall aber sehr kühl – das Minimum an Höflichkeit. »Mit besten Grüßen« oder »Mit den besten Empfehlungen« wirkt etwas neutraler, »Mit freundlichen Grüßen« etwas wärmer.

Privatkorrespondenz

Beim Privatbrief ist die Skala der Beziehungen noch weiter, daher kommt es hier in besonderem Maße darauf an, den Grad der Vertrautheit durch solche kleinen Abstufungen zum Ausdruck zu bringen. Anrede und Schlußformel und der Ton des ganzen

Schreibens richten sich danach, welchen Abstand der Schreiber vom Adressaten zu wahren hat oder welche Nähe er sucht. Generell gilt: lieber zu korrekt als zu vertraulich.

Die Anreden gehen von der ganz förmlichen bis zur vertraulichsten Form. Peter Meier schreibt an Johannes Müller und kann in seinem Brief je nach dem Grad der Bekanntschaft eine der folgenden Anreden wählen:

- Hochverehrter Herr Müller,
- Sehr geehrter Herr Müller,
- Sehr geehrter, lieber Herr Müller,
- Lieber Herr Müller,
- Lieber Johannes,
- Mein lieber Johannes.

Mit den Titeln ist es bei Briefen ebenfalls ganz einfach. Sie werden in das vorige Schema vor den Namen eingesetzt, wobei nur »Doktor« in Dr. abgekürzt werden darf, wenn der Name folgt. Dagegen niemals »Professor«, »Direktor« oder »Präsident«.

Die Schlußformel unter den Briefen muß immer mit dem Anfang harmonieren, also denselben Grad der Annäherung zeigen wie die Anreden. Die früher sehr förmlichen Formeln wie »Mit dem Ausdruck meiner vorzüglichen Hochachtung verbleibe ich Ihr Ihnen sehr ergebener ...« oder »Mit verbindlichsten Empfehlungen bin ich Ihr ergebener ...« sind heute passé und wirken lächerlich oder ironisch. Eigentlich kann man nur noch schreiben »Mit den besten Grüßen Ihr ...«, »Mit freundlichen Grüßen Ihr ...« oder »Herzliche Grüße Ihr ...«. Privat oder intim ist natürlich vieles möglich, angefangen von »Liebe Grüße Dein ...« bis hin zu Kosenamen und -anreden.

Als diskrete und wohlerzogene Menschen sind wir natürlich auf den Inhalt des Briefes gar nicht eingegangen. Schließlich ist er eine persönliche Botschaft. Und so wie man Briefe nur unter einer gemurmelten Entschuldigung in Gegenwart Dritter öffnet und nur eben überfliegt und unter keinen Umständen mit gewaltigem »Aha!« und »Na so was!« den Zuhörer kränkend abseits stehen läßt, so ist auch ein Brief, der aus Versehen auf dem Teppich liegt und in dem man Dinge entziffern kann, die einen schon sehr interessieren, niemals und unter keinen Umständen für fremde Augen bestimmt.

Kondolenzen und Glückwünsche

Wer ungern schreibt, macht es sich wenigstens in einer Beziehung leichter: Kondolenzen und Gratulationen – diese häufigsten Anlässe für den Schreibfaulen – sollten *sofort* geschrieben werden. Man kann das nicht liegen lassen, bis man »in Stimmung ist«. Und es ist nicht nur viel leichter und man spart die Entschuldigungen, die ebenfalls Zeit kosten – man kommt auch mit der Hälfte der Worte aus. Eine spontane Reaktion braucht nicht ausführlich zu sein, sie darf direkt aus dem Herzen kommen. Ein Kondolenzbrief als unmittelbare Reaktion wird nicht kalt wirken, nur weil er kurz ist. Das Gleiche gilt für die Gratulationen – da reicht sogar ein »Sind begeistert. Trinken heute abend auf Dein Wohl!« Dies gilt für Briefpost ebenso wie für elektronische Post; für E-Mails hat sich noch keine Konvention herausgebildet, die allgemein akzeptiert wäre.

Persönliches Briefpapier

Stilvolles Schreiben ist ohne persönliches Briefpapier eigentlich nicht möglich. Erinnern Sie sich noch an Ihr erstes Briefpapier, in das Ihre Mutter Ihnen mit Bleistift und Lineal Linien gezogen hat (möglichst wenige auf einer Seite, damit nicht so viel zu schreiben war)? Links oben waren Szenen aus der Puppenküche, bunte Bildchen von reifenschlagenden Knaben und Ringelreihen tanzenden Mädchen. Später hat Ihnen vielleicht eine wohlmeinende, aber geschmacksunsichere Tante das gewisse Briefpapier »im Karton« geschenkt, dessen oberstes Kuvert das Futter zeigte.

Eine Persönlichkeit benutzt ihr eigenes Briefpapier, weiß oder allenfalls chamois, mit ihrem edel gesetzten Namen links oben und ihrer Adresse rechts oben, gedruckt oder in Stahlstich mit Prägung. So läßt sich stilvoll schreiben.

Umschläge, die allzu weit vom Normalformat entfernt sind, erregen den Verdacht, es mit einer Werbesendung zu tun zu haben. Allzu winzige Briefchen, die zwischen den anderen Postsachen verlorengehen, haben erstens etwas unerwünscht Neckisches, das oft gar nicht im Sinne des Absenders liegt, und zweitens bringt man auf einem solchen Format selbst mit der zierlichsten Kritzelschrift nur das Allernotwendigste unter.

Die gebräuchlichsten Formate sind im deutschen Sprachraum 11,4 mal 16,2 Zentimeter (DIN C 6) oder das elegante Langformat 11,0 mal 22,0 Zentimeter.

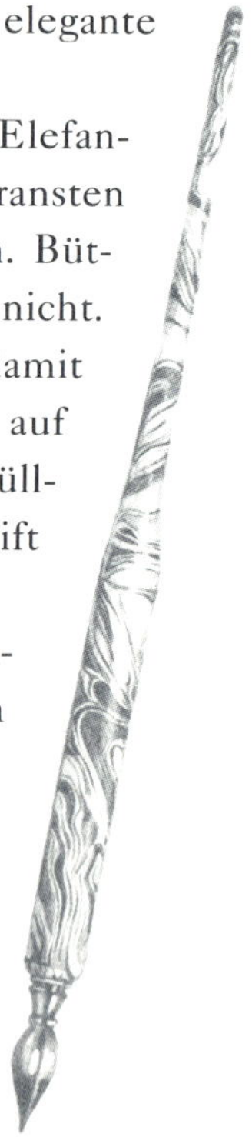

Briefpapier mit Wappen, in blamablen Dessins (»Elefantenhaut«) und mit »gerissenen« oder künstlich ausgefransten Rändern mindern den eleganten Eindruck erheblich. Büttenpapier gilt als übertrieben, Wasserzeichen jedoch nicht. Das verwendete Briefpapier muß tintenfest sein, damit nicht die Unterschrift zerfließt oder die Handschrift auf der Rückseite durchscheint. Das Schreiben mit dem Füllfederhalter ist dem mit Kugelschreiber oder Faserstift vorzuziehen – es wirkt stilvoller und »flüssiger«.

Handschrift ist nicht immer erforderlich, bei Danksagungen aber sind einige handgeschriebene Zeilen unter einem vorgedruckten Text unerläßlich. Beileidsbriefe müssen unbedingt und unter allen Umständen handschriftlich sein – alles andere wirkt unpersönlich. Allerdings braucht der Kondolierende keinen Trauerrand auf seinem Brief.

Tradition als Lust

Traditionen sollten kein Zwang sein, keine bloße Formalität.

Sie sollten Lust sein – Lust an der Sprache schöner Formen,

am Ausdruck der Gemeinsamkeit.

Unwiderstehliche Freude an großen Gesten und Gefühlen.

Eleganz

Der elegante Mann · Gesellschaftskleidung des Herrn · Die elegante Frau

Was ist Eleganz? Geneviève Antoine Dariaux, die Mitte der sechziger Jahre ein wunderschönes Buch zu diesem Thema geschrieben hat, definiert es so: »Sie ist eine Art von Harmonie, der Schönheit verwandt, mit dem Unterschied, daß Schönheit ein Geschenk der Natur ist, Eleganz aber das Ergebnis einer Kunst.«

Der elegante Mann

Der richtig angezogene Mann trägt keinerlei Extravaganzen. Er ist ebenso unauffällig wie gepflegt, seine Wäsche ist tadellos gebügelt und makellos sauber. Der Anzug befindet sich in bestem Zustand, Hemdfarbe und Krawatte, Strümpfe und Schuhe passen mit geradezu traumwandlerischer Sicherheit dazu, ebenso – bei älteren Herren – Mantel, Handschuhe und Hut.

Das *Outfit im Beruf* verlangt nur nach der richtigen Zusammenstellung:

- zu dunkler Hose schwarze Schuhe
- zu heller Hose braune Schuhe
- zum zweireihigen Anzug keinen Pullover oder Weste und keine »Fliege« als Krawatte.

Der kombinierte Anzug gehört zur täglichen Garderobe, er ist ein zwangloses Kleidungsstück mit sportlicher Note und eignet sich für Büro, Straße, Reise und Ferien, keinesfalls aber für konventionelle Geselligkeit am Abend.

Das Sakko bzw. Jackett ist von anderer Farbe und meist auch von anderem Stoff als die Hose. Farbe und Stoff müssen jedoch harmonisch aufeinander abgestimmt sein. Grundsätzlich sollen Jacke und auch Schuhe dunkler als die Hose sein. Es passen zusammen:

- braunes Sakko und graue Hose
- dunkelblaues Sakko und graue Hose
- dunkelbraunes Sakko und hellbraune Hose
- hellblaues Sakko und ganz hellgraue oder weiße Hose

Schwarz paßt natürlich immer, aber nicht zu heller Hose. Braune Schuhe passen nur zu Brauntönen in der Kleidung. Und immer einfarbige, allenfalls unauffällig gemusterte Strümpfe, so dunkel wie möglich. Weiße Strümpfe sind wirklich nur bei Tennis- und Sportkleidung akzeptabel. Sandalen werden ohne Strümpfe getragen – im Hochsommer!

Die Weste kann durchaus vornehm sein, aber nur bei einem einreihigen und kombinierten Anzug (und nur hier kann sie auch ein kariertes Muster haben). Die frühere Regel, daß man sich in der Öffentlichkeit nicht mit der Weste ohne Jacke zeigen sollte, gilt sicherlich nicht mehr so streng. Pullover, ob angezogen oder locker um den Hals geschlungen, geht fast immer, macht einen lässigen Eindruck, ist aber zu formellen Gelegenheiten nicht angebracht. Rollkragenpullover sollte man überhaupt nicht tragen – nur sehr wenige Männer sehen damit richtig gut angezogen aus. Offene Hemdkragen – da ist man heutzutage sehr tolerant.

Den Luxus eines täglich frischen Hemdes sollte man sich gönnen. Dazu passende Taschentücher, natürlich aus Stoff und natürlich gebügelt und gefaltet. Das weiße Hemd ist noch immer der Inbegriff des eleganten Herrn, auch gedeckte und pastellige Farben sind in Ordnung (abhängig von der Mode). Für den eleganten Herrn sind Farben, die wie Cocktails aussehen, also

giftgrün, curaçao, türkis oder was es auch immer an *shocking colours* geben mag, absolut tabu.

Zu Premieren und festlichen Konzerten müssen dunkler Anzug, dunkle Kombination, weißes Hemd und eine dezente Krawatte getragen werden. Ein Einstecktuch kann aus der Farbe des Hemdes sein, nicht jedoch aus dem Stoff der Krawatte. Oder es setzt bewußt einen farblichen Akzent und Kontrapunkt zur Farbenpalette der Kleidung. Höheren Kleiderordnungen, soweit sie bekannt sind oder auf Einladungen vermerkt, muß unbedingt Folge geleistet werden – und sei es der Smoking oder der Frack.

Der elegante Anzug sollte in den Farben so dunkel wie möglich sein – alles Helle macht das Outfit weniger elegant –, also dunkelbraun, dunkelgrau, dunkelblau. Der ganz schwarze Anzug ist zu feierlich, er sieht auch zu sehr nach Trauer aus. Die Musterung sollte so dezent wie möglich sein – Nadelstreifen (schmale bitte, nicht breite – die sind für Mafiosi reserviert!) sind okay, auch das diskrete Fischgrätmuster; Karos, Querstreifen oder sonstige ungewöhnliche und auffällige Ornamente soll er nicht zeigen.

Zweireihige Anzüge sieht man heute nicht mehr häufig, allenfalls bei offiziellen Anlässen und in Managerkreisen. Er ist besonders für schlanke und große Leute empfehlenswert, weil der Herr damit fast immer »perfekt angezogen« wirkt. Allerdings ist er fehl am Platz, wenn die Befürchtung besteht, *overdressed* zu sein. Der Zweireiher trägt zwar drei Knöpfe auf jeder Seite, von denen ist jedoch das obere Knopfpaar »blind«, es wird nicht geknöpft. Nur die beiden unteren Knöpfe rechts dienen ihrem eigentlichen Zweck. Der unterste kann ebenfalls offen bleiben. Manche Anzüge haben innen links an der Jacke einen »Geheimknopf«, der zum besseren Sitz der Jacke eingeknöpft wird.

Auch bei der einreihigen Weste bleibt der unterste Knopf offen. Er muß auch offen bleiben, weil eine Weste sonst nicht wirklich gut sitzt.

Auf hohem gesellschaftlichen Parkett sind folgende Anzugformen gefragt:

Stresemann und Cutaway

Der Stresemann ist der »kleine Gesellschaftsanzug« des Herrn mit sehr korrekter Note. Der Cutaway (abgekürzt: Cut) der feierliche Gehrock mit »geschwänzter« schwarzer Jacke, also ein recht feierliches, sehr offizielles Kleidungsstück, tragbar nur zu festlichen Anlässen (Hochzeiten, Staatsempfängen, Beisetzungen, Trauerfeiern – und wenn Sie mal im Buckingham Palace eingeladen sind) und eigentlich nur mit Zylinder (na ja, so streng wollen wir nicht sein).

Smoking

Der klassische Abendanzug klingt englisch (weil er für das Rauchzimmer eines Clubs gedacht ist), in England jedoch heißt es *dinner jacket.* Wird nur am Abend getragen, bei Premieren in der Loge, auf Bällen oder bei Veranstaltungen von gewisser Förmlichkeit. (*Nebenbei:* Der Smoking wird nur getragen, wenn es auf der Einladung ausdrücklich schriftlich vermerkt wird. Wer nicht dezidiert zum Smoking aufgefordert wurde, zieht ihn auch nicht an. Wenn es in der Einladung heißt »Gesellschaftskleidung«, so ist damit nichts Legeres gemeint, sondern Smoking oder Frack.) Zur Hochzeit gehört er eigentlich zur Form.

Die Farbe ist schwarz oder tiefdunkelblau, die Smokingjacke einreihig, zum einreihigen Smoking muß eine schwarze Weste getragen werden, außerdem gehört die Schleife aus Seide dazu sowie das Smokinghemd: weiß wie frischgefallener Schnee, möglicherweise leicht gestärkt, mit Manschettenknöpfen (die übrigens besonders elegant wirken, wenn sie aus dem gleichen Material und von ähnlicher Form wie die Hemdknöpfe sind).

Früher wurde zum Smoking nur der steife, runde schwarze Hut getragen (*Bowler*), der heute weitgehend aus dem Straßenbild verschwunden ist. Das Nonplusultra des Smokings sind weiße Glacéhandschuhe oder schwarze Seidenhandschuhe. Haben Sie keine Handschuhe, die zu Smoking oder Frack passen, dann stecken Sie einfach die Hände in die Taschen. Ein Strafmandat wegen ungenügender Kleidung brauchen Sie deshalb nicht zu befürchten.

Frack

Der Frack ist der vornehmste Anzug des Herrn, mit weißer Weste, gestärktem Hemd, Eckenkragen, schneeweißer Frackschleife, Taschentuch, Frackuhr (keine Armbanduhr!), Handschuhe, Zylinder (oder *Chapeau claque*). Frackmantel, Handschuhe und (weißer!) Schal vervollständigen den »großen Frack«. Damit können Sie singen: »Heut' geh ich ins Maxim!«

Um aber nicht wie Danilo aus der »Lustigen Witwe«, wie ein Dirigent oder Diplomat auszusehen, bestehen heute Reserven gegenüber diesem äußerst formellen Kleidungsstück (bei einigen Bällen jedoch ist er noch Vorschrift!). Kellner tragen zum Frack übrigens eine schwarze Schleife und schwarze Weste, damit man sie von den Frackgästen unterscheiden kann.

Generell gilt: Frack nur unter Fräcken (der allgemeinen Regel entsprechend, daß man nicht »überangezogen« sein soll). Und: Es fällt nicht allen Männern leicht, ihren Frack mit jener lässigen Selbstverständlichkeit zu tragen, die dazugehört. Dabei gibt es einen Trick: Zur nonchalanten, ganz zwangslosen Sicherheit, mit der so ein Frack getragen werden will, gehört es lediglich, zu vergessen, in welchem Kleidungsstück man steckt. Völlig verkehrt: sich ständig seiner hochfestlichen Kleidung bewußt zu sein und demgemäß eine gezierte oder gehemmte Art zur Schau zu tragen.

Da das Wort »Eleganz« vom lateinischen *eligere* abgeleitet ist, das »auswählen« bedeutet, hat die elegante Dame in jeder Hinsicht die Qual der Wahl. Und so wollen wir Eleganz als die richtig getroffene Auswahl definieren, die es ihr erlaubt, überall und stets, vor allem aber bei gesellschaftlichen Anlässen eine *bella figura* zu machen bzw. zu sein.

Nichts zu tun hat Eleganz mit dem Umfang oder dem Wert der Garderobe. Sie können mehrere Schränke voller Kleider hängen haben und trotzdem niemals auch nur die Spur von Eleganz versprühen. Das teure Kleid ist jeden Euro wert, wenn Sie es brauchen und häufig tragen. Das billige Kleid ist schrecklich teuer, wenn es unbenützt im Schrank hängt. Jedenfalls gilt: Wenige, aber gute Kleidung ist besser als viele zweit- und drittklassige Sachen, von »Unmöglichem« ganz zu schweigen. Im Idealfall können die Stücke oft getragen werden, ohne daß dies auffällt. Der Grundsatz einer kleinen Garderobe heißt daher: Eleganz, aber keine Extravaganz.

Natürlich macht es Spaß, der Mode und den Launen des Designs zu folgen, doch darum geht es hier nicht. Die Grundlinien der sogenannten »klassischen Mode« bleiben für Damen viele Jahre lang die gleichen, für Herren sogar jahrzehntelang.

Eine wichtige Voraussetzung jedoch ist, sich seinen eigenen Stil zu suchen und diesem treu zu bleiben. Einen Stil, der die Persönlichkeit widerspiegelt und unterstreicht, einen Stil, der ihr gefällt und in und mit dem man sich wohlfühlt. Jede Frau muß für sich irgendwann einmal jenen Stil finden, der für Alter, Figur, Gelegenheiten und Lebenskreis der passende ist. Wer sich unsicher ist, kann und darf sich durchaus an »Vorbildern« orientieren, die ihr gefallen.

Der Todfeind jeder Eleganz ist alles, was grell auffällt. Wer schon auf den allerersten Blick elegant wirkt, *ist* nicht elegant. Wer durch seine Kleidung sogleich viele Blicke auf sich zieht, der ist in Wahrheit schlecht angezogen. Eine Frau, die alle Welt erkennen läßt, daß ihre Kleidung viel Geld gekostet hat, verstößt gegen die Grundregeln des Geschmacks. Ausnahmen – zum Beispiel bei sehr festlichen Anlässen, Empfängen, großen Ereignissen von Rang – bestätigen nur die Regel. Auch das Protzen mit Modemarken, das ostentative Bekenntnis zu Labels hat mit Eleganz nichts zu tun (obwohl Sie natürlich durchaus Vorlieben für bestimmte Designer und Marken haben dürfen).

Eleganz bedeutet: *richtig* angezogen sein. Dafür sind Gespür und Erfahrung nötig, mehr noch als Wissen und Kenntnis. Das schönste Kleid nützt nichts, wenn es zur falschen Gelegenheit getragen wird. Zugegeben: Schaut man sich die Kleidung vieler Zeitgenossinnen an, wird man nur selten feststellen, daß sie elegant ist – oder auch nur passend. Dabei ist das eigentliche Geheimnis der Eleganz gar nicht so schwer zu ergründen. Es heißt ganz schlicht: bestes Material in gutem Schnitt und einfachster Form, zur richtigen Gelegenheit und am passenden Menschen.

Zwei Dinge sind überaus unerfreulich: erstens ein Paar, das in der Nuance der Eleganz nicht aufeinander abgestimmt ist, und zweitens eine Frau, die übertriebenen Aufwand betreibt, obwohl der Anlaß nicht dafür steht. Zum Beispiel beim Schmuck. Das Buch »Bürgerliche Hausfrau«, 1900 erschienen, legte noch fest: »Eine Dame legt grundsätzlich erst abends Schmuck an. Brillanten allerdings nur, wenn sie verheiratet ist. Einem jungen Mädchen sei ein dünnes Goldkettchen mit einem Anhänger oder Kreuz erlaubt.« Heute sind die Regeln weniger starr oder engherzig – es ist dem Geschmack des einzelnen überlassen, wie er sich wann wozu kleidet. Umso wichtiger ist das Gespür für *Fashion & Timing*.

Woher wir kommen

Niemand weiß, wohin er geht,

wenn er nicht weiß, woher er kommt.

Wir müssen erkennen, woher wir kommen,

um zu wissen, wohin wir gehen.

Etikette

Protokoll · Rangordnung

Protokoll

Die Frage der Rangordnung hat heute vielleicht nicht mehr die Bedeutung wie zu früheren Zeiten, doch eine *quantité négligéable* ist sie auch in der Demokratie nicht. Vom Feudalismus übernahm das Bürgertum ein fein abgestuftes System von Rängen und Ständen, das die gesellschaftlichen Umgangsformen prägte und zum Rückgrat der Etikette wurde. Jeder wußte, wohin er gehörte und was ihm auf Grund dessen zustand an Ehrbezeigung und Respekt. Die Rangordnung sollte Konflikte und Streitigkeiten vermeiden; ohne sie schien keine Ordnung möglich. Es können nicht drei Leute gleichzeitig durch eine Tür gehen und es gibt nur einen, den man zuerst begrüßen kann. Diese Rangordnung beginnt schon im allerkleinsten Kreis, wird in der gehobenen gesellschaftlichen Atmosphäre immer komplizierter und hat in der offiziellen Welt zum System des Protokolls geführt, das eine Wissenschaft für sich wurde.

Mit Protokoll ist hier die Regelung des gesellschaftlichen Lebens auf offizieller Ebene gemeint. Da wir allerdings für unser privates gesellschaftliches Leben keine maßgeblichen Leitbilder und -linien mehr haben, *kann* das offizielle Protokoll auch für die rein private Geselligkeit als Richtschnur und Maßstab dienen. So hat es sich weitgehend eingebürgert – was hier wörtlich zu verstehen ist –, daß auf gehobenem gesellschaftlichen Niveau die protokollarische Praxis als verbindlich angesehen wird. Jedenfalls kann niemand einen Verstoß gegen die Etikette begehen, wenn er in Zweifelsfällen dem offiziellen Protokoll folgt. Das schlichte, papiertrockene Wort »Protokoll« stammt vom Wiener Kongreß (1814 bis 1815), wo nach den Napoleonischen Kriegen eine solche Menge von Fürsten und Generälen, von Botschaftern und Staatsmännern zusammentrafen, daß ihr gegenseitiger Verkehr und ihre Rangfolge dringend einer schriftlichen Fassung bedurfte. Was bis dahin nur mündliche Überlieferung war, wurde bei dieser Gelegenheit festgelegt und schriftlich »protokolliert«.

Seitdem gibt es das Protokoll. Immer wieder gab es Bestrebungen, es zu reformieren, zu vereinfachen oder gar ganz abzuschaffen. In den Monarchien war es Sache des Hofes und beschäftigte dort die Obersthofmeister, Zeremonienmeister und Kammerherren. Heute sind das Büro des Staatsoberhauptes und die Protokollabteilung des jeweiligen Außenministeriums für Protokollfragen zuständig.

Das Protokoll ist eine weltweite, internationale Institution. Die Sitzordnung oder Rangfolge, ein offizieller Empfang oder ein Staatsbankett wird überall nach denselben Regeln abgewickelt: in Rom wie in Paris, in Washington wie in Wien, in Moskau wie in Tokio.

Rangordnung

Das Grundprinzip der Rangordnung ist an sich sehr einfach:

- Alter vor Jugend
- Dame vor Herr
- Vorgesetzter vor Mitarbeiter
- Gast vor Gastgeber
- Fremder vor Familienangehöriger
- Ausländer vor Inländer

In größerer Gesellschaft überschneidet sich das natürlich und ist dann nicht mehr so einfach. Aber immer wird man versuchen müssen, dieses »Grundprinzip« der Rangordnung bestmöglich einzuhalten. Soweit es sich um Beamte und Militärs handelt, ist die Rangordnung klar und übersichtlich – sie richtet sich ganz einfach nach den Gehaltsklassen (die sogenannten Besoldungsgruppen). Nehmen zwei amtliche Leute denselben Rang ein, so entscheidet über ihre »Präzedenz« untereinander nicht etwa das Lebensalter, sondern das Dienstalter.

Früher teilte die Frau eines Beamten oder Militärs seinen Rang mit absoluter Selbstverständlichkeit und wurde oft mit dessen Titel angeredet. Das ist nun längst nicht mehr so, nur bei protokollarischer Tischordnung werden diese Damen noch nach dem entsprechenden Rang ihres Mannes »placiert«.

In Titelfragen hat sich lange Zeit eine gewisse altmodische Reverenz erhalten. Für Beamte und Militärs schreibt das Protokoll die offizielle Anrede vor. Selten geworden sind dagegen jene Ehrentitel, die ein hohes Amt mit sich bringt, die aber – wenn überhaupt – nur noch bei ganz feierlichen Anlässen benützt werden – also etwa »Magnifizenz« für den Rektor einer Universität, »Eure Spektabilität« für den Dekan einer Universität, »Exzellenz« für den Bischof und Erzbischof, für Botschafter und Gesandte sowie alle ausländischen Minister- und Staatspräsidenten. »Eminenz« für den Kardinal, »Eure Heiligkeit« für den Papst sind jedoch immer noch gebräuchliche Anreden.

Nicht verwechselt werden sollten Rang und Status. Der Status ist ein nach außen hin dokumentierter Anspruch, der mit der Realität nicht unbedingt konform geht. Statussymbole – wie zum Beispiel Luxusuhren, teure Autos, exklusive Villen, luxuriöse Yachten, überhaupt zur Schau gestellter Reichtum – sind nicht Ausdruck eines Ranges, sondern einer behaupteten Position.

Neues entdecken

Es ist keine Kunst, Altes und Bewährtes beizubehalten,

solange man nicht Neues und zuverlässig Besseres

an dessen Stelle setzen kann.

Es ist aber eine Kunst, das Alte und Bewährte

als etwas Neues für sich zu entdecken.

Gastlichkeit

Einladungen · Gästeliste · Begrüßung und Vorstellen · Essen · Verabschiedung · Kunst der Konversation · Lunch · Kaffeetafel · Fünf-Uhr-Tee · Party · Cocktailparty · Empfang · Diner

Zur schönen Tradition der Gastlichkeit, zur kleinsten wie zur größten Einladung gehören immer zwei Parteien, nämlich Gastgeber und Gäste. Nicht nur der Gastgeber muß sich bemühen, dem Gast alles so angenehm zu machen, daß er sich wohlfühlt – auch der Eingeladene sollte sich vornehmen, ein möglichst angenehmer Gast zu sein, der von sich aus alles tut, um die kleine oder große Geselligkeit erfolgreich zu gestalten. Nimmt man eine Einladung an, ist man dem Gastgeber im Grunde bereits verpflichtet. Denn mit der Einladung und der Zusage beginnt die schöne Tradition des geselligen Lebens.

Einladungen

Die früher zum Teil sehr ausgeprägten Vorschriften von Einladung, Zu- und Absage sind unverkrampfteren und weniger formellen Abläufen gewichen. Trotzdem gibt es noch einige Traditionen, an die man sich halten kann und die dem geselligen Leben eine angenehme Form geben.

Die mündliche Einladung ist die häufigste Form der Einladung. Wenn sie nicht bei einer persönlichen Begegnung ausgesprochen wird, so geschieht es am Telefon oder auch per E-Mail (SMS empfiehlt sich weniger). Der Vorteil einer mündlichen Einladung ist es, daß man dabei meistens gleich erfährt, ob die Gäste kommen oder nicht. Einladungen durch Dritte »ausrichten« zu lassen, ist unangebracht – das wird viel zu oft vergessen oder das Datum wird verwechselt oder es gibt Mißverständnisse.

Wenig beliebt sind solche Gäste, die sich nicht gleich entscheiden können, weil dies oder das in ihrem Terminkalender noch nicht klar ist. Dem Gastgeber gegenüber gilt es als Unhöflichkeit, ihn allzu lange warten zu lassen; man sollte alles daran setzen, dem Einladenden sofort Bescheid zu sagen. Es ist besser, unverzüglich abzusagen, wenn man nicht sicher ist, an jenem Tag frei zu sein, als die Leute in Spannung zu halten.

Eine schriftliche Einladung erfordert immer eine schriftliche Reaktion. Dabei gehört es zum guten Ton, eine Absage auch zu begründen. Gelegentlich kommt es vor, daß man der Einladung aus bestimmten persönlichen Gründen nicht folgen will, die man aber dem Gastgeber nicht mitteilen kann oder möchte. Man wird also einen Grund für seine Absage erfinden müssen, zum Beispiel daß man an diesem Tag verreist sei oder bereits vor Tagen eine andere Einladung angenommen habe. Allerdings darf man dann nicht den Fehler machen, sich an diesem Tag oder Abend in einem Café oder Kino oder sonstwo sehen zu lassen. Womöglich erfahren es die Gastgeber, und sicher wäre es dann mit der Freundschaft vorbei.

Früher folgte einer mündlichen Einladung oft noch eine schriftliche Bestätigung. Man schickte dann dem Gast, der bereits zugesagt hatte, noch die geschriebene Einladung mit dem Vermerk »p.m.« – diese Abkürzung bedeutet *pour memoire*, »zur Erinnerung«.

Jede größere, jede offizielle und jede festliche Einladung (auch wenn man eine bestimmte Kleidung vorschreiben will) bedarf unbedingt der schriftlichen Form. Auch die schriftliche Einladung kann formlos sein, jedenfalls unter Freunden und guten Bekannten – »X und U geben sich die Ehre« sind überholte Floskeln, die auch bei »großen Einladungen« lächerlich wirken. Besser ist: »X und U freuen sich ...«

Das berühmte »U.A.w.g.« (»um Antwort wird gebeten«) ist eigentlich überflüssig – es dürfte selbstverständlich sein, eine schriftliche Einladung möglichst rasch zu beantworten. Vorgedruckte Einladungen aus dem Papeterieladen, die man nur noch ausfüllt, sind unpersönlich und nicht zu empfehlen. In jedem Fall ist eine handgeschriebene oder persönlich gestaltete Einladung schöner und passender, weil sie etwas vom Stil des Einladenden zeigt.

Gästeliste

Auch die korrekt abgefaßte Einladung nützt nichts, wenn sie an die falschen Leute ergeht. Menschen, die sich bei einem geselligen Zusammensein – in welcher Form und zu welchem Anlaß auch immer – in Ihrem Haus wohlfühlen sollen, müssen zueinander passen. Es ist ebenso problematisch, Leute aus derselben Berufsgruppe und mit denselben Interessen einzuladen, wie es falsch wäre, Gäste zusammenzubringen, die ihrer Art und Arbeit nach keinerlei Berührungspunkte haben.

Ihre Gäste müssen sich gegenseitig ergänzen und interessieren, damit die Veranstaltung nicht entweder in Fachsimpelei ausartet oder in banalstem Smalltalk auf kleinstem gemeinsamen Nenner endet. Außerdem besteht die Gefahr, daß es im Verlauf des Abends zu einer »Trennung der Geschlechter« kommt, nämlich in der einen Ecke die bei ihrem Thema versammelten Männer und in der anderen die mehr oder weniger gelangweilten Frauen, die sich vernachlässigt fühlen (und umgekehrt). Die weiblichen Gäste wollen von den Männern beachtet und charmant unterhalten werden.

Jede Geselligkeit sollte anregen und verbinden, soll Bekanntschaften pflegen und Freundschaften festigen, es sollen Gedanken ausgetauscht und Neuigkeiten erzählt werden. Oft wird man Gäste einladen, die eingeladen werden müssen, weil man selbst dort zu Gast war. Oder die Einladung wird aus einem bestimmten Anlaß gegeben und legt die entsprechende Auswahl der Gäste nahe.

Eine Gästeliste zu erstellen ist eine Kunst. Die Zahl der Gäste ist sicherlich durch die zur Verfügung stehenden Räumlichkeiten begrenzt, doch über die Platzfrage hinaus dürfte maßgeblich sein, daß der Gastgeber auch die Möglichkeit hat, sich um seine Gäste zu kümmern. Nicht zusammen eingeladen werden sollten geschiedene Ehepartner, scharfe Gegner in weltanschaulicher oder politischer Hinsicht, allzu junge mit sehr alten Gästen, sehr ernste Freunde mit lebenslustigen Glückspilzen und ganz Arme mit ganz Reichen.

Begrüssung und Vorstellen

Protokollarische Regeln gelten hier nicht mehr viel und sind im großen und ganzen auch überflüssig. Die Regeln des Vorstellens lauten:

- Der Herr wird der Dame vorgestellt,
- der jüngere Herr dem älteren Herrn,
- der Mitarbeiter dem Vorgesetzten,
- die junge Dame der älteren Dame.

Doch paßt diese Regel nicht für jeden Fall. Takt geht vor Etikette – das hat immer Gültigkeit. Wo die Grenzen liegen, wenn die Alters- und Rangunterschiede nicht gar so groß sind, das ist dem Taktgefühl und dem Sinn für die richtigen Proportionen überlassen. Es ist jedoch nicht ganz so schlimm und kompliziert, wie es sich anhört. Je mehr Gäste auf einmal eintreffen, desto größer ist auch das Durcheinander, wobei es dann gar nicht mehr möglich ist, unter allen Umständen formgerecht vorzustellen.

Das Sich-selbst-Vorstellen – früher den Herren erlaubt, bei Damen verpönt – ist heute allgemein üblich. Bei Begegnungen, die im Leben tausendfach vorkommen, stellt man sich lediglich mit seinem Familiennamen vor, bei einem Satz wie »Ich bin ...« auch mit dem Vornamen. Doktor- oder Adelstitel dürfen auf keinen Fall genannt werden, auch Rang und Titel sind weitgehend aus der Mode gekommen.

Händedruck

Die Hand wird von der Dame dem Herrn gereicht, von dem älteren Mann dem jungen Mann, von dem Vorgesetzten dem Mitarbeiter, nicht etwa umgekehrt. Der Händedruck soll freundlich und spürbar sein, nicht zu lasch, aber auch nicht zu kräftig.

Handkuß

Der Handkuß ist eigentlich gar kein Kuß, sondern nur die Andeutung eines Kusses: Der Herr beugt sich über die Hand der Dame, ohne sie allerdings mit den Lippen zu berühren. Falsch wäre es, aufrecht stehen zu bleiben und die Hand der Dame hochzuziehen. Auch die Dame streckt dem Herrn die Hand nicht herausfordernd entgegen. Man sieht den Handkuß gelegentlich sogar auf der Straße, was aber eigentlich gegen den guten Ton verstößt. Denn der Handkuß darf nur in geschlossenen Räumen erfolgen – also zum Beispiel auch im Foyer des Theaters oder der Oper. Eine Zeitlang haben Frauen den Handkuß abgelehnt, und die meisten Männer halten nichts davon, weil es ihnen zu affektiert ist. Doch kann diese Geste überaus charmant wirken.

Die Speisenfolge und die Anzahl der Gänge werden sich danach richten, ob Sie selber auftragen müssen oder eine Hilfe oder gar mehrere Hilfskräfte haben, die das besorgen.

Menu

Zu einem größeren Essen – womit die Anzahl der Gänge und die Zahl der Gäste gemeint sind und das ohne Haushaltshilfe oder Bedienung kaum möglich ist – gehört Vorspeise, Suppe, Fleisch- oder Fischgang, Nachtisch und vielleicht sogar noch Käse mit den entsprechenden Getränken. Danach, in einem anderen Zimmer oder in einer Sitzecke: Kaffee oder Mokka.

Festessen oder Diner

Bei einem richtigen, großartigen Festessen oder Diner kann die Speisenfolge noch reichhaltiger sein, doch je mehr Gänge es gibt, um so kleiner sind dann die Portionen. Anders wäre ein solches Mahl ja auch gar nicht zu bewältigen. Eine kleine Vorspeise wird vor der Suppe, eine größere (»Zwischengang«) danach gereicht.

Bei Tisch

Während des Essens sollte jede »Betulichkeit« und übertriebene Fürsorge seitens der Gastgeber vermieden werden. Nicht dauernd zu erneutem Zulangen auffordern, die leeren Gläser nicht allzu schnell wieder füllen, nicht ohne Unterlaß fragen, ob man auch bequem sitzt oder ob es schmeckt, nicht ständig aufspringen, um etwas zu richten. Gäste sind keine kleinen Kinder, sondern erwachsene Leute von einer gewissen Selbständigkeit. Unauffällige Aufmerksamkeit heißt das Zauberwort, liebenswürdige Natürlichkeit, Sorge für das Wohlbefinden der Gäste, aber mit Diskretion.

Verabschiedung

Was den Aufbruch betrifft, so machen damit die ältesten oder höchstrangigen Gäste den Anfang. Die jungen Leute und die guten Freunde gehen zuletzt. Wer zum ersten Mal eingeladen ist, verabschiedet sich, wenn sich die Gesellschaft etwa um die Hälfte gelichtet hat. In größerer Gesellschaft ist ein allgemeiner Aufbruch möglichst zu vermeiden, da er gegenüber den Gastgebern oft kompromittierend wirkt.

Muß man aus irgendwelchen Gründen früher gehen, so gibt man das den Gastgebern möglichst diskret bekannt – bei sehr frühem Aufbruch schon vorher – und verabschiedet sich nur von ihnen, nicht von anderen Gästen. Es könnte sonst als allgemeines Zeichen zum Aufbruch verstanden werden und zur Enttäuschung der Gastgeber einen sonst so angenehmen Abend vorzeitig abbrechen.

Folgende Zeiten für Aufbruch und Verabschiedung gelten im allgemeinen:

- nach einer Mittagseinladung etwa gegen drei Uhr
- nach einer Tee-Einladung zwischen halb sieben und sieben Uhr
- nach einer Cocktaileinladung zu jeder Zeit, aber nicht später als halb acht Uhr
- nach einem Abendessen oder Diner zwischen elf und halb zwölf Uhr (aus beruflichen Gründen eventuell früher)
- nach einer Einladung zum Glas Wein nach Tisch zwischen zwölf und ein Uhr

Unter wirklich guten Freunden haben diese Zeiten keine zwingende Bedeutung. Bei offiziellen Veranstaltungen geht man ein wenig früher als hier angegeben, bei geselligem Zusammensein kann es etwas später werden.

Von wem verabschiedet man sich? Ist die Gesellschaft sehr groß, verabschieden Sie sich nur von den Gastgebern, von den Leuten, die gerade in Ihrer Nähe sind und – wenn sich das ohne Aufsehen machen läßt – von jenen Gästen, mit denen Sie im Verlauf des Abends etwas ausführlicher gesprochen haben. Stören Sie aber keine Gruppe im Nebenzimmer auf, die sich dort festgeredet hat.

Kunst der Konversation

Die wichtigste Aufgabe der Gastgeber ist, die Kontakte und Gespräche zwischen ihren Gästen herzustellen. Diese Aufgabe haben ihnen die Gäste nach Möglichkeit zu erleichtern. Wer empfangen und vorgestellt wurde, geht nun erst einmal den Gastgebern aus dem Weg. Für diese ist es außerordentlich lästig, wenn die eben eingetroffenen Gäste an ihnen hängenbleiben und sie dadurch hindern, weitere Besucher zu begrüßen, vorzustellen und sich um die Bewirtung zu kümmern. Jeder Gast sollte von sich aus nach Anschluß suchen. Man begrüßt und man spricht mit jenen Gästen, die man bereits kennt, bittet auch alte Bekannte, eine etwa vom Gastgeber versäumte Vorstellung zu übernehmen. Familienmitglieder, gute Freunde und alte Bekannte des Hauses haben die Pflicht, den erstmals eingeladenen und fremden Gästen die Eingewöhnung zu erleichtern. Wenn der Neuling ohne »Anschluß« herumsteht, so ist das nicht seine Schuld, sondern beweist die gesellschaftliche Ungewandtheit der Gastgeber – und der Mitgäste. Überhaupt sollte jeder, der einen anderen Gast »ohne Gespräch« sieht, unverzüglich auf ihn zugehen, um sich seiner anzunehmen.

Worüber spricht man? Hierzulande ist ja das Wetter nur dann geeignet, wenn es außergewöhnlich schlecht oder gut ist. Aber es wird gewiß eine Ausstellung, ein Festival oder ein sonst viel besprochenes Ereignis geben oder unlängst gegeben haben, mit dem wir beginnen können. Der Angesprochene wird sofort begreifen, daß dies nur die Einleitung zu einem zwanglosen Gespräch sein soll, und darauf eingehen.

Die kleinen Gesetze der Unterhaltung

Eine Unterhaltung wird in den seltensten Fällen ein philosophisches Gespräch, es sei denn, daß alle Gesprächsteilnehmer Philosophen wären. Aber dann wäre es schon wieder Fachsimpelei.

Worüber man nicht spricht? Man sollte nicht viel über sich selbst reden, über allzu Persönliches, über unangenehme Erlebnisse. Man sollte auch nicht zu tief schürfen – eine gewisse Oberfläche, eine bestimmte Politur, darunter sollte es nicht gehen – oder grausame oder schreckliche Themen ansprechen oder den Teufel an die Wand malen.

Das erste Gesetz: Vorsicht ist geboten bei Spottlust, Witzen und geschliffenen Bonmots. Es ist ein glattes Parkett, auf das man sich damit begibt. Übrigens auch mit Komplimenten. Lieber gar keine machen, als unüberlegte Plattheiten von sich geben. Wer gewohnheitsmäßig Komplimente verteilt, die unglaubhaft oder völlig übertrieben klingen, wird bald in den Ruf kommen, ein unerträglicher Schwatzkopf zu sein. Wenn Sie schon ein Kompliment machen, dann eines, das der Empfänger oder die Empfängerin auch bei einiger Selbstkritik als solches empfindet.

Das zweite Gesetz: Religion, Politik und Sex sollten Tabuthemen sein. Sie gehören zu den Dingen, die besser unerwähnt bleiben. Läßt man sich darauf ein, geht es oft nicht gut aus, und nur wenige können es mit Fassung und Toleranz ertragen, daß andere eine andere Meinung haben als sie selbst.

Das dritte Gesetz: Nicht über Abwesende sprechen (oder höchstens gut von ihnen sprechen). Abwesende und Dritte zu kritisieren oder sich vielleicht über ihre Schwächen und Fehler lustig zu machen, gilt als taktlos.

Das vierte Gesetz: Keine Witze erzählen. Es kann nett und amüsant sein, gelegentlich in die Unterhaltung einen Witz einzuflechten, der gerade dahin paßt. Aber Witze am laufenden Band erzählen gilt als geschmacklos und hat mit Unterhaltung nichts zu tun.

Das fünfte Gesetz: Keine Monologe und Vorträge halten. Es gibt Leute, die sich am liebsten selbst reden hören. Sie lassen sich durch nichts und niemand aus dem Konzept bringen. Sie sehen nicht ein, daß die andern sich bei dieser einseitigen Unterhaltung langweilen, mit Mühe ein Gähnen unterdrücken oder sich im stillen über sie lustig machen. Der Sinn einer Unterhaltung besteht im Gedankenaustausch, und jeder soll seine Meinung sagen, ohne endlos am Reden zu bleiben, aber auch ohne schon nach drei Worten wieder von jemand unterbrochen zu werden, der es bestimmt besser weiß.

Zur Kunst der Konversation gehört eine bestimmte Leichtigkeit. Man sollte sich nicht in Themen festbeißen und große Diskussionen anzetteln. Auch sollte darauf geachtet werden, daß sich keine Cliquen bilden, die sich nicht wieder auflösen. Wer Gast unter Gästen ist, sollte immer »mitmischen« und die Abspaltung von kleinen, aber verschworenen Gemeinschaften verhindern. Alle Themen, die nur für Eingeweihte verständlich sind, sind zu vermeiden. Man darf nicht von der »Kiki« und auch nicht von dem »Niki« sprechen, wenn nicht jeder Zuhörer weiß, wer damit gemeint ist.

Und noch eine Regel für die Höflichkeit des Herzens: Loben Sie den Mann seiner Frau gegenüber, loben Sie den Sohn vor seinem Vater. Diese indirekten Komplimente haben die Wirkung von Infrarotbestrahlung: Man sieht von außen wenig, und tief drinnen wird es warm. Und noch eines: Zu der bildschönen Frau brauchen Sie nicht zu sagen, daß sie umwerfend aussieht. Das weiß sie ganz genau. Aber sagen Sie einer eher stillen und nicht so auffälligen Frau ein freundliches Wort der Anerkennung – sie hört derlei viel seltener als die strahlende Frau, die im Mittelpunkt der Gesellschaft steht und die von den Männern umschwärmt wird.

Networking

Gute Verbindungen lassen sich nicht erzwingen. Seien Sie zurückhaltend mit offensivem *Networking* auf Parties, suchen Sie auf einer Gesellschaft nicht mit aller Macht, nützliche Beziehungen anzuknüpfen. Diese Dinge ergeben sich erst ganz von selbst, wenn man am wenigsten darauf aus ist. Die meisten Leute mit Beziehungen und großem Einfluß sind »gebrannte Kinder« und haben schon oft schlechte Erfahrungen gemacht. Sie denken gar nicht daran, sich für Leute einzusetzen, von denen sie noch keinen besonders tiefen Eindruck haben.

Zuhören

Konversation hat – wie gesagt – mit unaufhörlichem Reden oder Sich-in-den-Mittelpunkt-Stellen nichts zu tun. Zuhören können ist eine weitaus größere Kunst als Reden, zumindest wirklich aufmerksames und interessiertes Zuhören. Ein guter Zuhörer ist für jede Gesellschaft ein Gewinn, er ist allen sympathisch. Niemand sollte glauben, in der Runde nicht genügend »von sich gegeben zu haben«. Unablässiger, geltungsbedürftiger Rededrang macht nicht beliebt, wohl aber kurze, interessierte Zwischenfragen und -bemerkungen, wenn ein anderer spricht.

Lunch

In unserer hektischen Zeit sind die Einladungen zum Mittagessen unter »Zeitdruck« geraten. Sie finden nicht mehr so häufig, nicht mehr so stilvoll und nicht mehr so lange statt wie früher. Doch auf dem gesellschaftlichen Parkett gibt es für den sogenannten *Lunch* nach wie vor Anlässe. Und es kommt durchaus noch vor, daß im Sprachgebrauch das Mittagessen seltsamerweise *Frühstück* genannt wird. In Frankreich ist es das *déjeuner*, während das eigentliche Frühstück am Morgen *petit déjeuner* genannt wird. Der Ausdruck *Gabelfrühstück*, womit man früher eine mittägliche Einladung zu bezeichnen pflegte, ist hoffnungsvoll veraltet. Unter *Lunch* versteht man in England, den USA und internationalen Kreisen jedes Mittagessen, auch die schlichte Mahlzeit im

Familienkreis. Mit dem Ausdruck *Brunch* (zusammengesetzt aus *Breakfast* und *Lunch*) ist ein ausgedehntes, sehr spätes Frühstück gemeint, das schon Elemente des Mittagessens bietet.

Vor dem Essen ist gerade noch Zeit für einen Aperitif oder Apéro (in der Schweiz); Cocktails – mit Ausnahme des Martini – gibt es nicht. Die Pause zwischen dem – pünktlichen – Eintreffen der Gäste und dem Beginn des Essens beträgt etwa eine Zigarettenlänge.

Nur bei einem offiziellen Frühstück oder einem großen diplomatischen Lunch werden Tischkarten ausliegen. Bei kleineren Gelegenheiten weist der Gastgeber, gewandt und ohne besondere Umstände zu machen, den Gästen ihre Plätze an (das hat er sich natürlich vorher zu überlegen). Die Speisenfolge eines Mittagessens ist verhältnismäßig kurz und keineswegs üppig. Heute achten fast alle Menschen auf ihre Linie, und selbst dann, wenn sie in dieser Hinsicht nichts zu befürchten haben, hält man es doch aus gesundheitlichen Gründen allgemein für richtiger, mittags leicht zu essen: klare Suppe (aus der Tasse), Hauptgericht und Nachspeise.

Kaffeetafel

Die Kaffeetafel ist keine gesellschaftliche Veranstaltung im eigentlichen Sinn, sondern eher eine familiäre Zusammenkunft. Der Tisch ist mit Kuchen und Torten beladen, in manchen Regionen auch mit herzhaften Speisen (»Bergische Kaffeetafel«). Die Kinder können daran teilnehmen, nur bei Verwandtenbesuchen sind männliche Gäste üblich. In allen übrigen Fällen ist die Kaffeetafel eine ausschließlich Frauen vorbehaltene Angelegenheit, oft Anlaß und Rahmen zum vielgelästerten Kaffeeklatsch. Etikette oder gar Protokoll haben damit nichts zu tun.

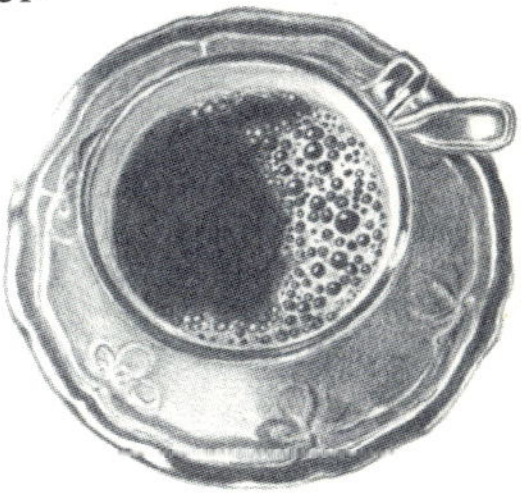

Fünf-Uhr-Tee

Der Fünf-Uhr-Tee ist aus der Mode gekommen, wird aber in manchen Hotellobbys noch zelebriert. Früher war es hauptsächlich das ältere weibliche Geschlecht, das den Fünf-Uhr-Tee der viel mondäneren und natürlich nicht alkoholfreien Cocktailparty vorzog.

Der Fünf-Uhr-Tee wurde also hauptsächlich von Damen gegeben und auch von Damen besucht. Er war die vornehmere Variante des »Kaffeeklatsches«. Am späten Nachmittag kamen einige Herren dazu, die ihre Frauen abholten und sich dabei noch für eine viertel bis halbe Stunde zu den anderen Gästen gesellten. Die Damen trugen ein feines Nachmittagskleid und behielten ihre Hüte auf.

Für diese Tradition gibt es heute eigentlich keinen Rahmen und Anlaß mehr. In aufgelockerter Form aber könnte der Tee, den die Gastgeberin selbst bereitet und den sie auch in die Tassen füllt, wieder im Mittelpunkt von kleinen Gesellschaften stehen, bei denen man »unter sich« sein will.

Wer etwas von gutem Tee versteht, sorgt zunächst für reines Wasser (Leitungswasser ist ungeeignet), am besten frisches Quellwasser. Die Teekanne wird kurz vor dem Aufbrühen des Tees mit heißem Wasser ausgespült. Der Tee soll übrigens nur in Glas, Porzellan oder Steingut bereitet und getrunken werden. Die Teeblätter (Teebeutel sind bei solchen Zeremonien nicht erlaubt) werden – etwa einen gestrichenen Teelöffel pro Tasse – trocken in die Kanne gegeben; dann wird kochendes Wasser darüber gegossen, das möglichst noch nicht länger als einige Sekunden kocht. Nicht kürzer als fünf und nicht länger als zehn Minuten soll der Tee nun ziehen, erst dann wird in die Tassen eingeschenkt. Heißes Wasser sollte für diejenigen bereitgehalten werden, die den Tee nicht so stark trinken möchten oder dürfen.

Guter Tee ist ein hoher Genuß und ein köstlicher Luxus, den sich jeder leisten kann. Er steht im Mittelpunkt der Tee-Einladung, denn das Drumherum ist verhältnismäßig einfach: Nur kleine Kaffeelöffel sind erforderlich, denn das Teegebäck und die trockenen Kuchen werden mit der Hand gegessen. Auch geröstetes Weißbrot mit Marmelade paßt dazu, wie auch eine Platte mit Sandwiches; Torten, Obstkuchen und andere gefüllte Leckereien sind dagegen unüblich. Der Fünf-Uhr-Tee darf nicht luxuriös oder lukullisch sein; er ist eine kleine Einladung, die kultiviert und stilvoll ablaufen muß. Extra gute oder allzu teure Genüsse passen nicht zur Tee-Geselligkeit. Übrigens auch nicht mehr die silberne Zuckerzange.

Party

Eine Party ist ein geselliges Zusammensein, das sich nicht unter die herkömmlichen Begriffe der Etikette einordnen läßt. Die landläufige Party ist keine Cocktailparty und kein Empfang (die wir noch vorstellen werden), kein »Glas Wein nach Tisch«, kein Tanzabend und kein kaltes Buffet – und hat doch von allem etwas.

Konventionen oder Regeln gibt es keine. Die Party kann am späten Nachmittag, am Abend und selbst am späten Abend beginnen. Die Einladung kann mündlich oder telefonisch, nur in seltenen Fällen schriftlich erfolgen. Zur Party kann man so ziemlich alles anziehen, wobei die Faschingsparty hier geradezu grenzenlose Möglichkeiten bietet (bei mancher, zum Beispiel beim »Künstlerfasching« oder »Atelierfest«, ist zuviel Kleidung sogar unerwünscht). An der Party können ebensogut nur vier oder fünf Leute teilnehmen, wie auch vierzig oder vierhundert. Es kann eine studentische *Bottleparty* sein (jeder Gast bringt etwas zu trinken mit) oder eine *Housewarming*-Party, eine Geburtstagsparty oder auch nur ein Treffen ganz nach Lust und Laune.

Anything goes – auf der Party geht es betont zwanglos zu. Man kann unentschuldigt viel später kommen, die Vorstellung wird nur lässig vorgenommen, die Gastgeber bemühen sich nicht darum, Gespräche zwischen den Gästen in Gang zu bringen. Im Grunde gehört also die Party nicht in den Rahmen eines Buches über »schöne Traditionen«, wenn auch der Hinweis erlaubt sein darf, daß gerade das Fehlen von Stil und Form gute Manieren um so wichtiger macht. Denn nirgendwo ist es leichter (und gefährlicher), sich daneben zu benehmen als dort, wo es scheinbar ganz zwanglos zugeht. Die »gehobene Stimmung« sollte jedenfalls nicht über den sehr leichten und gerade noch tragbaren Schwips hinausgehen.

Cocktailparty

Die früher so beliebte Cocktailparty wäre vielleicht eine Reanimation wert; sie läuft heute weitgehend unter anderen Namen. Cocktails werden eigentlich nur noch in Bars von professionellen Barmixern zubereitet; die Cocktail- oder Hausbar ist aus der Mode. Wie Cocktails gemixt werden, darüber gibt es zahlreiche Bücher mit unzähligen Rezepten. Wer will, kann daraus eine Wissenschaft für sich machen. Doch ist das keineswegs nötig, wenn man eine Cocktailparty geben will. Denn es ist auch früher nicht üblich gewesen, daß der Hausherr die Cocktails in Gegenwart seiner Gäste mischt. Das geschieht nur, wenn man ein ganz kleiner Kreis ist und die Gesellschaft improvisiert wurde, so zum Beispiel, wenn man sich nach dem Theater trifft und sagt: »Ach, kommen Sie doch noch zu einem Drink in meine Wohnung.«

Neben den Mixgetränken sollten auch einwandfrei definierbare Getränke (wie Whisky oder Champagner) angeboten werden, jedoch nicht Wein oder Bier. Kuchen und süßes Gebäck sind verpönt, gefüllte Oliven, Käse und *Fingerfood* jedoch als kulinarische Begleiter sinnvoll. Auch Sandwiches, Pistazien und Nüsse können angeboten werden.

Die »klassische Zeit« der Cocktailparty ist der Beginn zwischen 17.30 Uhr und 18.30 Uhr. Bei schriftlichen Einladungen sollte das gewünschte Ende der Veranstaltung vermerkt sein: »von sechs bis acht Uhr« oder »von sechs Uhr dreißig bis acht Uhr dreißig«. Die Cocktailparty findet im Stehen statt; nur ältere Damen und Herren nehmen Platz. Sie ist die beste und auch relativ billigste Gelegenheit, recht viele Leute einzuladen. Früher wurde bei einer Cocktailparty getanzt, die Damen trugen ihr Cocktailkleid und manche behielten ihren Hut auf – das alles hat sich überholt.

Empfang

Der Empfang ist sozusagen der seriöse, ja der ältere Bruder der sehr formlosen Cocktailparty. Zum Empfang wird nur schriftlich eingeladen, und es wird auch schriftlich geantwortet (wobei dies, wo die Möglichkeit angeboten wird, auch per E-Mail erfolgen kann, aber »fein« ist es nicht). Es ist immer ein Anlaß erforderlich (zum Beispiel ein »runder Geburtstag« oder ein bestandenes Examen), zu dem »man empfängt«. Der ideale Zeitpunkt ist der späte Vormittag oder der späte Nachmittag; zweieinhalb bis drei Stunden sollte die Dauer des Empfangs nicht überschreiten.

Die Bewirtung auf einem Empfang wird in der Regel das kalte Buffet sein, kein »gedecktes Abendessen«, also kein Essen, zu dem man sich rund um den Tisch setzt. Zieht sich der Empfang bis in die Abendstunden hin oder ist er von vornherein als Abendempfang angesetzt, wird man neben »harten Getränken«, Champagner, Fruchtsäften und Wasser auch Wein (Rot- *und* Weißwein) und Bier bieten. Wein kann aus schönen Glas- oder Kristallkaraffen ausgeschenkt werden, muß aber dann auch von hervorragender Qualität sein.

Der Aufwand beim kalten Buffet richtet sich nach der Bedeutung des Anlasses, der Dauer des Empfangs und der Zahl der Gäste. In kleinem Rahmen muß es mindestens fünf bis sechs verschiedene Platten enthalten, die zur Selbstbedienung zusammen mit Teller, Besteck und Servietten bereitstehen. Es ist einleuchtend, daß man sich nur solche Speisen auf den Teller nimmt, die auch zusammenpassen. Das warme Buffet ist zunehmend in Mode gekommen und ersetzt oft die konventionelle Tischeinladung. Allerdings ist hier der Aufwand mit Geschirr und Rechauds erheblich größer, und das Buffet muß im Grunde ein Menu bieten, also eine aus Vorspeisen, Suppe, Hauptgerichte (mindestens zwei zur Auswahl), Desserts und Käse sowie Kaffee zum Abschluß bestehende Speisenfolge, die zeitgleich angeboten wird.

Auf größeren Festen und Empfängen ist das *Flying Buffet* Mode geworden, das vom Caterer geliefert und von seinem Personal in stetem Wechsel der Köstlichkeiten herumgetragen und angeboten wird. Leicht zu essen und zu genießen ist es nicht, denn die eine Hand hält ja immer noch ein Glas.

Das Buffet – gleich ob kalt oder warm – ist mindestens so aufwendig und kostspielig wie ein »gesetztes Abendessen«, bietet jedoch den großen Vorteil, daß hierbei weit mehr Gäste eingeladen werden können als an einer Tafel unterzubringen wären. Und es ist nicht notwendig, eine Sitzordnung zu entwerfen, was ja bekanntlich ein gewisses »protokollarisches Problem« darstellt. Das Buffet kann also durchaus die gleiche oder eine ähnliche gesellschaftliche Bedeutung haben wie das formvollendete Diner.

Diner

Das festliche Essen wird von der eleganten Welt als *Diner* bezeichnet, was aber auch nichts anderes als »Essen« bedeutet. Es findet nur abends statt, fast immer wird zu 20.00 Uhr geladen.

Das stilvolle Diner gilt als die größte gesellschaftliche Kunst überhaupt. Es erfordert einen ungewöhnlich hohen Aufwand, protokollarische Kenntnisse und gastgeberische Erfahrung. Dazu bedarf es noch einer Wohnung, die man früher »hochherrschaftlich« zu nennen pflegte, sowie einer reichen Ausstattung an Geschirr, Besteck, Gläsern und Silber. Man braucht dazu eine große Küche und gut geschultes Personal, das meistens für den Abend verpflichtet wird. Es ist heute jedoch durchaus üblich, sich das Essen vom Caterer liefern zu lassen, der dann auch das Personal stellt. Oder das Diner findet in den Festsälen großer Hotels oder in renommierten Restaurants statt, was die ganze Angelegenheit für die Gastgeber natürlich sehr erleichtert. Doch genießt ein solches Diner »außer Haus« nicht denselben gesellschaftlichen Rang wie das Diner daheim.

Obwohl nur wenige Gastgeber den »großen Rahmen« bieten und in ihrem Privathaus bis zu hundert Personen an mit Silber, altem Porzellan und Kristall gedeckten Tischen »placieren« können, wollen wir das Diner hier vorstellen – als einen Höhepunkt des gesellschaftlichen Lebens.

Zumeist hat das Diner keinen besonderen Anlaß, es werden keine Reden gehalten, und wenn es ein richtig feines Diner ist, kommen die Herren in Smoking oder sogar Frack, die Damen im großen Abendkleid. Nur zu kleinen Diners und »Herren-Diners« gilt eine etwas weniger formelle Kleiderordnung.

Handelt es sich dagegen um ein Festessen, so hat es stets einen besonderen Anlaß, es werden Reden gehalten, und der dunkle Anzug ist als Kleidung völlig ausreichend. Die Anzahl der Gäste ist natürlich von der Größe des Speisezimmers wie von der Ausdehnung aller übrigen zur Verfügung stehenden Räume abhängig. Der Tisch ordnet die Gäste – sie sollen dort bequem sitzen, nicht zu eng, aber auch nicht zu weit auseinander. Die übrigen Zimmer müssen genügend Sitzecken und Sitzgelegenheiten bieten, um vor und nach dem Essen alle Personen aufnehmen zu können. Etwas mehr Sessel als geladene Gäste müssen vorhanden sein, damit die Gäste ihre Gesprächspartner nach Belieben wechseln können, ohne daß andere Leute ihretwegen aufstehen müssen.

Zu einem Diner gehören mindestens neun Personen. Sind es weniger, so ist es kein Diner mehr, sondern heißt Abendessen. Im Privathaus wird meist mit zwölf Personen bei Tisch gerechnet, die Gastgeber eingeschlossen. Darüber hinaus denkt man bereits an achtzehn und vierundzwanzig Personen. Wird nicht am runden, sondern an einem langen, rechteckigen oder ovalen Tisch gegessen, so sucht man nach Möglichkeit auf eine gerade Zahl von Gästen zu kommen, weil dadurch vermieden wird, daß eine Stirnseite unbesetzt bleibt.

Da es aber weit mehr abergläubische Leute gibt, als man glaubt, ist darauf zu achten, daß man im Fall von Absagen keinesfalls zu der »bösen 13« gelangt. Die Einladungsliste hat daher stets einige »Lückenbüßer« vorzusehen, die erst dann »nachgeladen« werden, wenn Absagen eintreffen.

Was die Auswahl der Gäste betrifft, so kann der Gastgeberin und dem Gastgeber eines Diners kaum ein Rat gegeben werden. Es ergibt sich meist von selbst, daß nach und nach alle Leute zum Diner eingeladen werden,

- bei denen sie selbst zum Diner eingeladen waren (auch wenn sie absagen mußten),
- bei denen sie gern eingeladen werden möchten, um Beziehungen zu knüpfen,
- oder aber die, die sie schlicht dabeihaben wollen.

Die Einladung zum Diner erfolgt drei, mindestens aber zwei Wochen zuvor. Sie muß nicht mehr – wie es früher üblich war – in der »dritten Person« schriftlich erfolgen, sollte jedoch einer bestimmten Konvention folgen, welche die Eleganz und die Bedeutung dieses stilvollen Ereignisses widerspiegelt. »Kommt am nächsten Sonntag abend zum Diner bei uns vorbei« geht also bestimmt nicht.

Es ist eine schöne Tradition, sich nach einem festlichen Diner für die Einladung schriftlich zu bedanken. Hat man zuvor keine Blumen geschickt und auch keine mitgebracht (was man streng genommen bei einem Diner auch nicht tun sollte), so schickt man sie hinterher. Aber natürlich tun das nur die Herren. Ein Kärtchen mit kurzen, aber freundlichen Dankesworten wird beigefügt. Es genügt aber auch die Visitenkarte »Mit herzlichem Dank für den schönen Abend« oder mit dem Vermerk »U.z.d.« (um zu danken) oder – nach internationaler Gepflogenheit – mit »p.r.« (*pour remercier*) auf der Visitenkarte.

Gemeinschaft

Familie heute · Gemeinsame Mahlzeiten · Familienfeiern · Der Freundeskreis · Generationenvertrag

Familie heute

Was bis vor dreißig Jahren noch zum Ritualbild einer jeden Familie zählte, ist heute ein seltenes Gut geworden: die gemeinsame Mahlzeit, überhaupt das Zusammenleben (und nicht nur Zusammenwohnen). Unterschiedliche Schul- und Arbeitszeiten, doppelt verdienende Eltern, Patchworkfamilien, Singlehaushalte, allein erziehende Eltern, erhöhte Mobilität und allgemeine gesellschaftliche Veränderungen haben ein neues Familienbild geschaffen und damit neue Regeln. Die klassische Kleinfamilie, wie sie im zwanzigsten Jahrhundert vorherrschte, hat sich zu neuen Lebensformen aufgemacht. Rumpffamilien schließen sich zusammen, hetero- und homosexuelle Paare leben mit und ohne Trauschein zusammen, Senioren-WGs bilden sich vermehrt, Singles machen ein Drittel der mitteleuropäischen Haushalte aus.

Die Familie ist im Wandel, allerdings war sie das schon immer. Etymologisch vom Begriff *famulus* (lateinisch: Haussklave) abstammend, wurde im antiken Rom alles zur Familie gezählt, was unter dem Dach des Hausherrn lebte. Eine Mittelschichtfamilie der Renaissance umfaßte mehrere verwandte Generationen und Bedienstete unter einem Dach.

Die Familie in der angehenden Industrialisierung mußte sich neue Behausungen in Städten suchen –

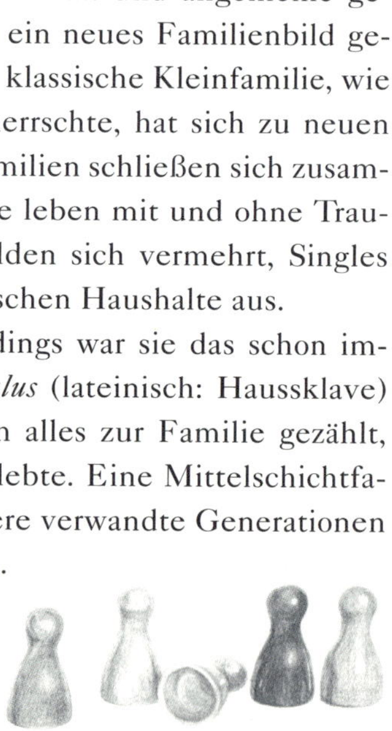

und verkleinerte sich auf die Kernstrukturen: Vater, Mutter, Kind; bereits hier kamen Großeltern im gemeinsamen Haushalt kaum noch vor. In ländlichen Gegenden hingegen hält sich das Mehrgenerationenprinzip noch bis heute. Das alles hat Einfluß auf die Rituale innerhalb der Familie. Und eines der prägendsten sind gemeinsame Mahlzeiten.

Gemeinsame Mahlzeiten

Bis zum Einsatz der Convenience-Küche und der kleinen elektrischen Helfer im Haushalt war die Zubereitung von Speisen ein echter Kraftakt, noch dazu für mehrere Familienmitglieder, da waren gemeinsame Mahlzeiten auch logistisch sinnvoll. Neben dem rein praktischen Aspekt hatte der religiöse lange Zeit starke Symbolkraft. Ein Gebet vor dem Essen sollte Dank für Speise und Trank sein. Das Abendmahl Jesu war sicherlich eines der großen Leitbilder für das familiäre Essen am gemeinsamen Tisch. Auch die normierten Arbeitszeiten, wie wir sie noch aus den sechziger und siebziger Jahren des vorigen Jahrhunderts kennen, haben genormte Essenszeiten mit sich gebracht. Als die Kinder zu bestimmten Zeiten aus der Schule nach Hause kamen, dampfte das Essen bereits in Schüsseln. Heute eine seltene Veranstaltung. In einem Haushalt mit zum Beispiel zwei Kindern kommt die Schwester um 14 Uhr nach Hause, der Bruder um 16 Uhr, weil er Nachmittagsunterricht hat. Die Mutter arbeitet bis 15 Uhr, jeder ißt für sich einen kleinen Imbiß. Um 19 Uhr kommt der Vater von der Arbeit, im besten Fall wäre hier Raum für eine gemeinsame Mahlzeit. Ist auch häufig so, aber leider nicht immer und nicht überall.

Immer mehr Kinder verbringen ihre Mahlzeiten alleine essend vor dem Fernseher – die einzelnen Familienmitglieder tauen sich, überspitzt gesagt, zu unterschiedlichen Zeiten eine Pizza auf.

Man kann nun noch viele logistische und soziologische Gründe aufführen, die gemeinsame Mahlzeiten erschweren, aber ganz sicher könnte in jeder Familie ein kleinster gemeinsamer Nenner gefunden werden. An x Tagen der Woche kann gemeinsam Abend gegessen werden; am Sonntag- oder Samstagmittag oder sogar am späten Nachmittag – im übrigen eine wunderbare Zeit, denn jeder kann noch den Tag nutzen und freut sich dann auf einen gelungenen Abschluß, der nicht weit in den Abend hineinreichen muß – gibt es eine große Tafel für Freunde und Verwandte. Das muß nicht starr und immer gleich ablaufen, aber jeder Anfang mit einer solchen Regel wäre ein Geschenk für die Kinder. Nichts bindet die kleinen Menschen, die später unsere Gesellschaft beeinflussen werden, mehr als ein Genußerlebnis in Gemeinschaft. Hier können Gespräche geführt werden, das Essen und Getränke lockern die Stimmung, sinnliche Erfahrung wird mit Kommunikation gekoppelt.

Liebe geht durch den Magen – die Liebe der Eltern zu ihren Kindern, die Liebe der Kinder zu ihren Eltern bilden da keine Ausnahme. Dabei spielen Ort, Zeit und Aufwand einer gemeinsamen Mahlzeit keine Rolle. Niemand verlangt von einer voll berufstätigen Mutter, daß sie jeden Abend ein Menu mit mehreren Gängen zaubert. Studien haben ergeben, daß Kinder, die mehr als fünfmal pro Woche eine gemeinsame Mahlzeit im engeren oder weiteren Familienkreis einnehmen, ihr Risiko, an Eßstörungen zu erkranken, um die Hälfte reduzieren können. Nebenbei schult gemeinsam verbrachte Zeit an einem schön gedeckten Tisch die Diskussionsfähigkeit, das Benehmen und die Eßmanieren, samt Besteckregeln und Kultivierung des Gaumens. Gegenseitige Hilfe beim Auf- und Abdecken, Vorbereiten und Spülen stärkt das Gemeinschaftsgefühl und gibt Kindern das Gefühl, gebraucht zu werden. Auch wenn es anfänglich Genörgel gibt oder pubertierendes Gemotze – wird gemeinsame Hilfe nicht in Frage gestellt, geht sie bald in Fleisch und Blut über.

Kinder, die mit solchen Ritualen und Gepflogenheiten aufwachsen, brauchen später keine Benimmkurse zu besuchen, um den ersten Besuch beim Chef ohne Peinlichkeiten zu überstehen. Ganz nebenbei erfährt beim gemeinsamen Essen jeder, was die anderen tagsüber gemacht haben und was sie beschäftigt hat, und kann eventuell bei Problemen helfen. Am schönsten ist es aber, wenn bei Tisch gelacht wird, das macht jeden Eintopf zu einem Drei-Sterne-Essen.

Familienfeiern

Ebenso wie gemeinsame Mahlzeiten sind auch Familienfeiern etwas aus der Mode gekommen. Aber gerade hier liegt ein großes Bindungspotential. Selbst Verwandte, die sich selten sehen, fühlen sich den Mitverwandten viel näher als Nichtverwandten. Dieser starke subjektive Halt kann im Alltag beruhigend, in schwierigen Situationen ein Segen sein. Ein Fluch hingegen auch, denn Verwandte hat man sich nicht ausgesucht, die Gratwanderung zwischen bemühter Konversation und Slapstick wohnt so mancher Familienfete inne, und jeder kennt zahllose Bücher, Theaterstücke und Filme, die genau diese explosive Mischung zum Thema haben. Vielleicht gilt es auch hier ein gezieltes Maß zu finden.

Weihnachten an einem großen Tisch verbracht, mit Verwandten und Freunden, die man ganz natürlich heute zur Familie zählt, kann einen bleibenden Eindruck hinterlassen. Wenn jeder noch eine Kleinigkeit zum Menu beisteuert, müssen die jeweiligen Gastgeber nicht schon drei Tage vorher Urlaub nehmen, um alles vorzubereiten. Auch ein

Osterpicknick im Park in lockerer Besetzung kann zu einem ungemein kommunikativen Fest werden, da die Enge des Raumes fehlt. Das wird den Kindern so viel Spaß machen wie den bunt zusammengewürfelten Verwandten. Wie überhaupt gilt: keine Angst vor Mischungen. Viele Menschen haben Sorgen, bestimmte Freundes- oder Verwandtenkreise miteinander zu mischen. Doch überraschenderweise finden oft bei solchen Gelegenheiten Menschen zusammen, die sonst nie miteinander gesprochen hätten.

Klassische Familienfeiern sind neben Weihnachten oder Ostern die religiös motivierten Feiern wie Taufe, Kommunion oder Konfirmation und Firmung. Hier sind die Verwandtschaftsverhältnisse prägend. Die Aufgabe der Patentante bzw. des Patenonkels ist meist innerhalb der Familie besetzt, Familienangehörige ersten, zweiten, ja sogar dritten Grades kommen zusammen, um ein Mitglied aus ihrer Mitte zu feiern. Durch den religiösen Anlaß wird hier das Thema Familie so gut wie nie hinterfragt – diese Feiern gelten als klassische Familienfeste, die in mehr oder weniger großem Rahmen zelebriert werden.

Da sich immer weniger Familien auch durch ihre Religionszugehörigkeit definieren, wäre es vielleicht schön, ein Ritual einzuführen, das solche traditionellen Feiern ersetzt. Der Kindergeburtstag könnte zum Beispiel ein Anlaß für ein Familienfest sein – es muß nicht immer eine bonbonschwere laute Kindersause sein, die Mütter und Väter an den Rand der Verzweiflung treibt. Ein Mehrgenerationenfest zum sechsten, zehnten und vierzehnten Geburtstag, allesamt große Wendepunkte in der kindlichen Entwicklung, kann ein fröhliches Gemeinschaftserlebnis sein, das im Kreis von Verwandten und Freunden gefeiert wird und für lebenslange Erinnerung sorgt.

Ob im kleinen Kreis oder als groß angelegtes Event – im Geburtstagsfest liegt ein großes Potential für lang anhaltende Bindungen. »Weißt du noch … dein Fünzigster?« »Damals … als wir deinen Geburtstag auf einem Schiff gefeiert haben.« Es muß zwar nicht immer ein kostspieliges, geldintensives Fest sein, das den Rahmen bildet, aber kleine Besonderheiten, die den Tag hervorheben unter den übrigen 364, sind ein Plus für jede derartige Veranstaltung. Das kann eine kleine Tombola sein, Tanz und Musik oder auf jedem Teller für jeden Gast ein kleiner Spruch, der sein Motto des Abends sein soll, den jeder laut vorliest und der in der Regel zu viel Heiterkeit führt – schöne Anlässe zur Kommunikation.

Feierliche Einladungen sollte man mit einem entsprechenden Hinweis auf die gewünschte Garderobe versehen; auf solchen Festen kommt dem Gastgeber allerdings die Aufgabe des Zeremonienmeisters zu: Er muß bestimmte Leute einander vorstellen, dafür sorgen, daß niemand allein bleibt, und neue Verbindungen schaffen. Manche entdecken darin ihre Leidenschaft, ihre Feste werden allseits beliebt sein.

Generationenvertrag

Kommen wir zum wohl ernstesten Thema, das Verwandtschaft zu bieten hat: das Eltern-Kind-Verhältnis. Solange die Kinder klein sind und bis sie aus dem Haus gehen, sind die Eltern für die Kinder verantwortlich, rechtlich bis zum achtzehnten Geburtstag, menschlich immer. Was aber, wenn die Kinder erwachsen sind und ihre eigenen Wege gehen? Womöglich in anderen Städten leben? Aus dem bewußten Bruch mit der Elterngeneration, wie ihn die Achtundsechziger-Bewegung hervorgebracht hat, ist erfreulicherweise wieder ein entspannteres Verhältnis geworden. Kinder bleiben den Eltern lange verbunden; manch einer witzelt über das »Hotel Mama«, das nicht mehr verlassen wird, weil nichts bequemer ist, als zuhause umsorgt zu werden. Was also ist der richtige Weg im gemeinsamen Umgang?

Richtig ist, daß Kinder ihre Wege gehen müssen, um sich zu entwickeln, Eltern können Begleiter sein, finanziell unter die Arme greifen, Erfahrungen teilen, Verbindungen schaffen, Beziehungen nutzen. Dennoch muß das Eltern-Kind-Verhältnis immer wieder neu definiert werden. Nach der Schule, im Studium und in der Ausbildung sind andere Dinge wichtiger als die Familie, schließlich steht da auch das eigene Liebesleben im Vordergrund. Eltern tun gut daran, diese Phase gleichmütig und mit einem Augenzwinkern zu begleiten, da zu sein, aber nicht mit dem täglichen Anruf Liebe einzufordern. Sobald die Kinder ihre eigene Familie gegründet haben, eventuell selbst Kinder bekommen, kommt auf die frisch gebackenen Großeltern eine neue Aufgabe zu, die in den letzten Jahren das noch nicht perfekte Betreuungssystem für Kinder tatkräftig unterstützt hat. Sie sorgen zeitlich und finanziell für ihre Enkelkinder. Die »Familienbande« wachsen in diesen Phasen wieder, und Eltern tun sich keinen Gefallen mit Sätzen wie »Ach, *jetzt* brauchst du mich« zu antworten, sondern sollten sich freuen, daß das Leben immer wieder ein Wandel ist.

Werden die Großeltern gebrechlich, stehen viele Familien vor schier unlösbaren Aufgaben: Betreuung und Pflege daheim, die finanzielle und zeitliche Belastung, vom dramatischen, emotionalen Aspekt ganz zu schweigen. Auch hier zahlt sich ein gut gewachsenes Familien- und Freundesnetz aus. Hilfe zu geben und Hilfe anzunehmen, gehören zu den großen sozialen Aufgaben, welche die Familie zu leisten imstande ist, inklusive des gut gepflegten Freundeskreises. Niemand hat gelernt, Kinder groß zu ziehen, niemand hat gelernt, die kranken Eltern zu pflegen – bis zu dem Augenblick, in dem es soweit ist. Soziales Netzwerken, ob im Rahmen der Familienbande und/oder im Freundeskreis, ist eine der wichtigsten Aufgaben, die es zu erhalten und auszubauen gilt. Gerade in einer Welt, deren Anforderungen immer differenzierter werden, deren Grenzen sich immer mehr öffnen. Durch E-Mail kann der Familienhalt weltweit so aktiv gepflegt werden, als wäre die Welt ein Dorf. Familientreffen im Netz sollten reale Treffen nicht ersetzen, aber sie können die Zeiten dazwischen kommunikativ gestalten.

Häusliches Leben

Hausmusik · Gesellschaftsspiele · Handarbeiten · Wichtige Handarbeitstechniken · Haustiere

Hausmusik

Die Tradition der Hausmusik hat ihre Ursprünge bereits im Mittelalter, als nach der Arbeit gemeinsam Volkslieder gesungen wurden. In edierter Form erschienen Volksliedsammlungen allerdings erst in der Romantik im Zuge der Wiederentdeckung des Mittelalters. Ihr voran ging eine Zeit des blühenden Mäzenatentums – gerade das Wien des achtzehnten Jahrhunderts erlebte eine Blütezeit der Hausmusik, mit Musikaufführungen im privaten, familiären oder höfischen Raum, denn adelige Kunstförderer luden regelmäßig Künstler in ihre Palais und Schlösser ein. Neben den kaiserlichen Privilegien der Opernliebe und -pflege breitete sich allmählich die Musikliebhaberei auch in Kreisen des höheren und niederen Adels aus. Die gesamte Wiener Klassik – vor allem mit Joseph Haydn, Wolfgang Amadeus Mozart, Ludwig van Beethoven und Franz Schubert – lebte von der fruchtbaren Verbindung, die mit dem Begriff Kammermusik in die Musikgeschichte einging.

Als dann zu Beginn des neunzehnten Jahrhunderts das gehobene Bürgertum und der Geldadel ebenfalls von dieser Leidenschaft erfaßt wurden, kam der Begriff Hausmusik auf. Man verstand darunter leicht spielbare Musik im privaten Bereich und mit kleiner Besetzung. Eine Kunstform war geboren, die der häuslichen Zurückgezogenheit der Biedermeierzeit vollkommen entsprach. Klavier und Gesangsunterricht gehörten zur klassischen Grundausbildung höherer Töchter; fahrende Sänger und Musikanten, die zu Hauskonzerten geladen wurden, gaben der Kunst stetig neue Einflüsse. Die bürgerlichen Salons boten einen idealen Rahmen für musikalische Untermalung; auf dem »Spielplan« von Hauskonzerten standen im Zeitalter der Strauß-Walzer kleine, elegante Stücke, die in Streicherbesetzung oder Klavier plus Bläser und Streicher besetzt werden konnten.

In ländlichen Kreisen spielt man bis heute mit feinen regionalen Unterschieden die sogenannte *Stubenmusi* – Volksmusik, häufig in Blech- und Zitherbesetzung, mit oder ohne Gesang.

Heute wird allerorten in Musikschulen für erschwingliches Geld Musikunterricht angeboten; Schulorchester sind an fast jeder Schule zu finden. Schade eigentlich, daß die Hausmusik nur noch wenig gepflegt wird. Sich einmal pro Woche zusammenzufinden, um ein gemeinsames Stück zu proben, ist nicht nur gesellig, sondern schult Reaktions- und Zeitgefühl, fördert das Gefühl für Rhythmus und Harmonie. Zudem baut eine vielstimmige Musikaufbereitung Streß auf ganzheitliche Weise – nämlich durch Bewegung, Atmung und Konzentration – ab und bringt neben all diesen wertvollen sozialen Komponenten einfach Spaß.

Hausmusik zusammen mit Kindern fördert die Beziehungen innerhalb der Familie; Erwachsene kultivieren ihren Freundeskreis mit musischen Mitteln. Daß sich an gemeinsam gespielte Noten häufig auch gemeinsames Essen und Trinken anschließt, macht die Hausmusik zu einem sinnenfreudigen Erlebnis, das es nicht nur zu wahren, sondern wieder zu entdecken gilt.

Wer es weniger klassisch liebt, kann auch eine Band gründen und sich zeitgenössischen Musikrichtungen widmen – Hausmusik muß textlich und musikalisch nicht im neunzehnten Jahrhundert verhaftet bleiben, ganz im Gegenteil:

Auch Gitarre, Schlagzeug und Keyboard setzen Hausmusik um, nur mit anderen Mitteln. Wer nervöse Nachbarn hat, die dem Üben einer kleinen Hausmusikgruppe nicht willig folgen wollen, kann in Gemeindezentren, Schulen und Bürgerhäusern nach Übungsräumen fragen. Lösungen lassen sich fast immer finden, um im nichtöffentlichen Raum ganz schön auf die Pauke zu hauen.

Gesellschaftsspiele

Neben dem freien Spiel, dem Kinder soviel wie möglich nachgehen sollten, dem inszenierten Spiel (wie Verkleiden und Rollenspiele), das man als Erwachsener begleiten kann, werden mit zunehmendem Alter Gesellschaftsspiele interessant – ein herrlicher Spaß, der keine Altersgrenze kennt und so manchen wild bewegten Nachmittag oder Abend bieten kann.

Im Gegensatz zu den freien Spielen und den Rollenspielen gibt es bei Gesellschaftsspielen in der Regel Gewinner und Verlierer – eine Erfahrung, die Kinder einfach machen müssen. Der Umgang mit Verlust (Spielfigur) und mit Gewinn durch Nachdenken, Austricksen oder einfach nur Glück muß erlernt werden. Jeder wird schon einmal erlebt haben, wie ein Mitspieler wütend aufgesprungen ist, weil er nicht verlieren kann. Wieder andere nehmen Sieg oder Gewinn gleichmütig zur Kenntnis und freuen sich im stillen. Neben der Gruppenerfahrung oder dem Wert des Sich-Messens geben Regelspiele Auskunft über das Wesen eines Menschen. Wer regelmäßig spielt, wird feststellen, daß Kinder mit Frustrationen, aber auch mit Erfolgen besser umgehen lernen.

Neben den klassischen Grundspielen wie *Mensch ärgere dich nicht*, das auch kleine Kinder schon gut mitspielen können, *Halma* (das eine gute Vorübung zum Schach darstellt), *Memories* (die von Kindern wegen des bildhaften Erinnerns besonders gerne gespielt werden) und Würfelspielen sollten *Monopoly, Scrabble, Schach* und *Kartenspiele* in einem Grundsortiment nicht fehlen.

Da der Spielemarkt dank zahlreicher jährlicher Neuerscheinungen kaum zu übersehen ist, empfehlen sich zusätzlich einige »neue Klassiker«. Dazu zählen: *Rummicube* (mit Zahlen und Buchstaben) und *Carcassonne*. Diese Spiele zeichnen sich nicht nur durch Intelligenz und Klarheit aus, sondern auch durch eine gewisse Übersichtlichkeit in der Handhabung. Spiele, die eine wahre Materialschlacht betreiben und zwanzigseitige Gebrauchsanleitungen benötigen oder gar Geräte mit Batterien, sind ungeeignet und nur in Vielspielerfamilien zu empfehlen.

Ansonsten sollte so viel wie möglich gespielt werden, als Ersatz für einen Fernsehabend, als Regentagebrücke, als kurzweilige Beschäftigung miteinander. Wer Gäste dazu einlädt, wird sich zudem Freunde machen!

Handarbeiten

Was noch bis vor dreißig Jahren ein zweistündiges Wochenfach an allen Schulen war, kommt heute so gut wie nicht mehr vor: Handarbeiten, jene Kunst, mit Nadel und Faden kleine Kunstwerke, Gebrauchsgegenstände und Präsente zu werken, die man selbst benutzen, verschenken oder ganz einfach im Haushalt gebrauchen kann. Gestickte Tischdecken aus Indien mit Ethnomotiven, Quiltdecken im Kolonial- oder Landhausstil und groovige Batikmuster auf T-Shirts und Hosen finden viele zwar ausgesprochen hipp, auf die Idee, daß all dies eben Handarbeit ist und ebenso auch von uns gefertigt werden könnte, kommen sie nicht. Zeitmangel und Unvermögen sind Feinde der Handarbeiten.

Als es noch Teil der Grundausbildung aller Mädchen war, sticken, stricken, häkeln und nähen zu können, weil das Fertigen und die Pflege von Kleidern und Weißwäsche zum Alltag gehörte, war Handarbeiten die Abendbeschäftigung vieler Frauen. Das war noch bis in die sechziger Jahre des vorigen Jahrhunderts der Fall, als abendliches Fernsehen noch nicht Routine war und Kleidungsstücke noch gepflegt und ausgebessert wurden, statt sie wegzuwerfen und neue zu kaufen. Mit der Frauenbewegung gerieten die traditionellen Handarbeiten zunächst als Protest – Stricken in der Vorlesung und bei politischen Veranstaltungen – ins ideologische Rampenlicht, um dann erst wieder mit der Ökobewegung der späten siebziger Jahre zu erwachen. Plötzlich waren handkardierte Wollen, unbehandelte Pflanzenfarben, selbst gefertigte Gewebe und Eigenversorgung mit Lebensmitteln wieder Thema. Eine »Strickwelle« überzog Mitteleuropa mit Schlabberpullis und Häkelmützchen, kein Schal sah aus wie der andere, regenbogenfarben, flauschig, kratzig – die siebziger und die erste Hälfte der achtziger Jahre gehörten dem Strick.

Als der Computer in den Schulen Einzug hielt, wurde der Handarbeitsunterricht reduziert, abgeschafft oder durch Werken ersetzt. Grundwissen in Stricken, Häkeln, Sticken, Nähen wurde – wenn überhaupt – nur noch privat vermittelt. Handarbeiten war *out.* Erst allmählich, seit der Jahrtausendwende, setzt eine Rückbesinnung auf traditionelle Handarbeiten ein. Die motorische und therapeutische Wirkung von klassischen Handarbeiten, wie sie alternative Pädagogikkonzepte (beispielsweise in Waldorf- oder Montessorischulen) propagieren, sind zu neuen Ehren gekommen. Einige lange Zeit vergessene Techniken – wie das Filzen – erleben einen nie gekannten Boom auch in der Mode und Kunst. Diese uralte Methode, aus Schafswolle, Seife und Wasser unter Reiben und Druck Gewebe entstehen zu lassen, ist nicht nur ein Handwerk, das bereits kleine Kinder begeistert, sondern das sogar in Managementseminaren als Meditationsübung eingesetzt wird.

Jeder, der einmal häkelnd, strickend, stickend oder filzend dem Fortschreiten eines Werkstücks gefolgt ist, wird das Wohlgefühl bestätigen, das von der gleichmäßigen ruhigen Tätigkeit ausgeht. Gerade als Gegengewicht zum Bildschirm-Overkill unseres Alltags und der digital vernetzten Welt haben Handarbeiten einen nicht zu unterschätzenden Vorteil. Wer aufmerksam durch die Straßen geht, wird feststellen, daß an fast allen Ecken Änderungsateliers aufgemacht haben. Da kaum noch jemand in der Kunst des Nähens, Stopfens und Änderns bewandert ist, ist diese Dienstleistung sehr gefragt.

Niemand muß handwerklich oder zeitlich in der Lage sein, ein Abendkleid zu nähen, aber ein kleines Loch stopfen, einen Knopf annähen, einen Schal stricken und einen Topflappen, den wir im Designerladen so cool fanden, in schrägen, modernen Farben häkeln zu können, ist keine Schande, sondern bedeutet ein klein wenig mehr Selbständigkeit in einer vielfältigen Welt.

Einen Knopf anzunähen, dauert fünf Minuten, das Kleidungsstück samt Knopf zur Schneiderin zu bringen und wieder abzuholen ein Vielfaches. Abgesehen vom Nutzen bringt gemeinsames Handarbeiten richtig viel Spaß, und auch jeder emanzipierte Mann wird bestätigen, daß die Beschäftigung mit Wolle ein haptischer Hochgenuß ist. Wir wollen hier weder alte Rollenbilder wieder aufleben lassen, noch einen neuen Klöppel- oder Filetspitzenboom ins Leben rufen, sondern einige Grundtechniken nennen, die es wiederzuentdecken lohnt. Für sich und für andere, schließlich ist nichts persönlicher als ein handgearbeitetes Geschenk.

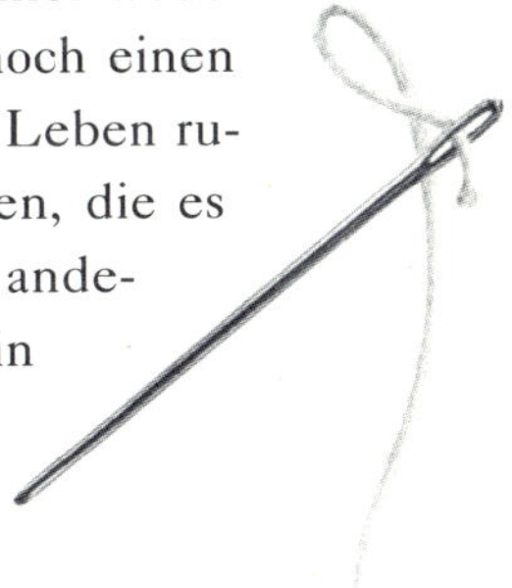

Wichtige Handarbeitstechniken

Häkeln: Stäbchen- und feste Maschen. Nötig dazu sind Wolle und Häkelnadel, daraus lassen sich Verzierungen, Ränder, Decken und Bänder häkeln.

Stricken: Anschlagsmaschen, rechte und linke Maschen, Abketten. Dazu benötigt man zwei Stricknadeln und in passender Garnstärke Wolle; mit diesen Grundkenntnissen läßt sich bereits ein Schal oder eine Decke fertigen.

Sticken: Flachstich, Kreuzstich und Schlingstich sowie Sticknadel und Garn; Applikationen, Monogramme, kleine Ausbesserungsarbeiten lassen sich mit wenigen Grundstichen verwirklichen.

Nähen: Heftstich, Rückstich, Matratzenstich und Stopfstich; damit lassen sich Hosenbünde hochnähen und kleine Löcher stopfen sowie Nähte versäubern und gestrickte Teile aneinandernähen.

Filzen: Kardierte farbige Wollen, Kernseife, Wasser; aus diesen wenigen Grundmaterialien lassen sich Bälle und Täschchen formen.

Quasten, Fransen, Bommeln, Toddeln: Wollreste, Pappschablone, Schere; ein Spaß, den die ganze Familie betreiben kann – schließlich kann man alles mit einem Bommel, Fransen oder einer Toddel ausstatten.

Wer die handwerklichen Grundkenntnisse besitzt, sollte sie an seine Kinder weitergeben, und zwar geschlechterübergreifend, schließlich blamiert sich kein Mann, wenn er sein fransiges Hosenbein selbst glätten kann. Und wer Handarbeiten erst für sich entdecken will, findet bestimmt in der näheren Umgebung Einführungskurse oder fragt eventuell bei der älteren Nachbarin an, die sich über diese Beschäftigung freuen wird. Wer schließlich für das Handarbeiten Feuer gefangen hat, kann seine Grundkenntnisse erweitern oder gar Tapisseriestickerei, Quilten, Weben, Applizieren erlernen. Bastelläden, Anbieter im Internet, Kurse in Volkshochschulen, Gemeinden und Workshops gehen auf alle Wünsche ein. Jeder kann jederzeit mit dem Handarbeiten beginnen: Er wird Gemeinschaft erleben, Ruhe und Ausgeglichenheit finden – und eine Chance, sich zu entfalten.

Haustiere

In fast jeder Familie kommt es einmal zu der unvermeidlichen Frage nach einem Haustier. Tiere begleiten Kinder schon von früh an, als Stofftier, in Bilderbüchern, in Geschichten. Kein Wunder, warum der Wunsch nach einem eigenen lebendigen Tier beständig wächst. Und ohne Zweifel wirken sich Tiere ausgesprochen positiv auf das Sozialverhalten von Kindern aus, sie sind weniger nervös, lernen Rücksicht zu nehmen, werden durch Tiere selbständiger und lernen verstehen, wie sorgsam man mit jedem Lebewesen umgehen muß.

Vorbereitung und Verpflichtung

Neben den *soft skills*, den im wahrsten Sinne weichen Faktoren wie Streicheln, Liebkosen, Sprechen mit dem Tier, ergeben sich aber auch logistische Verpflichtungen, die nicht selten an einem Mitglied der Familie hängen bleiben. Deshalb ist vor jedem Erwerb eines Haustiers gründliches In-sich-Gehen angesagt. Wie lange will man sich einem Haustier widmen? Im Falle einer Katze kann dies über zwanzig Jahre bedeuten. Wie nah soll das Tier am Familienleben teilnehmen? Ein Hund ist immer am liebsten überall und zu jeder Zeit mit dabei. Wie klein und groß darf das Haustier sein? Paßt es zur Wohnung, zur Familienstruktur oder auch zu den zeitlichen Gegebenheiten, die zur Verfügung stehen?

Auch wenn dies alles sehr unromantisch klingt: Im Alltag ist gute Vorbereitung die halbe Miete. Wenn klar ist, daß der Hund auch mit ins Büro kann und die Kinder groß genug sind, um mit ihm Gassi zu gehen, dann steht der tätigen Tierliebe nichts mehr im Weg. Hat ein Familienmitglied erhebliche Allergien, sollte vor dem Zulegen eines Haustiers ein Allergietest gemacht werden. Sind alle Zweifel beiseite geräumt und ist die Familie wild entschlossen, ein Tier anzuschaffen, sollte eine gründliche Informationsphase folgen. Jede Menge guter Tierratgeber können auf die bevorstehende Aufgabe vorbereiten. Auch die Wahl der Rasse sollte man nicht modischen oder filmisch gestützten Arten (Dalmatiner) unterwerfen, sondern nach Kriterien wie Kinderverträglichkeit, Auslaufverhalten und Anfälligkeit begutachten.

Das Thema Urlaub und Tier ist der häufigste Grund, kein Tier anzuschaffen. Dabei gibt es viele Menschen, die sich zwar kein eigenes Tier zulegen wollen, aber sehr glücklich über ein Leihtier sind. Das alles gehört bereits in der Vorphase überlegt. Von Tiergeschenken ist generell abzuraten. Im schlimmsten Fall leidet nicht nur das Tier, sondern auch der Beschenkte, der ein schlechtes Gewissen hat, das Geschenk abzulehnen.

Bedeutung der Tiere

Sind alle Zweifel aus dem Weg geräumt, steht einem tierischen Familienzuwachs nichts im Weg. Kinder mit Aufmerksamkeitsdefiziten oder Behinderungen können von Tieren nur profitieren. Ein Lebewesen um sich zu haben, bedeutet neben Verantwortung und Disziplin vor allem Freundschaft und Wärme, Liebe und Ausgeglichenheit: Faktoren, die man bei der Überlegung pro und contra Haustier immer mit einfließen lassen sollte. Denn Tiere machen neben Arbeit – allen Befragungen zufolge – glücklich.

Was immer gilt

Tradition bedeutet nicht, an dem zu hängen,

was gestern war, sondern aus dem zu leben,

was immer gilt.

Heimat

Heimat ist ein idealtypischer Begriff, der den überschaubaren und von Ursprungsgruppen (Familien, Sippen, Dorfgemeinschaften) gestalteten und geprägten Lebensraum als Ausschnitt von Welt und Wirklichkeit bezeichnet. Oft wird er als tragend und bergend empfunden und wächst mit dem Verstehenshorizont in räumliche und geschichtliche Dimension. Der Philosoph Ernst Bloch sagte es poetischer: »Heimat ist, was allen in die Kindheit scheint und worin noch niemand war.«

Der bergende Raum der Nation, den man mit diesem sehr deutschen Wort Heimat nennen könnte, war stets mehr Sehnsucht als Wirklichkeit. Im Nationalsozialismus wurde der Heimatbegriff in ideologischem Wahn pervertiert (»Blut und Boden«). Mit dieser Inkongruenz und belasteten Wirkungsgeschichte des Begriffs müssen wir leben.

Inzwischen sind die alten organischen Wertgemeinschaften der Heimat nicht nur in den großen Städten und industriellen Regionen, sondern bis in die Dörfer auf dem Land weitgehend zerstört oder in Auflösung begriffen. Sie waren die Träger von bestimmten Werterfahrungen und Lebensordnungen individueller und sozialer Prägung; in ihnen lebten und wirkten auch auf religiösen oder wertgemeinsamen Grundlagen beruhende Traditionen und Konventionen. Die modernen Publikationsmittel und weitverzweigten Mediensysteme, auch das Internet, haben die bisweilen engen Grenzen möglicher Kommunikation gesprengt (*global village*, Globalisierung), sie haben aber auch im Bewußtsein der Menschen verschiedene Werteinstellungen und Lebensanschauungen unverbunden und ungeklärt nebeneinander gesetzt.

Der Geborgenheit in der Heimat Ausdruck zu geben, ist ein heute zwar vielfach belächeltes, unseres Erachtens aber gleichwohl relevantes Ziel. Hier liegen viele ungenützte Chancen, Heimat abseits von einer folkloreseligen Sentimentalität als unmittelbaren Lebensraum wieder stärker zu berücksichtigen oder sogar neu zu definieren. Zum Beispiel in der erzählerischen Vergegenwärtigung zuweilen vergessenen Brauchtums, in Gewohnheiten und Ritualen regionalen Alltagslebens, in der Behandlung von Legenden und Mythen des heimatlichen Raumes. Und dies noch einmal jenseits institutionalisierter »Heimatpflege« in Heimatvereinen und Heimatmuseen.

Erst in der Erfahrung der geschichtlichen Durchsetzung des Lebensraumes mit einem Bewußtsein, beheimatet zu sein, erwächst ein Heimatgefühl, das frei ist von dümmlich aufgeladenen Assoziationen und simplifizierendem Festhalten am Überkommenen.

Die Heimat ist es, welche die Kindheitserinnerungen von uns allen trägt. Damit soll keinem Antiintellektualismus Vorschub geleistet werden, doch geht es hier neben der rationalen Komponente der Identitätssuche im besonderen auch um die emotionale. Es geht – auch – um »Gemüt«, das viel gescholtene, um Gefühl – das Gefühl der Liebe, der Heimat, der Sehnsucht. Heimat vermag tiefe Emotionen hervorzurufen, ja in Traumwelten zu führen. Damit soll kein Weg in wirklichkeitsfremden Tiefsinn vorgezeichnet werden, wohl aber zum Ausdruck kommen, daß Heimat stets mehr ist als ein gedankliches Konstrukt oder ein Ergebnis historischer Prozesse. Sie ist auch das Ahnungs-, Traum- und Seelenvolle, das »existentielle Angesprochensein«.

Ohne Frage kann und soll der Staat, in dem man lebt, mit aller Leidenschaft kritisiert werden. Aber darüber darf die Identifikation nicht verloren gehen – mit der Nation, der Region. Es ist schön, in der Heimat zu sein, Heimat zu haben. In einem Staat zu leben, der sich zur Humanität bekennt.

Hochzeit

Vorbereitungen · Standesamtliche Trauung · Kirchliche Trauung · Kleidung · Ausrichtung der Hochzeitsfeier · Empfänge · Polterabend · Hochzeitsessen · Tischordnung · Tischreden und Trinksprüche · Hochzeitstorte · Nach dem Essen · Hochzeitsball

Die Hochzeit gilt den meisten Menschen als »schönster Tag im Leben«. Daher sind gerade mit den Hochzeitsfeierlichkeiten zahlreiche Formen und Konventionen verbunden, die diesem großen Ereignis »traditionell« angemessen sind.

Vorbereitungen

Anzeige

Die Anzeige der Vermählung kann *vorher*, etwa *gleichzeitig* und auch *nachher* aufgegeben werden. Sie wird je nach Umständen und Alter entweder von dem Paar selbst verschickt, von einem der beiden Elternpaare oder von beiden Eltern gemeinsam. Im allgemeinen stehen Hochzeitsanzeigen auf der Innenseite einer Doppelkarte und sind förmlicher als Verlobungsanzeigen.

Findet eine große Hochzeit statt, so können die Vermählungsanzeigen gleichzeitig mit der Einladung zur Teilnahme an einer kirchlichen Trauung verbunden werden. Sie erfolgt getrennt von der Einladung zum Hochzeitsessen, -empfang oder -ball. Man braucht natürlich nicht dieselben Gäste zur Trauung wie zu den anderen

Veranstaltungen zu bitten. Aber man kann die Einladungen für solche Leute, die an beiden Ereignissen teilnehmen sollen, in denselben Umschlag stecken. Die Antwort darauf muß möglichst sofort (am besten handschriftlich) erfolgen, verbunden mit den schönsten Glückwünschen, wenn das nicht schon vorher geschehen ist.

Aufgebot

Haben zwei Verlobte sich entschlossen, zu heiraten, so müssen sie beim Standesamt das Aufgebot bestellen (zusammen mit Geburtsurkunden). War einer der Verlobten schon verheiratet, so muß er auch die erste Heiratsurkunde mit vorlegen sowie das Scheidungsurteil bzw. die Sterbeurkunde des früheren Ehegatten.

Standesamtliche Trauung

Die standesamtliche Trauung geht äußerlich in schlichter Form vonstatten. Das Brautpaar wird von zwei bis vier Trauzeugen begleitet, auch von den Eltern. Ist keine kirchliche Trauung vorgesehen, kann der Kreis natürlich auch größer sein (sowohl im wie vor dem Standesamt). Der Bräutigam trägt einen dunklen Anzug, einen Smoking (oder – ganz fein – sogar Cutaway, was aber bestimmt nicht nötig ist) mit weißem Hemd, seine Braut ein dunkles Kostüm und kleinen Hut. Die übrige Gesellschaft hält es ungefähr ebenso. In der Stadt findet auch keine »große Auffahrt« mehr statt, etwa in weißer Hochzeitskutsche. Sie ist – wenn überhaupt – der kirchlichen Trauung vorbehalten und mehr auf dem Land und in kleinen Städten üblich.

Die standesamtliche Trauung ist ein bürokratischer Akt von wenigen Minuten. Mancher Standesbeamte versteht es, den knappen Vorgang ein wenig feierlich zu gestalten und hält

eine kurze Ansprache. Er gratuliert dann auch als erster. Ist nur die standesamtliche Trauung vorgesehen und soll die Hochzeit betont schlicht begangen werden, so geht man anschließend mit seinen Trauzeugen zu einem guten Essen, das zwar festlich, aber äußerlich ganz zwanglos abläuft. Es kann in einem Restaurant oder im Haus der Brauteltern stattfinden, aber auch in kleiner, jedoch exquisiter Form von einem befreundeten Ehepaar ausgerichtet werden.

Kirchliche Trauung

Die kirchliche Trauung richtet sich in ihrer äußeren Form nicht nur nach den Vorschriften der Konfessionen, sondern auch nach der besonderen Tradition der Gegend. Maßgebend für die Gestaltung des Brautzuges, für die »Führung« und »Zuführung« der Braut und viele andere Regelungen beim stilvollen Ablauf des Ganzen sind auch die gesellschaftliche Herkunft der Beteiligten, ihre finanziellen Möglichkeiten und vielleicht auch ihre »standesbedingten« Verpflichtungen.

Es ist in diesem Rahmen unmöglich, alle Varianten einer kirchlichen Trauung zu schildern. Über den Verlauf der religiösen Handlung wird der Pfarrer das Brautpaar unterrichten. Eines jedoch sollte – aus oft gegebenem Anlaß – hier gesagt werden: Die kirchliche Trauung darf trotz aller Festlichkeit nicht zu einem »Jahrmarkt der Eitelkeiten« werden. Viele haben die weltweit verbreiteten Bilder von Fürsten- und Starhochzeiten im Kopf und versuchen, sich dem vermeintlich »großen Geschmack« anzupassen. Doch die Würde des Ortes, die Achtung vor Gott und dem Sakrament soll nicht durch Luxus, Publicity und Fotografen- und Kamerateams in der Kirche um ihren eigentlichen Sinn gebracht werden. Es handelt sich nicht um eine Königshochzeit, die als Staatsakt gilt, sondern um eine religiöse Feier.

Kleidung

Bei einer schlichten Hochzeit genügt für den *Bräutigam* der dunkle Anzug, in dessen linkem Knopfloch er ein kleines Myrtensträußchen, in anderen Gegenden auch nur eine weiße Nelke oder sonst eine Blume aus dem Brautstrauß trägt. Sie soll ihm von der Braut angesteckt werden.

Eine Stufe höher als der dunkle Anzug steht der »Stresemann«, und noch eleganter ist der Cutaway. Bei sehr großen und vornehmen Hochzeiten trägt der Bräutigam einen Frack mit weißer Weste.

Die *Braut* trägt ihr Brautkleid mit Schleier, dazu meist weiße, lange Glacéhandschuhe. Der rechte Handschuh wird vor dem Altar ausgezogen. Wenn sie sehr jung ist, wird sie einen Myrtenkranz oder ein Gesteck aus Orangenblüten tragen. Eine Frau, die schon zum zweiten Mal heiratet, trägt natürlich keinen Myrtenkranz mehr, da er das Symbol der Unschuld ist. Übrigens verlangt ein alter Aberglaube, daß der Bräutigam das Brautkleid vorher nicht sieht, sondern erst beim Aufbruch zur Kirche.

Die *übrige Gesellschaft* richtet sich – soweit das möglich ist – nach dem Stil und der Kleiderordnung des Bräutigams, vor allem die Brauteltern selbst. Die *Brautführer* erscheinen in einheitlichem Anzug. Sind bei einer großen Hochzeit *Brautjungfern* vorgesehen, dann sollten sie einheitlich oder wenigstens in derselben Farbe gekleidet sein. In manchen Gegenden tragen die Brautjungfern sogenannte »Brautjungfernkränze«, in anderen nur gleiche Blumensträuße.

Ausrichtung der Hochzeitsfeier

Früher mußte die Hochzeit eines jungen Mädchens unbedingt von ihren Eltern »ausgerichtet« werden. Diese mußten ja auch für ihre Aussteuer sorgen, zu der die gesamte Wohnungseinrichtung und eine vollständige Garderobe für das erste und nächste Ehejahr gehörte.

Die Brauteltern werden jedoch auch heute noch alles versuchen, ihrer Tochter eine schöne Feier auszurichten. Sind sie dazu – zum Beispiel aus finanziellen Gründen – nicht in der Lage, müssen die Eltern des jungen Mannes trotzdem nach außen hin die Brauteltern als Gastgeber erscheinen lassen und die Kosten diskret übernehmen. Am leichtesten geht das, wenn die Festlichkeit in einem Restaurant oder Hotel stattfindet. In der Praxis wird es dann wenig Kopfzerbrechen bereiten, wer tatsächlich die Hochzeit arrangiert. Es ergibt sich einfach aus den Verhältnissen.

Empfänge

Empfang vor der Hochzeit

Wer sehr viele Gäste empfangen, bewirten und ihre Glückwünsche entgegennehmen muß, kann sie – je nach dem Grad von Verwandtschaft und Bekanntschaft, von Bedeutung und Wertschätzung – auf verschiedene Gelegenheiten verteilen. Bei einer sehr großen Hochzeit kann sogar schon zwei, drei Tage zuvor ein Empfang stattfinden. Er wird am besten auf den Nachmittag gelegt, beginnt um fünf Uhr und zieht sich bis zum späten Abend hin. Dazu können sehr viele Gäste geladen werden, die dann hoffentlich wissen, daß sie nach

Anbringung ihrer Glückwünsche und nach einigem Geplauder mit gemeinsamen Bekannten sich wieder verabschieden sollen, damit andere Gäste Platz finden.

Von den geladenen Gästen ist nur die engste Verwandtschaft anwesend, vor allem die Eltern der Braut und des Bräutigams. Der Empfang dient ja nur der gegenseitigen Bekanntmachung und Vorstellung der beiden neuen Freundeskreise der jungen Leute. Angeboten wird eventuell ein kleines kaltes Buffet, dazu gibt es Aperitifs, Cocktails, vielleicht noch Rotwein und Weißwein, auf jeden Fall aber auch ein Glas Champagner.

Empfang nach der Trauung

Findet die kirchliche Trauung am Vormittag und das Hochzeitsessen erst gegen Abend statt, so kann dieser Empfang auch »nach der Kirche« veranstaltet werden. Wer an der Trauung in der Kirche teilgenommen hat, erscheint so, wie er in der Kirche gekleidet war. Hält man einen Empfang ab, dann müssen eigentlich alle Gäste eingeladen werden, die man für die Kirche geladen hat, vorausgesetzt, daß die Räumlichkeiten es erlauben.

Polterabend

Es ist natürlich keine Vorschrift der Etikette, einen Polterabend zu veranstalten, aber bei größeren Hochzeiten geschieht es meistens. Hierzu werden von den Brauteltern beziehungsweise dem Brautpaar die jüngeren und ganz jungen Freunde eingeladen. Denn an einem Polterabend soll und darf es ausgelassen zugehen. Nach alter, übrigens heidnischer Sitte wird hierbei allerlei entbehrliches Porzellan oder schadhaftes Geschirr zerschlagen, denn das soll Glück bringen. Ein »gesetztes Essen« und eine festliche Kleidung ist eher die Ausnahme, meist wird ein kaltes Buffet mit den entsprechenden Getränken geboten. Und selbstverständlich muß auf einem Polterabend getanzt werden.

Findet dieses Vergnügen am Abend vor der Hochzeit statt, sollte es nicht zu lange in die Nacht ausgedehnt werden, da ja der nächste Tag für das Brautpaar und seine Eltern große Anstrengungen bringt. Gegebenenfalls zieht sich das Brautpaar (zusammen mit den älteren Herrschaften) gegen Mitternacht zurück und überläßt die Gäste ihrem weiteren Vergnügen.

Hochzeitsessen

Das Hochzeitsessen richtet sich in mancher Hinsicht nach anderen Regeln als das bereits besprochene Festessen oder Diner. Es ist an keine bestimmte Tageszeit gebunden, von zwölf Uhr mittags bis neun Uhr abends ist jede Stunde für seinen Beginn recht. Nur muß zwischen der Trauung und dem Beginn des Hochzeitsessens eine gewisse »Erholungspause« vorgesehen werden.

Findet das Essen erst abends statt, dann trägt der Bräutigam jetzt den Frack, falls er vorher im Cutaway oder Stresemann zur Trauung ging. Hat er keinen Frack, so nimmt er das Eleganteste, was er an Gesellschaftskleidung besitzt, auch den Smoking oder den schwarzen Anzug.

Die Hochzeitstafel darf, im Unterschied zur Tafel für ein Diner oder Abendessen, sehr reichlich mit – möglichst weißen – Blumen geschmückt sein. Doch manchmal ist es der spezielle Wunsch der Braut, ihre Lieblingsblumen auf dem Tisch zu sehen. Die Stühle des Brautpaars und ihre Gedecke sind noch besonders mit weißen Blumengirlanden geschmückt.

Tischordnung

Die Tischordnung einer Hochzeitstafel richtet sich nicht nach den sonst üblichen Vorschriften von Rang und Alter, vielmehr nach folgendem Prinzip:

- Zunächst einmal sitzt bei dieser einen und einzigen Gelegenheit der junge Ehemann *rechts* neben seiner jungen Ehefrau. Das ist eine eiserne Regel, die oft übersehen wird.
- Links neben der Braut sitzt der Vater des Bräutigams, rechts neben dem Bräutigam die Mutter der Braut. Dem Brautpaar gegenüber sitzt der Vater der Braut, rechts neben ihm die Mutter des Bräutigams.
- Rechts neben der Brautmutter befindet sich nach traditionellem Verständnis der Platz des Pfarrers, der das Paar getraut hat.

Die weitere Tischordnung richtet sich nach dem Grad der Verwandtschaft zu Braut und Bräutigam, wobei jedoch mit viel Takt und Feingefühl auf das Alter, dazu noch auf den Grad der jeweiligen persönlichen Bindungen Rücksicht zu nehmen ist.

Die unverheirateten Geschwister von Braut und Bräutigam müssen sich mit relativ »tiefen« Plätzen begnügen. Wenn sie noch sehr jung sind, sitzen sie ganz unten an der Tafel (wo es ja auch meist am lustigsten ist).

Tischreden und Trinksprüche

Tischreden und Trinksprüche sind beim Hochzeitsessen zwischen den Gängen möglich, am besten erst nach dem Dessert. Es sollte vorher genau abgesprochen werden, wer sich wann zu äußern hat. Ungeschriebene Regel ist, sich möglichst kurz, aber herzlich zu fassen und sich auch nicht zu den leider oft üblichen anzüglichen Witzen verleiten zu lassen, die nicht selten peinliche Reaktionen hervorrufen. Tischreden erfordern eine Menge Taktgefühl. Sie können humorvoll und geistreich sein, dürfen aber niemals taktlos werden. Es gibt Ereignisse im Leben eines Menschen, die man nicht erwähnt, auch wenn man die Geschichte noch so witzig vorträgt. Und ebenso können durch einen Bericht, der witzig sein soll, die nettesten Begebenheiten geschmacklos wirken.

Die Trinksprüche sollten mit Champagner oder Sekt dargebracht werden, auch Weißwein ist möglich.

Den ersten Trinkspruch auf die Braut – denn eine richtige Rede soll es ja nicht sein – wird vielleicht ein guter und vertrauter Freund des Hauses ausbringen. Er klopft ans Glas und erhebt sich, worauf jede Unterhaltung schlagartig zu verstummen hat. Niemand darf essen oder trinken, während er liebenswürdig und herzlich die Vorzüge der Braut ins rechte Licht rückt.

Der Sprecher erhebt zum Schluß sein Glas und trinkt auf das Glück des jungen Paares. Alle Gäste folgen seinem Beispiel (notfalls auch mit leerem Glas), wobei man nicht aufzustehen braucht. Das Brautpaar bleibt auf jeden Fall sitzen.

Es können nun noch weitere Trinksprüche folgen, vielleicht auch aus dem jungen Freundeskreis von Braut und Bräutigam. Außerdem sollte möglichst von jeder Seite – vom Kreis der Braut wie des Bräutigams – ein Trinkspruch ausgebracht werden. Die verschiedenen Sprecher stimmen sich am besten vorher miteinander ab, was sie sagen werden. Früher war es verpönt, daß auch Damen bei der Hochzeitsfeier sprechen, heute ist das natürlich anders.

Die Länge einer Tischrede ist schon mit Rücksicht auf das Essen, das ja weitergehen soll, beschränkt. Die Kunst liegt eben auch darin, in drei, allerhöchstens vier Minuten eine wirklich in sich abgeschlossene Rede zu halten. Die meisten Tischreden oder Trinksprüche enden mit dem sogenannten *Toast*, also einem Glückwunsch oder einem Hoch auf den Gefeierten.

Ansprache des Brautvaters

Der letzte und allerwichtigste Trinkspruch – der sogar schon eine kleine Rede sein darf – obliegt dem Gastgeber, also normalerweise dem Brautvater, der nunmehr das neue Mitglied (also den Schwiegersohn) in seiner Familie willkommen heißt. Wird das Hochzeitsessen von den Eltern des Bräutigams im eigenen Haus veranstaltet, so begrüßt dessen Vater die Braut in seiner Familie. Richtet der Bräutigam selber die Hochzeit aus, dann entfällt diese kleine Rede oder sie wird von einem seiner nächsten Verwandten gehalten.

Nach diesem Trinkspruch ist es allgemein üblich, daß nunmehr alle Gäste aufstehen und – mit ihrem gefüllten Glas in der Hand – in guter Ordnung an den Brautleuten vorbeidefilieren, um mit ihnen beiden auf ihr besonderes Glück anzustoßen (zu diesem Zweck steht natürlich auch das Brautpaar auf), wobei die Braut von ihren nächsten Freundinnen und Verwandten auf die Wange geküßt wird.

Hochzeitstorte

Von England und Amerika kommend, hat sich das »feierliche Anschneiden der Hochzeitstorte« durch die Braut auch in Europa eingebürgert. Diese Hochzeitstorte, ein wahres Meisterwerk der Konditorei oder – altmodisch gesagt – der Zuckerbäckerkunst, wird meist unter Musik hereingebracht und vor der Braut – oder auf einem Seitentisch – abgestellt. Der Braut wird ein

besonders schönes Messer gereicht, mit dem sie die zumeist aus mehreren Schichten bestehende Torte anschneidet, wobei ihr der junge Ehemann die Hand führen, besser: assistieren darf. Meist wird auch die Braut selber jedem der Gäste ein Stück »ihrer« Torte auf den hingereichten Teller legen.

Nach dem Essen

Nach dem Essen begibt man sich zu Kaffee, Mokka, zu Schnäpsen und Likör, zu Zigaretten und Zigarren in einen anderen Raum, auf die Terrasse oder welche andere Räumlichkeit sich anbietet. Sonst bleibt man zu diesem Genuß am Tisch oder kehrt – nach Gratulationscour und Tortenanschnitt – wieder auf seinen angestammten Platz zurück.

Findet kein Ball mehr statt, so wird sich das junge Paar nach ein bis zwei Stunden diskret und ohne jede Verabschiedung zurückziehen. Vorher kann noch der Brautstrauß geworfen werden, den diejenige Frau fangen sollte, die als nächste heiraten wird. Die anderen Gäste aber können noch bleiben, solange das auch sonst nach einem Festessen üblich ist.

Hochzeitsball

Der Hochzeitsball verläuft im allgemeinen nicht anders als auch sonst jeder festliche Tanzabend. Nur folgendes ist zu beachten: Der erste Tanz gehört traditionell dem Brautpaar allein, und es ist immer ein Langsamer Walzer. Niemand darf sich zur gleichen Zeit wie diese beiden aufs Parkett wagen. Ungefähr nach der Hälfte des Tanzes kann das Brautpaar die Umstehenden jedoch auffordern, ebenfalls zu tanzen. Jeder Herr soll danach trachten, daß im Laufe des Abends auch ihm ein »Tanz mit der Braut« zuteil wird. Müssen sich sehr viele Herren dazu drängen, dann wird die Tanzkapelle oder der Discjockey dafür sorgen, daß die einzelnen Tänze kurz sind.

Auch auf dem Hochzeitsball gibt es »Pflichttänze«. Wie auch sonst üblich, muß jeder Herr einen Pflichttanz mit der Gastgeberin, also im »Normalfall« der Brautmutter, außerdem einen weiteren mit der Mutter des Bräutigams absolvieren. Solange das Brautpaar noch anwesend ist, sollte mit Rücksicht auf den feierlichen Anlaß keine allzu ausgelassene Tanzmusik gespielt werden.

Der junge Ehemann darf trotz des großen Tages den Getränken nur in Maßen zusprechen. Ein angetrunkener Bräutigam macht einen sehr schlechten Eindruck (von einer angeheiterten Braut ganz zu schweigen!).

Das Brautpaar verabschiedet sich nur von den Eltern und empfiehlt sich ganz unauffällig. Wer sie dabei doch zufällig sieht, tut so, als habe er nichts davon bemerkt. Das Fest geht weiter.

Jahresfeste

Advent · Die schönsten Adventsbräuche · Die Weihnachtsbäckerei · Allerheiligen · Andreastag · Aschermittwoch · Barbaratag · Bartholomäustag · Buß- und Bettag · Christi Himmelfahrt · Dreikönigstag/Sternsingen · Erntedank · Erster April · Fastnacht, Karneval und Fasching · Fronleichnam · Halloween · Herbstbräuche · Karwoche · Kirchweih · Lätare oder Mittfasten · Luciatag · Maifeiertag · Marienfeste · Martini · Neujahr · Nikolaustag · Ostern · Osternacht · Osterbräuche · Palmsonntag · Pfingsten · Rauhnächte (Klöpfelnächte) · Reformationstag · Silvester · Sommerbräuche (Sonnenwende) · Valentinstag · Weihnachten

Advent

Eine der schönsten Zeiten des Jahres fängt an. Vorfreude ist die schönste Freude, die Adventswochen sind voll davon. Draußen in der Natur wächst die freudige Erwartung auf das Wiederaufsteigen des Lichts zur Wintersonnenwende, und in den Familien wird das große Fest vorbereitet. Nicht selten ist diese Zeit dann so gar nicht besinnlich, selbst die Adventssonntage sind mit Weihnachtsbazar, dem Besuch von Christkindlmärkten und Adventsbäckerei gefüllt. Manchmal sind die Vorbereitungen, Geschenkkäufe und Menudiskussionen so hektisch, daß man darüber vergißt, daß auch die Stille ein Teil der Vorfreude sein sollte.

Die vorweihnachtliche Hektik ist oft stressig, aber schließlich steht auch ein großes Ziel vor Augen: das gemeinsame Feiern. Und ein wenig Ungeduld muß auch sein. Gerade Kinder können es meist gar nicht erwarten, daß ihr fein säuberlich geschriebener Wunschzettel erfüllt wird.

Der *erste Advent* schließt das Tor zur Vorweihnachtszeit auf. In den Stuben soll es nach Tannengrün duften, der Adventskranz wird aufgehängt oder aufgestellt, in den Kinderzimmern enthüllen die Adventskalender ihre erste Überraschung. Adventssterne müssen angebracht, Rauschgoldengel und Krippenfiguren wiederhergestellt, alle Leuchter mit Kerzen besteckt werden. Einige Schüsseln und Körbe werden mit Kostproben von Weihnachtsplätzchen, Pfeffernüssen und Kuchen gefüllt. Bratäpfel stehen bereit und ein heißes Getränk zur Dämmerstunde, wenn zum ersten Mal wieder vorgelesen wird und zum Beispiel in den Alpenländern die alten Advents- und Weihnachtslieder von der *Stubenmusi* gespielt werden.

Die schönsten Adventsbräuche

Adventssträuße

Die Adventssträuße, dickes, dunkles Tannengrün in handfesten Krügen, die geheimnisvoll plötzlich die »Es riecht nach Weihnachten«-Stimmung in die Wohnung zaubern, sollen Vorboten für den strahlenden Lichterbaum sein. Sie wecken doppelte Vorfreude, wenn wir sie schon etwas festlich gestalten und mit ein paar blitzenden Kugeln, Strohsternen oder Figuren etwas von der Pracht andeuten, die uns am Festtag bevorsteht.

Adventskranz

Für die meisten ist der Adventskranz heute nur ein stimmungsvoller Zimmerschmuck, aber er ist bedeutungsreicher, als auf den ersten Blick zu vermuten ist. Das immerwährende Grün der Tanne oder Kiefer versinnbildlicht eine unendliche Hoffnung. Die vier Kerzen sagen uns: Es wird immer heller – wie das Licht, das nach biblischer Überlieferung in der Finsternis leuchtet und Trost und Hoffnung vermittelt.

Noch aus vorchristlicher Zeit stammt der Brauch, Tannenzweige um den Tag der Wintersonnenwende herum aufzuhängen. Seit dem siebzehnten Jahrhundert ist es im Elsaß Brauch, an Tannenzweige und schließlich Tannenbäume Äpfel, Oblaten sowie Papierschmuck zu hängen.

Der Adventskranz ist natürlich besonders schön, wenn er nicht fertig geschmückt vom Gärtner oder aus dem Blumengeschäft bezogen wird, sondern wenn wir ihn vielleicht eigenhändig binden, auf jeden Fall aber selbst mit Bändern, Kerzen und Kugeln schmücken.

Am besten erstellen wir gleich zwei Kränze, einen kleineren für den Tisch (damit er Geschirr und Besteck noch Platz läßt) und einen größeren zum Aufhängen an der Zimmerdecke oder am Türrahmen zwischen zwei Zimmern.

Adventskalender

Der Adventskalender ist ein unentbehrlicher Zeitmesser für die letzten vier Wochen vor dem Fest. Er zügelt und steigert zugleich vierundzwanzig erwartungsvolle Tage lang die Vorfreude auf das große Weihnachtsereignis.

Als ein kleiner Junge Ende des neunzehnten Jahrhunderts seine Mutter immer und immer wieder mit der Frage, wann es denn »endlich so weit« sei, bedrängte, bastelte sie ihm schließlich vierundzwanzig Schächtelchen, in die sie kleine Bildchen hineinlegte. Jahre später, 1904 – der Junge war mittlerweile erwachsen und Lithograph geworden –, erschien der erste gedruckte Adventskalender auf dem Markt. Heute ist selbst unter Erwachsenen das erwartungsfrohe Öffnen eines Adventskalenders eine beliebte Vorweihnachtsfreude.

Rauschgoldengel

Der Rauschgoldengel, der am Adventssonntag als Symbol der Verkündigung zwischen zwei Kerzenleuchtern aufgestellt wird, feiert alljährlich seine Wiederauferstehung aus der wattegepolsterten Ruheschachtel, in der er seit dem vorigen Christfest geschlafen und geträumt hat.

Adventsfeier

Schon auf dem Frühstückstisch flackern die Kerzen des Adventskranzes, der nun bis Weihnachten jede Sonntagsmahlzeit schmückt.

Die schönste Stunde des Adventssonntags kann eine besinnliche Stunde am Nachmittag sein, wenn es draußen schon zu dunkeln beginnt. Wir lesen in einem Buch oder singen zusammen einige Lieder.

Die Menschen früherer Jahrhunderte lebten im Jahr der Kirche, daraus erwuchsen feste Sitten und anschauliche Bräuche. Wir haben heute weitgehend nur noch die äußeren Dinge des Brauchtums lebendig erhalten, und so sind diese für viele der alleinige Inhalt der Weihnachtszeit.

Die Weihnachtsbäckerei

Weihnachtliches Backwerk in seiner dunklen, unscheinbaren Gestalt spiegelt ein süßes Wunder wider. Noch heute gibt es bei uns die alten Bezeichnungen *Lebkuchen* und *Pfefferkuchen*. Das Wort *leb* stammt aus dem Althochdeutschen und bedeutet »Heil- und Arzneimittel«.

Der Name *Pfefferkuchen* kommt aus dem Hochmittelalter. Damals begann der Gewürzhandel mit dem Orient. Von diesen Gewürzen war der Pfeffer besonders begehrt, und weithin wurden alle morgenländischen Gewürze als Pfeffer bezeichnet. Man nannte damals die Kaufleute spöttisch »Pfeffersäcke«. Die aus dem Orient recht mühselig herangeschafften Gewürze waren sehr teuer, und die meisten konnten sie nur zu besonderen Festtagen kaufen und verwenden. In der Weihnachtszeit aber wurde damit nicht gespart, dann aß man »Pfefferkuchen«.

Alte Hausbücher berichten davon, daß die Leb- und Pfefferkuchen mit siebenerlei oder neunerlei Gewürzen gebacken werden. Selbst auf den kleinen Tüten, in denen wir heute die Gewürze für all die kleinen Kuchen fertig gemischt kaufen, steht manchmal noch die Bezeichnung *Siebenlei Gewürz*. Die Zahl Sieben galt im Mittelalter als Ausdruck der Vollkommenheit: In sieben Tagen schuf Gott Himmel und Erde, jede Woche von einem Sonntag zum anderen hat sieben Tage. Um jedem Tag »die rechte Würze« zu geben, verwendete man für das weihnachtliche Gebäck siebenerlei Gewürze.

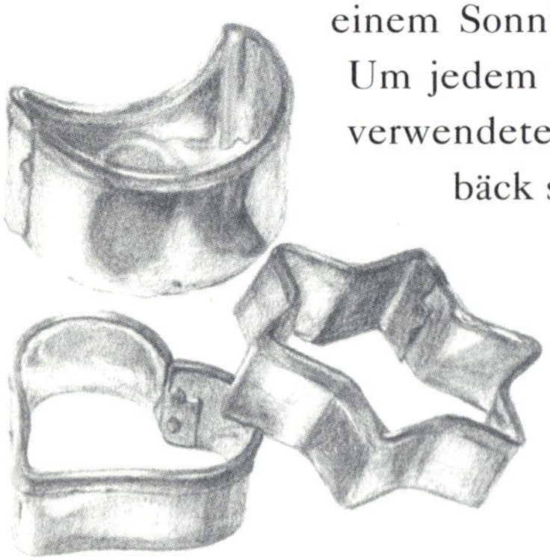

Wir werden uns heute über die besonderen Zutaten zum Advents- und Weihnachtsgebäck zumeist keine weiteren Gedanken machen, aber früher sind diese Zutaten sehr sinnvoll und bedeutungsreich ausgewählt worden. In der Adventszeit nahm man vor allem Nüsse und Mandeln, die als ein Sinnbild des Wortes Gottes erschienen. In einer hölzernen, scheinbar wertlosen Schale liegt ein süßer Kern verborgen, das Sinnbild des verborgenen Lebens.

Ein aufwendiger Vorgang war das Backen der Lebkuchen, lange mußte der Teig gären und lange sollten die Lebkuchen in einer Dose aufbewahrt werden. Längst haben nun die weitaus schneller zubereiteten Plätzchen ihnen in der häuslichen Bäckerei den Rang abgelaufen. Jede Region, jede Landschaft und jede Familie hat ihre eigenen liebgewonnen Rezepte für Weihnachtsplätzchen, und das gemeinsame Backen ist ein Höhepunkt im adventlichen Treiben.

Ursprünglich war jede Art Gebäck an einen besonderen Tag gebunden. Ein Beispiel ist der *Spekulatius*. Spekulatien wurden zu Ehren des heiligen Nikolaus gebacken und gehen auf eine Legende der Rettung aus der Hungersnot zurück, die dem Bischof von Myra zugeschrieben wird. Der merkwürdige Name dieser Plätzchen kommt von dem lateinischen Bischofstitel der alten Zeit: *Spekulatius*, das heißt Aufseher. Auf jenen kleinen Kuchen wurde die ganze Geschichte vom Bischof Nikolaus dargestellt; das ist der Ursprung der heute noch so vielfältigen Formen der Spekulatien.

Allerheiligen

Der 1. und 2. November werden als Gedächtnistag für die Toten gefeiert. Für dieses Fest hat man schon um das Jahr 1000 die Zeit ausgesucht, zu der die farbige Herbstpracht erlischt, der Wind die letzten Blätter von den Bäumen holt und nur noch Astern und Chrysanthemen, die »Totenblumen«, auf den Gräbern blühen. Nach dem Volksglauben können da die Toten für kurze Zeit aus ihren Gräbern aufsteigen, über Wege und Wiesen streifen und ihre alten Wohnungen wieder aufsuchen.

Auf den Friedhöfen werden die Gräber schön geschmückt, Tausende von Lichtlein leuchten in der Dämmerung. Mancherorts gibt es den Brauch, Schälchen mit Butter und kalter Milch ans Fenster zu stellen. Seelenbrezeln und Seelenkrapfen werden gebacken, von denen einige als »Seelenopfer« ins Feuer geworfen werden. Man hütet sich auch, Fenster und Türen heftig zuzuschlagen, damit den Toten kein Leid geschehe.

In Tirol zieht die Jugend geisterhaft vermummt mit »Krapfenschnappern« durchs Dorf. Aber Allerseelen am 2. November ist auch der Tag, an dem lebende Familienmitglieder aus der Ferne wieder in ihre Heimat kommen, um ihre Verwandten und Gräber zu besuchen.

Andreastag

Am 30. November können vor allem junge Mädchen in der Andreasnacht (wie in der Neujahrsnacht) mit Bleigießen, Schuhwurf und ähnlichen symbolischen Handlungen manches erfahren, was Liebe und Heirat betrifft. Wer andere Sorgen hat, wie die Kinder oder die alten Leute, ergreift Hammer und Besen und macht sich als Klöpfelgeher nützlich. Mit der Andreasnacht fangen die *Klöpfelnächte* an, in denen man vor allem in Süddeutschland und in Österreich mutig gegen die bösen Mächte hinauszieht, die jetzt in der Finsternis alle Häuser umgeistern. Da wird mit Knarren und Glocken gelärmt, wird Wand für Wand und Tür für Tür abgeklopft, damit alles Böse entflieht. Natürlich wird so tapferen Glücksbringern gern in jedem Haus mit freundlichen Geschenken gedankt.

Aschermittwoch

Der Aschermittwoch, das »Eingangstor in die heilige Fastenzeit«, bekam seinen Namen von dem Umstand, daß an diesem Tage die öffentlichen Büßer ein Bußkleid empfingen und mit Asche bestreut wurden, bis sie am Ende der mit dem Aschermittwoch beginnenden Bußzeit (*Quadragene*), also am Gründonnerstag, die Lossprechung von ihren Sünden erhielten. Erst seit dem zehnten Jahrhundert ist die Weihe der Asche nachweisbar, die aus den am vorausgehenden Palmsonntag geweihten Zweigen gewonnen wird. Als im zehnten und elften Jahrhundert die öffentliche Buße für schwere Sünder unüblich wurde, ließen sich alle, Geistliche und Laien, zum Zeichen ihrer Bußgesinnung das Haupt mit Asche bestreuen.

Davon ist heute der Brauch des »Aschenkreuzes« geblieben. Die Gläubigen sammeln sich in der Kirche, wo der Priester ihnen vor der Messe ein Kreuzzeichen aus Asche auf die Stirn zeichnet und dabei zur Besinnung aufruft: *Memento, homo, quia pulvis es et in pulverem reverteris* (Gedenke, Mensch, daß du Staub bist und zum Staub zurückkehren wirst).

Durch die Segnung und die Gebete, in denen um Gesundheit, Schutz des Leibes und der Seele, Verzeihung der Sünden und um den Geist der Reue gebetet wird, erhält die Asche den Charakter eines heilbringenden sakramentalen Symbols. Früher galt der Brauch, daß diejenigen, die von der Bestreuung mit Asche aus der Kirche nach Hause kommen, den Daheimgebliebenen etwas von der Asche auf die Stirn reiben. Auch Acker und Garten erfahren Heil von der geweihten Asche.

In diesen Ritualen hat sich etwas vom vorchristlichen Glauben der Vorfahren in die christliche Zeit retten können: Man hat in die Asche immer besondere Kräfte und Fähigkeiten »hineingeglaubt«. Als Rest des läuternden Feuers ist die Asche frei von Dämonen und unlauterer Kraft und trägt die Macht in sich, Gefahren und Unheil jeglicher Art abzuwehren. Die Asche des gewöhnlichen Feuers wurde über die Felder gestreut als Maßnahme gegen Mißwuchs, den Tieren wurde sie ins Futter gegeben als vorbeugendes Mittel gegen Krankheit und Seuchen. Besonderen Wert hat die Asche natürlich, wenn sie geweiht ist, wie die vom Aschermittwoch, oder wenn sie von geweihtem Feuer stammt, vom Osterfeuer, oder wenn sie aus den verbrannten Zweigen des Palmbuschens oder des Frauendreißigerbuschens gewonnen wird.

Das *Faschingbegraben*, eine der vielen Formen der uralten Vertreibung des Winters in Gestalt einer Strohpuppe, wird an manchen Orten Österreichs noch heute am Aschermittwoch vorgenommen. Diese alte Sitte mit dem parodierten Ritus eines Leichenbegängnisses, das dabei vonstatten geht, hat in früheren Zeiten bis in die hohe Liturgie hineingewirkt. Zu Beginn der Fastensonntage wurde in den Klosterkirchen »das Alleluja bestattet« und ihm ein wirkliches Requiem gesungen.

Barbaratag

Wer blühende Zweige am Heiligabend als ein Sinnbild des aus der Todesstarre erwachten neuen Lebens haben will, der sollte am Barbaratag, also am 4. Dezember, Zweige von Birnen-, Apfel-, Pflaumen- oder Kirschbäumen oder auch Flieder, Schleedorn oder Eberesche schneiden und sie in Wasser setzen. Man stellt sie erst einige Tage in einen kühlen Raum, dann im warmen Zimmer ans Fenster. Die Zweige müssen öfter mit warmem Wasser besprengt und das Wasser alle fünf Tage erneuert werden, wobei die Stielenden jedesmal neu abzuschneiden sind. Dann brechen rechtzeitig zum Weihnachtsfest die Blüten auf und versinnbildlichen die Bedeutung des weihnachtlichen Geschehens.

Bartholomäustag

Seit alter Zeit sorgen die Fischer und Schäfer dafür, daß der Tag ihres Schutzheiligen am 24. August vielerorts als fröhliches Volksfest gefeiert wird. Sogar in der großen, nüchternen Stadt Berlin war früher der *Stralauer Fischzug* als Traditionsfest gefeiert worden. In Memmingen im Allgäu findet das bekannte *Fischerstechen* statt, alljährlich beliebt wie der *Schäferlauf* in Markgröningen am selben Kalendertag.

Buss- und Bettag

Der Buß- und Bettag – heute bis auf wenige Ausnahmen nicht mehr arbeitsfrei – ist ein protestantischer Feiertag. Er wird auch von den evangelischen Christen nur noch selten mit der strengen Religiosität seines Namens gefüllt. Allerdings könnte und sollte er ein Tag des Innehaltens und der Besinnung sein.

Christi Himmelfahrt

Christi Himmelfahrt heißt das Fest am vierzigsten Tag nach Ostern. Es wird stets an einem Donnerstag gefeiert, weil Jesus am vierzigsten Tag nach seiner Auferstehung vom Ölberg bei Jerusalem in den Himmel aufgefahren ist. Dieses Fest gehört zu den ältesten Feiern des Kirchenjahres. Die

päpstliche Liturgie betrachtet seit dem zweiten Jahrhundert die Zeit zwischen Ostern und Pfingsten als eine einzige große Festzeit (österliche Zeit). Darum haben in der katholischen Kirche auch alle sechs Sonntage nach Ostern nicht grüne, sondern weiße Meßfarbe.

Für den Küchenzettel dieses Tages einigte man sich auf »fliegendes Fleisch«, also Geflügel, und backte das Brot dazu in Vogelform – Bräuche, die zum Teil noch heute lebendig sind.

Von dem Brauch, am Himmelfahrtstag auf Türme und Berge zu steigen, ist eine allgemeine Ausflugsfreudigkeit geblieben, wozu meist das schöne Maiwetter verlockt. Die »Herrenpartien« am *Vatertag*, die traditionell an diesem Tage unternommen werden (oft auf einem Pferdewagen), sind allerdings erst richtig zünftig, wenn ein ordentliches Maigewitter dazwischenhagelt und den meist alkoholfreudigen Teilnehmern doppelten Grund gibt, sich innerlich zu erwärmen.

Dreikönigstag/Sternsingen

Am 6. Januar, dem Dreikönigstag (in der Kirche auch als Epiphanias, Fest der Erscheinung des Herrn gefeiert), ziehen Kinder in der Verkleidung der Heiligen Drei Könige, mit dem goldenen Stern an einer Stange, singend und um Gaben bittend von Tür zu Tür.

Als Haussegen werden die drei Anfangsbuchstaben der Heiligen Drei Könige und Schutzpatrone (*Caspar, Melchior und Balthasar*) mit Kreide an die Haustür geschrieben:

20 + C + M + B + 08

was bedeutet: *Christus Mansionem Benedicat* (Christus segne dieses Haus im Jahr 2008).

Mit furchterregenden Dämonenmasken tollen die *Perchtenläufer* und Tänzer durch die Straßen und vertreiben mit lautem Lärm die bösen Geister, die in den Rauhnächten seit dem 25. Dezember durch die Lüfte brausten. Nach einem alten Brauch räuchert der Hausvater mit Weihrauch alles Böse aus Haus und Stall hinaus.

Erntedank

Wie die Perlen an einer Schnur reiht sich zwischen Ernte und Herbst eine kaum übersehbare Fülle an Bräuchen und Festen aneinander. Wie immer sie auch heißen mögen – *Jakobi, Michaelis, Erntefest, Erntedank, Kirchweih* oder *Kirmes* –, sie entspringen demselben Urgrund und haben denselben Sinn. Hier wollen wir uns einige ältere Bräuche, die es noch heute gibt, vor Augen führen.

Über der Ernte selbst liegt schon ein Hauch von Feierlichkeit. Die ersten Halme oder die erste Garbe werden behutsam geschnitten, überkreuz gebunden und der Erde gelassen. Ähnlich verfährt man auch mit der letzten Garbe; in manchen Gegenden wurde sie auch im Triumphzug heimgetragen. Allgemein üblich war die schöne Sitte, entweder das »Gesinde« vor der Ernte neu einzukleiden oder wenigstens, wie man das auf Schwarzwald-Höfen und in Oberbayern fand, in schneeweißem Hemd oder weißer Bluse zur Ernte aufs Feld zu ziehen. Das freundliche Erntebild, das die Maler früherer Jahrhunderte festgehalten haben, ist keine wohlgemeinte Schönfärberei.

Mit der Übergabe der Erntepuppe, des »Alten«, oder des Erntebäumchens, des »Erntemai«, beginnt das Erntefest. Wo der Brauch abhanden gekommen ist, gilt die Erntekrone, von

Griechenland bis in den hohen Norden, als Erntesymbol. Früher wurde sie schon auf dem Feld aus den letzten Halmen und den Blumen am Rain geflochten und entweder mit dem letzten Erntefuhrwerk oder in besonderem Zug ins Dorf gebracht. Auf großen Gütern und Höfen überreichte ein Mädchen den Erntekranz oder die Krone in einem feierlichen Zeremoniell dem Gutsherrn und der »Frau«. Ein Gebet oder ein frommer Spruch begleitete die Überreichung.

Das Festmahl (Hahnensuppe, Gebildbrote), Festspiele und Ehrentänze weisen zurück auf die ewige Fruchtbarkeits- und Segenshoffnung des Menschen, die sich eigentlich durch das gesamte Brauchtum des Jahres zieht. Immer schon galt der Hahn als Symbol besonderer Fruchtbarkeit.

Gleich der erste Sonntag im Oktober (nur in Ausnahmefällen ist es noch ein Septembersonntag, der auf den 29. September, den Michaelistag, folgt) bringt eine der schönsten Feiern des Jahres: das *Erntedankfest.* Wie schon vor Jahrtausenden die alten Völker alljährlich am Schluß der Erntezeit in ihren Tempeln Dankopfer darbrachten, werden heute in den Kirchen zum Dankgottesdienst die Altäre mit Früchten, Ähren und bunten Kränzen geschmückt. Die Landwirte holen feierlich die letzte Garbe als Glücksbringerin vom Feld. Erntebäume und Erntekronen werden in den Dörfern und auf den Höfen aufgerichtet. Erntemahl, Erntebier und Erntetanz machen den Tag zu einem Fest übermütiger Lebensfreude.

Auch zu Hause läßt sich ein Erntedankfest mit der Familie und mit Freunden feiern. Wie im Frühjahr die frischen Maien oder im Winter das Tannengrün gehören jetzt Ährenkränze, leuchtende Laub- und Herbstblumensträuße und mit schönen Früchten gefüllte Schalen und Körbe ins Haus.

Erster April

Es geht gleich heiter los im April – vom frühen Morgen des ersten Monatstages an nichts als Scherz und Schabernack. Die Eltern und die Kinder, die Kollegen im Büro und die Vorgesetzten, Lehrer und Schüler, Freund und Freundin, alle erwachen mit einem Kopf voller Flausen, haben spitzbübische Lügen und Irreführungen bereit, um andere »in den April zu schicken«. Wie aber muß man selbst auf der Hut sein, bei der Lektüre der Zeitung, bei jedem Brief, bei jedem Telefonanruf, bei jedem Aktenvermerk, ob nicht ein schadenfrohes »April, April« dahinter lauert. Man darf an diesem Tag (übrigens nicht nur an diesem) nicht alles glauben, was einem erzählt wird.

Fastnacht, Karneval und Fasching

Es gibt je nach Region verschiedene Namen für dieses wohl ausgelassenste Fest des Jahres, dessen Datum sich nach dem Ostertermin richtet. Vierzig Tage vor Karfreitag beginnt mit dem Aschermittwoch die Hauptfastenzeit, und in den Tagen vor Aschermittwoch nehmen die Menschen mit närrischen Festen Abschied von den Freuden des Lebens, Abschied vom Fleischgenuß (*carne val* = Fleisch lebe wohl). Nicht immer, aber in den meisten Jahren fällt der Aschermittwoch in den Februar.

Ursprünglich ist das gesamte Brauchtum der Faschingszeit ackerkultischer Herkunft; das Übermütige, Fröhliche, ja Ausgelassene erscheint als vorweggenommene Rückwirkung auf die Fastenzeit, die früher Leib und Seele in einer strengen Ordnung sah. All die Verkleidungen, mit denen die *Imster Schemenläufer*, die *Pongauer Perchten*, die obersteirischen *Faschingsrenner* diese Zeit begehen, waren Masken der Dämonen, der Unheil sendenden Feinde des Ackers und der Saat, die es zu verscheuchen, und der Fruchtbarkeit schenkenden guten Geister, die es zu beschwören galt. Und die Sprünge und Tänze auf dem Land, der Kuhglockenlärm, das Gejohle und der Gesang sind wiederum wirksame Formen gewesen, die Unholde von Hof und Flur zu verschrecken.

Fastnachttreiben auf dem Land

Das Fastnachttreiben hängt seinem Ursprung nach also nicht mit dem kirchlichen Fasten zusammen; in dem Namen dieses Festes steckt das alte deutsche Wort *faseln* = närrisch sein, dummes Zeug reden. *Fasnacht* also, wie es richtig heißt, wird besonders in Süddeutschland gefeiert, in Franken, in den alemannischen Gebieten, in Baden, im Oberelsaß, am Bodensee, in der Schweiz und in allen Alpenländern von Bayern bis nach Österreich. Es ist ein altheidnisches, bäuerliches Frühlingsfest, und da, wo es noch urwüchsig zugeht, sind seine Hauptmitspieler Figuren, die den Kampf des Frühlings, der drängenden Lebensfreude mit dem Winter und den finsteren, feindlichen Dämonen zur Darstellung bringen.

Althergebrachte Trachten und traditionelle symbolische Masken beherrschen das Bild. Übermütige Faselhänse mit Knarren, Peitschen und Pritschen, Schönbärte, Scheller mit lächelnden Mädchenmasken und großen Glocken, lustige Roller kämpfen mit »schiachn« Hexen und grimmigen Dämonen. Der unglaubliche Lärm allerdings – hervorgerufen von Glockenläuten, Feuerwerksknattern, Peitschenknallen, Rasseln und Rummeltöpfen –, der das Getümmel übertönt, hat, wie gesagt, keinen anderen Sinn, als die bösen Geister, die Wachstum und Ernte bedrohen, zu verscheuchen.

Städtischer Fasching

Beim städtischen Fasching, wie er heute etwa in München und Wien gefeiert wird, ist von diesen ursprünglichen Kampfspielen nur der blanke Übermut und der närrische Leichtsinn übriggeblieben. Er ist ein Fest der Jugend und Junggebliebenen, die auf phantasiereichste Weise ver- und entkleidet auf Faschingsbällen und Künstlerfesten die Nächte durchtanzen.

Karneval am Rhein

Der rheinische Karneval, der zur selben Zeit alle Städte, Städtchen und Dörfer von Mainz bis zum Niederrhein in fröhlichen Taumel versetzt, ist vielleicht ursprünglich ein Schifferfest nach dem Eisgang des Winters gewesen. So wird der Name Karneval auch als *carrus navalis* = Schiffswagen gedeutet. Das Narrenschiff auf Rädern hat jedenfalls schon in den Karnevalsumzügen des Mittelalters eine Hauptrolle gespielt. Pest, Hungersnot und Dreißigjähriger Krieg haben allerdings dann für Jahrhunderte das Karnevalstreiben am Rhein völlig ausgelöscht. Es dauerte bis nach den Befreiungskriegen, ehe im Jahr 1823 in Köln wieder der erste Karnevalsumzug stattfand.

Unverkennbar trägt der rheinische Karneval noch heute die traditionellen Züge des galanten Jahrhunderts: Hier erscheinen die Hauptpersonen – der Prinz, die Prinzessin und der Elferrat – in den Kavalierskostümen des Rokoko mit reichgesticktem Farbenfrack, seidenen Kniehosen und Schnallenschuhen, und an die Stelle des wilden Mummenschanzes der süddeutschen Fasnacht tritt die nach strengem Zeremoniell abgewickelte karnevalistische Prunksitzung. In den großen Metropolen Köln, Düsseldorf und Mainz ist der Rosenmontagszug der festliche Höhepunkt der »Saison«, ein kilometerlanger Festzug mit närrischen Wagen, Bildwerken, symbolischen Kostümen und – schönen Mädchen.

Vom Donnerstag vor Aschermittwoch mit der *Weiberfastnacht* – an diesem Tag haben die Frauen einen Freibrief zu mehr oder weniger zärtlichen Überfällen auf die Männer – bis zum Aschermittwoch in der Frühe dauert die närrische Zeit.

Fronleichnam

Einen ihrer höchsten Feiertage begeht die katholische Kirche am Donnerstag nach Trinitatis – das Fronleichnamsfest. In kostbaren Monstranzen wird das »Allerheiligste« durch Straßen und Fluren getragen, Altäre sind aufgestellt, der Priester schreitet unter dem Baldachin, früher oft über kunstvoll ausgelegte Blumenteppiche. Antiker Triumphzug, weltliches Geleit und religiöser Umgang, das heißt Einkreisung eines Bezirks, verbinden sich in der Fronleichnamsprozession.

Die Kirche feiert zwar seit 1264 das Fest der heiligen Eucharistie, aber Sakrales und Profanes haben sich zur Volksandacht, zum Fest der kirchlichen Gemeinde verbunden. Sie folgt dem Kreuz, der Monstranz und der Geistlichkeit: Zünfte und Berufsgruppen, Vereine mit flatternden Fahnen, Frauen, Schulklassen, Kinder mit Blumenkörbchen im Arm. Die Zugordnung variiert mit der Zusammensetzung und beruflichen Zuordnung der Bevölkerung in Stadt oder Land. Früher gab es kein katholisches Fest, das es an Glanz und Prachtentfaltung mit Fronleichnam aufgenommen hätte. Reformation und Dreißigjähriger Krieg haben dem Fest Abbruch getan, im Rokoko dagegen machte sich der angestaute Nachholbedarf, wie wir heute sagen würden, in überschwenglicher Entfaltung Luft. Das festlich rauschende siebzehnte und achtzehnte Jahrhundert bereicherte die Fronleichnamsprozession auch um das mancherorts betriebene Böller- oder Salveschießen zu den an den Altären verlesenen Evangelien, das sich vom Rhein bis in den Alpenraum erhalten hat. Im Vergleich dazu muß die Prozession unserer Tage geradezu eintönig und grau erscheinen.

Das Alpenvorland mit seinen vielen Seen hat eine besondere und gewiß die malerischste Form der Fronleichnamsprozession entwickelt: die *Wasserprozession* (Chiemsee, Tegernsee, Staffelsee, Traunsee, Hallstätter See).

Halloween

Seit den neunziger Jahren des zwanzigsten Jahrhunderts hat sich auch bei uns ein Brauch durchgesetzt, der ursprünglich aus Irland kommt. Die Nacht vom 31. Oktober auf den 1. November wird *Halloween* genannt, zurückgehend auf ein Fest, das die Kelten bereits in vorchristlicher Zeit begangen haben, zeitlich nahe dem Ritual *Samhain*, einer Feierlichkeit, die dem Sommerende (Sommer: keltisch *samos*, gälisch *samhuinn*) huldigte. Die Verbindung zu Geistern und Toten, Spuk und Schreckszenarien färben dieses Fest, das von den irischen Auswanderern nach Amerika und nun zurück nach Europa gekommen ist, noch heute.

Während in den Vereinigten Staaten das Fest als eine Art Dämonenaustreibung gefeiert wird, mit derben Scherzen, Schreckpartys, Horrorfilmen und Gruseldekoration, wird bei uns dieses Naturfest mehr dekorativ und scherzhaft gefeiert. Kinder veranstalten Gruselpartys, bei denen Himbeersaft in Gummihandschuhe gegossen, tiefgefroren und dann in einer Schale Orangensaft schwimmend die wirklich beeindruckende Gruselbowle »Abgehackte Hand« ergibt. Oder furchterregend grüne Torten mit Totenkopfguß jeden bürgerlichen Rahmen sprengen. Hier wird Phantasie freigesetzt und dem nahenden Winter mit Unfug begegnet, ähnlich wie beim Pendant zum Winterende: Fastnacht, Karneval und Fasching.

Im Gourmetbereich feiert der Kürbis fröhliche Urständ. Er hat sich in den letzten Jahren zur echten Kultfrucht entwickelt, die auf keinem Speiseplan mehr fehlen darf, ob als Pastafüllung, als Auflauf in Kombination mit roter Beete, als exotische Suppe mit Zitronengras und Ingwer oder als Schnitzel mit Salat. Ein leckere Wiederentdeckung, die sicher auch mit dem aufkommenden Halloween-Brauch zusammenhängt, wo aus-

gehöhlte Kürbisköpfe, mit Fratzengesichtern versehen, zu überdimensionalen Windlichtern werden, denn solche Monsterköpfe müssen von innen mit Kerzen erleuchtet sein.

Auch wenn Allerheiligen und Allerseelen einen eher besinnlichen Charakter haben, kann Halloween auch eine Chance sein, mit Kindern über den Tod zu sprechen. Die eher unernste Geisterbeschwörung, das Dämonisieren des Totenreichs, müssen nicht als unnützer modischer Trend verurteilt werden, sondern können zu Gesprächen über Totengedenken, Kelten, Winter- und Sommerfeiern genutzt werden. Ebenso kann die Beziehung zu den Jahreszeiten verdeutlicht und das Leben im Rhythmus mit der Natur zum Thema gemacht werden. Was Spuk und was traditionelles Brauchtum ist, werden Kinder nur allzu bald herausfinden und mit ihrer Phantasie anreichern. Daß der Tod zum Leben gehört, ist die Botschaft, die Halloween ihnen auf »spielerische Weise« vermitteln kann.

Herbstbräuche

Alljährlich im Herbst um St. Michael (28. September) beginnen in den Alpen die Almabtriebe mit festlichen Aufzügen. Zum letzten Mal sammelt der Senne die Herde ein. Die Kühe bekommen Glocken an prächtigen Halsriemen und prächtige »Schwingbuschen« oder »Aufstecker«, große Gestänge zwischen den Hörnern und Seidenbänder, gekrönt von farbigen Federbüschen und Rauschgoldrosetten, Fichtenzweigen und Alpenblumen. Den schönsten Putz trägt die Leitkuh. Geführt vom Kuhbuben und am Schluß geleitet von der Sennerin – so will es der Brauch – geht der Zug ins Tal. Das Dorf steht Spalier zu ihrem Empfang, und zur glücklichen Heimkehr gibt es eine fröhliche Feier auf der Tenne.

Der Ursprung des Brauchtums liegt in heidnischer Zeit. Das Bimmeln der Glocken und die bunte Krone sollten die Tiere auf dem Weg ins Tal vor Dämonen schützen. Heute schmücken die Almbauern ihre Kühe zum Dank dafür, daß Vieh und Mensch den Sommer in den Bergen heil überstanden haben. Wegen ihres folkloristischen Rahmenprogramms sind sie noch immer eine gern besuchte touristische Attraktion.

Karwoche

Als Karwoche bezeichnen wir die Woche vor dem Osterfest. In der Kirche sind je nach Region auch andere Namen gebräuchlich: Trauerwoche (von althochdeutsch *kara* = Trauer), Leidenswoche, stille Woche, heilige Woche, große Woche.

Gründonnerstag

Der Donnerstag in der Karwoche wurde zur Erinnerung an die Einsetzung des Abendmahles schon im vierten Jahrhundert gefeiert. Die deutsche Bezeichnung *Gründonnerstag* wird allgemein vom althochdeutschen *grunen* (= greinen, weinen) hergeleitet, zum Gedächtnis für den Leidensbeginn Christi. Von Gründonnerstag an schweigen drei Tage lang die Kirchenglocken. Der Volkssage nach sind sie nach Rom geflogen und kehren erst zum Einläuten des Ostertages zurück.

Eine andere Erklärung geht auf den frühen Brauch zurück, am Gründonnerstag die Büßer durch Ablaß und Sündenvergebung wieder in die kirchliche Gemeinschaft aufzunehmen. Man nannte sie nämlich dann *virides* = grünende Zweige, und den Tag *dies viridium* = Tag der grünenden Zweige.

Die dritte Lesart begnügt sich mit einem Blick auf das Grünen in der Natur und empfiehlt, sich durch den Tagesnamen auf jeden Fall zu einer grünen Suppe aus jungen Kräutern anregen zu lassen. Hierfür hat Alexander von Humboldt mit einer Anweisung an die Königliche Gartenverwaltung in Potsdam 1846 eine berühmte, in der preußischen Hofküche ausprobierte Zusammenstellung gegeben. Danach sammle und nehme man: Schafgarbe, Gundermann, Pimpinelle, Tripmadam, Brunnenkresse, Gartenkresse, Gänseblümchen, Sauerampfer und Kerbel. Dieses grüne Suppenrezept könnten wir gut in unser traditionelles Gründonnerstagsessen aufnehmen.

Karfreitag

Der Karfreitag bildet den Höhepunkt der Karwoche durch das Gedächtnis des Leidens und Todes Jesu am Kreuz auf dem Kalvarienberg außerhalb der Stadtmauer von Jerusalem. Die Verehrung des heiligen Kreuzes ist in Jerusalem am Ende des vierten Jahrhunderts bezeugt. Die Aufstellung eines Heiligen Grabes in der Kirche gilt als spezifisch deutscher und österreichischer Brauch, der auf das zehnte Jahrhundert zurückgeht.

Für die evangelischen Christen ist der Karfreitag der höchste Feiertag des Kirchenjahres, oft mit einer feierlichen Aufführung von Passionsmusik in den Kirchen begangen. Die Katholiken heiligen ihn durch strenges Fasten und Abstinenz sowie durch den schwarzen Schmuck der Kirchen.

Karsamstag

Der Karsamstag (Ostervigil) erinnert an die Grabesruhe Jesu im Felsengrab unterhalb des Kalvarienberges in Jerusalem. Er ist seit 1956 ein liturgieloser Tag in der Kirche.

Kirchweih

Schon seit tausend Jahren wird von den Katholiken das Kirchweihfest – der Tag der Weihe einer Kirche durch den Bischof – gefeiert. An den Festgottesdienst schließt sich ein Volksfest an.

Um die Unzahl von Festen zu steuern, die sich bei Festhalten an den wirklichen Jahrestagen ergeben hatte, wurde ein für alle geweihten Kirchen eines Bistums gemeinsamer Gedenktag festgelegt, der meist Ende Oktober, Anfang November liegt und oft zusätzlich die Bedeutung eines Erntedanktages hat. Fast überall ist das Kirchweihfest – oder *Kerwe, Kilbe, Kirmes* (Kirchmesse), bayrisch *Kirta* (Kirchweihtag) – ein lautes und ungebärdiges Fest. Der eigentliche Anlaß ist aus dem Jahrmarktstreiben und seinen Volksbelustigungen kaum noch zu erkennen. So hat sich die Kirmes auch in protestantischen Gegenden erhalten, wo es ja die Kirchenweihe nicht gibt.

Lätare oder Mittfasten

Am dritten Sonntag vor Ostern, also am vierten Sonntag der Fastenzeit wurde früher unter dem Namen *Lätare* (Freue dich!) das Winterende gefeiert. Da vermummten sich die Burschen als »Winter« und andere schlugen sie mit Heugabeln und Sensen in die Flucht. Der Brauch, den Winter vor Ostern »hinauszukehren« und einen großen Frühjahrsputz zu veranstalten, hat sich mancherorts noch gehalten. Im Riesengebirge wurde eine Strohpuppe als Winter verbrannt, und in Breslau, Eisenach und Heidelberg fand ein fröhlicher Festzug von Kindern mit »Sommertagsstecken« statt, das waren Haselgerten, an denen Eier, Äpfel, Brezeln und Veilchensträuße hingen.

In der Schweiz schickt man das nun unnütz gewordene Licht, weil es ja nun abends länger hell bleibt, »bachab«. Man errichtete auf einem kleinen Boot einen Turm, den man mit Transparenten beklebte, und ließ dann in der Abenddämmerung das erleuchtete kleine Boot bachab schwimmen. In Zürich feiert man am Montag nach der Frühjahrs-Tagundnachtgleiche den Frühlingsbeginn mit einem großen aufgeputzten Festzug der Zünfte. Beim feierlichen *Sechseläuten* wird der *Böögg* (ein böser Geist) als Winter verbrannt. Auch jetzt noch findet dieses Fest statt, aber am dritten Montag im April; es endet mit einem herrlichen Feuerwerk am Zürcher See.

Luciatag

Der Brauch, der sich mit dem Luciatag am 13. Dezember verbindet, geht darauf zurück, daß man früher an diesem Tag die Sonnenwende gefeiert hat. Heute ist er eigentlich nur noch in Schweden lebendig, aber er ist so schön, daß wir ihn auch bei uns wieder einführen sollten.

Wie wäre es, wenn zur Überraschung der ganzen Familie unser Töchterchen – ohne ein junges Mädchen geht es nicht – am Morgen mit einem Lichterkranz auf dem Kopf, ein Adventslied singend, ins Schlafzimmer tritt und auf einem Tablett das Frühstück serviert, wie das in Schweden üblich ist? Da könnten wir alle mit einstimmen und hätten in der dunklen Zeit der längsten Nächte, und noch dazu an einem 13., der sowieso nicht jedermanns Sache ist, ein helles, kleines Fest, das unsere Gedanken auf kommende heitere Frühlingstage lenkt, die uns das wiederaufsteigende Licht bald bescheren wird.

Maifeiertag

Zwei Feste sind traditionell auf diesen Tag vereint, und bisweilen werden sie zu einer schönen Feier verschmolzen: die Frühlingsfeiern der ländlichen Dorfgemeinschaften und die Gemeinschaftsfeiern der städtischen Arbeitervereine und Gewerkschaften.

Uralt ist das dörfliche Maifest, eine Sieges- und Hochzeitsfeier für den Frühlingsgott, der die aus der Winternacht befreite Erdgöttin heimführt. Feierliche Umzüge von Maigraf und Maikönigin – noch heute in manchen Landschaften lebendig – erinnern daran.

Das Hauptsymbol der Maifeier ist der Maibaum. Er wird auf dem Dorfplatz, dem städtischen Markt oder auf der Festwiese errichtet, er ist das Ziel der festlichen Umzüge und der Mittelpunkt des fröhlichen Treibens und Tanzens (*Tanz in den Mai*), mit dem wir den Beginn des »Wonnemonats« begrüßen.

Für den Schmuck des Maibaums gibt es alte Traditionen: Ein bunter Hahn, das Tier der Fruchtbarkeit, krönt die Spitze, Kreuzstäbe oder Reifen tragen die Wappen, Zeichen und Symbole der Gemeinschaft, die den Maibaum für sich errichtet. Oft sind es die Zeichen wichtiger Handwerker.

Ob wir auf dem Lande wohnen oder in der Stadt – das »Marschieren« gehört zum Ersten Mai. So wie schon in früheren Jahrhunderten feierliche Flurumgänge unternommen wurden, ziehen heute noch in einigen katholischen Gegenden feierliche Prozessionen ins Feld, wandern die Bauern hinaus, um nach dem Stand der Saaten zu sehen. Der Erste Mai ist der uralte Feiertag der Lebensgemeinschaft, und wir sollten uns diesen Umzügen und Ausflügen anschließen.

Und auch bei dem fröhlichen Treiben um den Maibaum sollten wir dabeisein. Auf jeden Fall wachsen in seiner Nähe leckere Würste, und Durst haben wir auch. »Durst wird durch Bier erst schön« sagt ein weiser Spruch, darum ist auch für »Maibock« gesorgt. Wenn es zünftig zugeht wie mancherorts in Oberbayern, sind ein Tanzboden da mit einer Blaskapelle, ein Schießstand, ein Karussell und ein »Haut den Lukas«.

Den Festtag kann man in kleinerem Kreis mit einer gemütlichen Maibowle ausklingen lassen. Ein Sträußchen würzigen Waldmeisters gehört dazu – noch ohne Blüten, leicht angewelkt, weil dann besonders schön duftend – und ein paar Flaschen Wein. Kraut und Wein werden nur kurz auf ein Viertelstündchen vereint, sonst gibt es Kopfweh am nächsten Tag, und aus demselben Grund wird auch mit Zucker gespart.

Marienfeste

Mariä Lichtmeß

Mariä Lichtmeß (auch *Darstellung des Herrn* oder Mariä Reinigung, *Purificatio Mariae* genannt) ist der vierzigste Tag nach Weihnachten, der in der Kirche am 2. Februar gefeiert wird. Das Fest bildet den Schlußpunkt der Weihnachtszeit – noch heute werden in zahlreichen katholischen Kirchen und Häusern erst an diesem Tag die Weihnachtsbäume und Krippen abgebaut. Nach dem liturgischen Kalender endet die Weihnachtszeit jedoch bereits am Fest Taufe des Herrn, an dem Sonntag, der dem 6. Januar folgt.

Das Lukasevangelium berichtet, daß der Knabe Jesus gemäß einer Gesetzesvorschrift zum Tempel gebracht wurde und daß dort die vorgeschriebenen Opfer dargebracht wurden.

Mariä Lichtmeß wird traditionell mit einer Lichterprozession und einer Segnung der Kerzen gefeiert.

Mariä Verkündigung

Am 21. März ist Frühlingsanfang: das Ereignis der Tagundnachtgleiche. Von nun an werden die Nächte immer kürzer und die Tage mit steigender Sonne immer länger. Vier Tage später, am 25. März, feiert die katholische Kirche das Fest Mariä Verkündigung. Bis vor hundert Jahren, als noch niemand an elektrische Beleuchtung dachte, hatte dieser Tag im Jahreslauf eine besondere Bedeutung: »Mariä Verkündigung bläst das Licht aus, St. Michel (29. September) zündet es wieder an.«

Man sagt, daß vom 25. März an in den Stuben am Abend kein Licht mehr angesteckt wurde. Wir sollten uns dieses Brauches erinnern und einmal die schöne, lange Dämmerung genießen. Vielleicht erleben wir dann gleich noch die Freude, den Spruch nachzuprüfen: »Mariä Verkündigung bringt die Schwalben wieder.«

Mariä Himmelfahrt

Mit Mariä Himmelfahrt, diesem Glückstag am 15. August, verknüpfen sich in vielen katholischen Regionen zahlreiche Bräuche. *Mariä Kräuterweihe* oder *Unserer Lieben Frau Würzweihe*, die anderen volkstümlichen Namen dieses Festtags bezeichnen schon, wie das Glück ins Haus gebannt werden kann. Neun Kräuter muß man sammeln: Johanniskraut, Tausendgüldenkraut, Wermuth, Schafgarbe, Kamille, Pfefferminze, Wohlmuth, Meisterwurz und Holunder. Hieraus wird ein Kräuterbuschen gebunden, der als Mittelpunkt und Hauptschmuck eine Königs- oder Marienkerze erhält und noch bereichert werden kann mit Ähren aller Getreidearten, mit Haselnuß- und Vogelbeerbaumzweigen, mit Flachs und Schilf und Gartenblumen.

Martini

Der Martinstag, der auf den 11. November fällt, wird oft schon am 10. November, dem Geburtstag Martin Luthers, gefeiert. Seit eh und je werden an Martini die Gänse geschlachtet. Wenn sie auf den Tisch kommen, werden sie oft mit Lichtern besteckt, als Lichtgans, wie es am Michaelstag üblich war.

In manchen Alpentälern veranstalteten die Burschen eine *Kasermandlfahrt.* Sie jagten am Vorabend von St. Martin maskiert mit Peitschengeknall und Schellengeklirr durch die Ortschaften und trugen dabei ausgehöhlte Kürbisse, Rüben und Gänseskelette mit Lichtern darin auf hohen Stangen. Sie wollten mit ihrem lärmenden Zug die Fahrt der Geister auf die Alm darstellen, die während der Winterszeit dort in den verlassenen Almhütten hausen sollen. Am Georgstag, am 4. April, wurden die Kasermandln erst wieder von dort mit Peitschenknallen und Schellengeläute »ausgeklöckt«.

Früher entzündete man allerorts *Martinsfeuer.* Unter Musik zogen die Kinder mit ausgehöhlten Rüben und Kürbissen zum lodernden Feuer, entzündeten ihre Fackeln an der Glut und zogen mit den erleuchteten Laternen zurück ins Dorf. In vielen Gegenden haben sich die Laternenumzüge der Kinder am Martinstag erhalten.

Neujahr

In der Neujahrsnacht vom 31. Dezember zum 1. Januar hat man allerlei zu beachten und zu unternehmen, um vor allem die erste bedeutungsvolle Stunde glückhaft zu nutzen. Da ist das neue

Jahr noch mitteilsam und bereit, uns manch in der Zukunft beschlossenes Geheimnis zu lüften.

Der Sprung ins Glück

Zunächst ist wichtig, mit dem Glockenschlag 12 auf die Stühle zu steigen und mutig ins neue Jahr hineinzuspringen. Wenn man von jemandem, den man liebt oder mag, aufgefangen und mit einem fröhlichen »Prosit Neujahr« herzlich in den Arm genommen wird, ist schon viel gewonnen.

Der Kampf gegen die bösen Geister

Trotzdem muß man damit rechnen, daß auch manche widrigen Mächte, die Übles im Schilde führen, an der Schwelle des neuen Jahres ihr Wirken beginnen. Darum Türen und Fenster auf und mit Raketen, Böllern, Knallfröschen und Lichtzauber einen Lärm- und Feuerüberfall gegen die dunklen Kräfte draußen ausführen. Erschreckt und eingeschüchtert durch ein fulminantes Feuerwerk ziehen sie sich hoffentlich für immer zurück.

Bleigießen

Für das anschließende Bleigießen brauchen wir eine Schüssel mit kaltem Wasser, kleine Bleifiguren, die man fertig zu kaufen bekommt, einen alten Küchenlöffel und eine Kerze. Blei auf den Löffel, über die Kerzenhitze, bis es schmilzt, und dann hinein mit schnellem Guß ins Wasser. Es zischt und dampft, und der zunächst glatte Bleifluß zieht sich zu kuriosen Figuren zusammen. Je krauser, desto besser, denn Krauses bedeutet Moos und Moos Geld, das werden wir also reichlich haben. Das Ganze sieht aus wie ein Schiff? Dann ist mit einer Seereise zu rechnen. Oder wie ein Brautkranz? Dann wird sicher geheiratet. Der Phantasie sind keine Grenzen gesetzt – je mehr man sich dabei denkt, um so mehr Spaß macht die Bleigießerei.

Schuhwerfen

Für Mädchen ist die erste Neujahrsstunde eine gute Gelegenheit, etwas über Heiratsaussichten zu erfahren. Sie stellen sich mit dem Rücken zur Tür und werfen ihren Schuh hinter sich. Zeigt die Spitze auf die Tür, soll die Heirat in diesem Jahr gesichert sein. Andernfalls muß das Experiment in der nächsten Neujahrsnacht wiederholt werden.

NIKOLAUSTAG

Am Nikolaustag, am 6. Dezember, zieht geheimnisvoll, in süddeutschen Landen auch offen sichtbar, der heilige Nikolaus im Bischofsornat mit Mitra und Krummstab, zu Fuß oder auch auf einem weißen Pferd oder gar mit einem vollgepackten Esel durch die Straßen, begleitet von seinem rauhen Knecht Ruprecht oder in Österreich von dem roten Krampus mit der Teufelsfratze. Aber nur äußerlich scheint dieser wilde Diener so böse. Der gute Nikolaus läßt ihn höchstens einmal unartige Kinder erschrecken, im übrigen jagt er ihn in der Nacht Haus für Haus an den Dachrinnen und Vorsprüngen hinauf auf die Dächer, wo er in jeden Schornstein Geschenke hineinwerfen muß für die Kinder, die brav waren. Darum stellen diese klugerweise rechtzeitig ihre Schuhe zum Auffangen der Gaben bereit.

Im elften Jahrhundert überführten Kaufleute die Gebeine des heiligen Nikolaus aus Kleinasien in ihre Heimatstadt Bari in Apulien; sie nahmen sie den Seeräubern ab, die sie aus Myra entführt hatten. Nikolaus war Bischof von Myra gewesen, einer kleinen Stadt in Vorderasien; von seinem Leben ist nichts bekannt. Sein Kult breitete sich allmählich in ganz Vorderasien aus, und Nikolaus wurde zum wichtigsten Heiligen der griechisch-orthodoxen Kirche.

Je weniger man von ihm wußte, desto mehr Legenden rankten sich um seine Gestalt. Er wurde zum Retter aus Seenot und zum Beschützer der Seefahrer und von daher zum Patron der Kaufleute; als »Poseidon, der Meeresgott der Christen«, wie die späten Griechen und Römer ihn nannten, wurde er mit den Eigenschaften des Poseidon (römisch Neptun) ausgestattet. Und wie dieser von seinem als Menschenschreck erscheinenden Sohn Triton begleitet wurde, so gesellte man dem Nikolaus einen Gefolgsmann bei: eben den auch als Menschenschreck auftretenden Knecht Ruprecht, einen von dem Heiligen gezähmten Teufel.

Zum besonderen Schutzheiligen der Kinder aber wurde Nikolaus durch zwei Legenden, die man ihm andichtete und in denen er drei Knaben wieder zum Leben erweckte und drei Mädchen mit goldenen Kugeln beschenkte. Im Mittelalter wurde in vielen Teilen Europas am 6. Dezember ein Knabenbischof (*episcopus puerorum*) gewählt und feierlich eingekleidet, der dann – wie Jesus auf einem Esel reitend – mit seinem Gefolge die Stadt durchzog. Die Sitte, am Vorabend des Nikolaustages den Schuh vor die Tür zu stellen, hat da ihren Ursprung: Früher mußte der Schuh mit Heu für den Esel des Heiligen gefüllt sein, der zum Lohn dafür Pfefferkuchen, Äpfel und Marzipan hineintat.

Weil das Marzipan aus Venedig, der Republik San Marco, kam, nannte man es *Marci panis*, das Brot des Markus. Als Geschenk des heiligen Nikolaus, des Seefahrerpatrons (den Venedig als Seemacht natürlich besonders verehrte) an die Kinder, wurde es in vielen Hafenstädten heimisch, so in Lübeck und Königsberg.

Diese Zusammenhänge erklären manche Weihnachtsbräuche und Überlieferungen: Sankt Nikolaus, sein Knecht Ruprecht mit dem Rentier, der Schuh vor der Tür, die Verkindlichung des Weihnachtsfestes überhaupt, das Marzipan als Weihnachtssüßigkeit und schließlich der Weihnachtsmann. Letzterer freilich ist jüngeren Datums: Hoffmann von Fallersleben, der Dichter der deutschen Nationalhymne, schuf ihn durch sein 1835 erschienenes »Lied vom Weihnachtsmann«, durch das Nikolaus und Ruprecht in der Gestalt des Weihnachtsmannes verschmolzen.

Ostern

In den romanischen Bezeichnungen für das Osterfest (italienisch *Pasqua*, spanisch *Pascua*, französisch *Paques*) lebt die Erinnerung an das jüdische Passahfest fort. Die Karwoche hat den Sinn der Vorbereitung auf Ostern, das wiederum auf den Osten und den Aufgang der Frühlingssonne weist. Die Auferstehung Christi wurde von frühchristlicher Zeit an mit dem Sieg des Lichtes über die Finsternis verglichen. Die feierliche Begrüßung des Morgenlichts nach der Karwoche gehört zu den ältesten christlichen Festbräuchen; nach der Osternachtwache und Taufe der neuen Christen ging man gemeinsam in östlicher Richtung der Sonne entgegen.

Vom Kalender her ein »bewegliches Fest«, findet Ostern jedes Jahr am Sonntag nach dem ersten Frühlingsvollmond statt. Es ist das Fest der Auferstehung Jesu, die große Freudenfeier der christlichen Kirche, nach vierzigtägiger Buß- und Fastenzeit der Wendetag zu einer fünfzigtägigen frohen Zeit bis zum Samstag nach Pfingsten. In der abendländischen Kirche galt Ostern als wichtiger Tauftag; heute wird in der Liturgie das Taufversprechen erneuert.

Der Brauch, als Festmahl ein Osterlamm zu bereiten, geht auf das jüdische Passahfest und damit auf früheste Sitten der semitischen Hirtenvölker zurück. Die meisten anderen Osterbräuche aber hängen eng mit der altgermanischen Frühlingsfeier zusammen, mit der das Osterfest bei der Einführung des Christentums im nördlichen Europa verschmolzen wurde. Einigkeit herrscht darüber, daß Ostern immer ein fröhliches Fest war, bedeutungsvoll für Fruchtbarkeit und Segen. Das Osterei und der Osterhase, die alten Symbole der Fruchtbarkeit, sind bis heute unlösbar mit diesem Fest verbunden.

Osternacht

Feuerräder und Osterfeuer

Um Mitternacht zwischen Ostersamstag und -sonntag werden sie angezündet, um den Winterdämon zu verjagen und endgültig zu verbrennen: die Osterfeuer. Man braucht dazu ein hügeliges Gelände, die Genehmigung von Forstmeister, Feuerwehr und Polizei, ein großes Wagenrad, eine lange Stange, Stroh und reichlich Reisig.

Das Wagenrad wird auf den Hügel geschafft, dick mit Stroh umwunden und bekommt die fünf bis sechs Meter lange Stange als Achse. Wenn das alles startklar steht, wird unten am Fuß der Bergbahn ein großer Reisighaufen geschichtet. Punkt vierundzwanzig Uhr wird beides entzündet, und das Rad mit seiner Balancierstange beginnt seinen feurigen Lauf.

Unvergeßliche Feststunden sind solche Osternächte, in denen wir mit Rechen, Mistgabeln und langen Stangen gerüstet hinausziehen in die dunkle Hügellandschaft, die lodernden Feuer anzünden, vom herben, würzigen Rauch umweht singend um den knisternden Glut-

haufen hocken und schließlich die reine, fruchtbare Asche über die Felder verstreuen.

Osterwasser holen

Während die Burschen und Männer ihre geräuschvollen Feuerfeste feiern, brechen nach altem Brauch die jungen Mädchen schweigend auf, um zur Mitternacht von der Quelle oder aus dem nahen Fluß das Osterwasser zu schöpfen, das sie ebenso schweigend heimtragen müssen.

Wenn sie mit diesem Wasser heimlich den schlafenden Geliebten besprengen, soll sich das sehr förderlich auf seine Gefühle und Heiratsentschlüsse auswirken.

Sonnenaufgang

Zum Sonnenaufgang stehen wir wieder oben auf dem höchsten Berg oder, wenn wir nördlicher wohnen, vielleicht auch auf einer Düne am Meer, und sehen zu, ob und wie die Sonne bei ihrem Erscheinen drei Sprünge macht aus Freude über den auferstandenen Herrn, wie die Ostersage berichtet.

OSTERBRÄUCHE

Osterhase und Osterlamm

Der Osterhase, der nach deutschem Kinderglauben die Ostereier legt, kann als Umbildung des Osterlamms verstanden werden. Jedenfalls ist die Vorstellung heute christlich – und nicht etwa germanisch-heidnisch – bestimmt. In Gegenden, wo die Schafzucht nicht zu Hause war, wurde beim Osteressen das Lamm durch den

Hasen ersetzt. Heute wird der Hase freilich nur noch in der von den Schokoladefabriken gelieferten Form verwendet. In wenigen Gebieten ist es noch üblich, ihn selbst aus Kuchenteig oder Biskuit zu backen.

Auf dem Lande backte man ihn früher auch aus Brotteig, dann wurde ihm ein hartgekochtes Ei unter den Schwanz geklemmt, und so stand er als Osterbrot auf jedem Frühstückstisch. Aber auch heute noch gibt es vielfältige Gebäcksorten zu Ostern, sogenannte Gebildbrote, deren Formen auf längst verschollene Fruchtbarkeitssymbole zurückdeuten.

Osterritte

Am Ostermontag finden die Osterritte statt, der schönste der österlichen Bräuche. Es gibt ihn im Münsterland und im katholischen Süd-Oldenburg, doch wohl nirgends so farbenfroh und würdig wie im Salzburger Land, im Rupertigau (Berchtesgadener Land) und im Chiemgau. Besonders in Traunstein sind die stattlichen Pinzgauer Ackerpferde festlich ausstaffiert: glänzende, oft silberne Roßzier, muschelbesetztes Zaumzeug, ziselierte Steigbügel, Schabracken aus Dachsfell, zu Zöpfen geflochtene Mähne und Schweif, mit Feldblumen durchwirkt, gehörten früher dazu. Aufgeputzte Festwagen tragen die Frauen in ihrem Festgewand, der Chiemgauer Tracht. Herolde mit Fanfaren ziehen dem Zug voran, gefolgt von den Reitern, den Wagen, Fahnenschwingern, Narren und Fußvolk. Die Segnung der Felder geht unmittelbar ins Volksfest über.

Georgiritte werden die Osterritte häufig genannt; der heilige Georg war einer der Vierzehn Nothelfer und stieg erst später zum Drachentöter und zum Schutzherrn der Reiter und Waffenträger, des freien, wehrhaften Bauern auf.

Palmsonntag

Der Zweite Passionssonntag trägt den Namen *Palmsonntag*, in manchen Gegenden auch »Blumensonntag« oder »Osterblumentag«. An diesem Sonntag vor Ostern wird nicht nur die Karwoche, sondern die ganze österliche Zeit eingeleitet. Die Palmzweige erinnern an den feierlichen Einzug Jesu in Jerusalem, als ihm von der jubelnden Menge Palmen auf den Weg gestreut wurden.

Als das Christentum im vierten Jahrhundert zunächst erlaubte Religion und dann Staatsreligion wurde, begann man in Jerusalem den Palmsonntag mit einer großen Prozession zu feiern, bei der das Volk mit Palmzweigen zum Ölberg zog. In der römisch-katholischen Kirche werden bis heute Palmzweige am Palmsonntag geweiht. Da sieht man in den Palmzweigen »Sakramentalien«, das heißt Vermittler göttlichen Segens, und bewahrt sie an einem bevorzugten Platz im Haus auf.

Es ist nach wie vor ein schöner Brauch, den Beginn der Heiligen Woche dadurch zu unterstreichen, »Palmbuschen« im Haus aufzustellen. Dafür bietet die Natur auch in dieser Jahreszeit bei uns einiges Grün an: Kätzchen der Salweide, Haselnußzweige, Wacholder, Buchsbaum, Stechpalme oder auch Tannengrün. All diese Pflanzen sind in den nördlichen Ländern schon früh an die Stelle der bei uns nicht vorhandenen Palmzweige getreten.

Pfingsten

Pfingsten wird am fünfzigsten Tag nach Ostern gefeiert. Der Name leitet sich her von dem griechischen Zahlwort *pentecoste* (= fünfzig) und geht auf sehr alte Zeiten zurück. Ursprünglich wurde bei den Juden an diesem fünfzigsten Tag das Ende der am Passahfest beginnenden sieben Erntewochen mit einem großen Erntedankfest gefeiert, bei dem im Tempel von Jerusalem Getreideopfer dargebracht wurden. Nach der Zerstörung des Tempels wurde die Erinnerung an die Verkündung der Gesetze auf dem Berg Sinai mit der Feier verbunden.

Die christliche Kirche feiert heute Pfingsten als den Tag ihrer Gründung. Nach der Apostelgeschichte wurde am siebten Sonntag nach der Auferstehung des Herrn der Heilige Geist über die Jünger Christi ausgegossen mit dem Auftrag, in alle Länder zu gehen und das Evangelium zu verkünden.

Pfingstmaien, Maibaum, Mai- oder Pfingstkönig und Pfingstochse sind die Stichworte für die Bräuche, die mit dem fröhlichen Frühlingsfest ähnlich wie mit dem Ersten Mai verbunden sind.

Die *Pfingstmaien* sind frischgrüne Birkenstöcke, die rechts oder links vor der Haustür oder in der Stadtwohnung hinter Bilder, Spiegel oder Kruzifixe gesteckt werden, ein heiterer Frühlingsfestschmuck, dessen würziger Duft das ganze Haus erfüllt.

Verliebte Burschen benutzen die Pfingstmaien, mit Blumen geschmückt, um sie ihren Mädchen als Symbol der Jugendfrische und als Symbol ihrer Zuneigung zu schenken. Sie pflanzen sie vor die Tür der Geliebten und sagen damit: »Ich bin dir grün.«

Der *Pfingstbaum* ist der Maibaum, den wir schon am Ersten Mai errichtet haben, und ebenso ziehen Umzüge zu ihm hin. Zur Abwechslung kann aus dem feierlichen Marsch ein Wettlauf werden, und der erste, der den Baum erreicht und erklettert, wird Pfingstkönig.

Die Königswürde kann aber auch beim Königs- oder Vogelschießen erworben werden, denn Pfingsten ist ein beliebter Termin für Schützenfeste mit allem Drum und Dran.

In ländlichen Gegenden, wo sich Wiesen und Weiden im ersten Grün ausbreiten, ist Pfingsten das Fest des Viehaustriebs. Der reichgeschmückte *Pfingstochse* führt den Zug an, der sich zur Eröffnung der »Pfingstweide« bewegt, und viele Hirtenbräuche mit Schellengeläut oder Springprozession sind mit diesem Beginn der Weidezeit verknüpft.

Heute könnte Pfingsten wieder zu *dem* Frühlingsfest werden, zu welchem jedes Zimmer mit einem Strauß von Maiengrün geschmückt wird. Im übrigen feiert man den Frühling, indem man hinausfährt ins Grüne oder die Sonne im Garten genießt. Die einzige nach dem Pfingstfest benannte Blume, die Pfingstrose (Päonie), eine an sich in weit südlicheren Gefilden beheimatete, aber auch bei uns weitverbreitete Gartenstaude, blüht in Deutschland rechtzeitig fast nur am Bodensee und allenfalls im Alten Land in Schleswig-Holstein. Überall sonst steht sie erst Ende Juni in Blüte. Maiglöckchen, Primeln und Margeriten sind unser natürlicher Pfingstschmuck.

Rauhnächte (Klöpfelnächte)

In den zwölf Rauh- oder Rauchnächten zwischen Christi Geburt und Epiphanias erscheinen vorchristliche, heidnische Überlieferungen: In ihnen wüten dem Volksglauben nach die alten Geister und Götter, das »Wilde Heer«, gegen den Sieg des Lichtes, und in der Dreikönigsnacht wird dann ihre Macht gebrochen. Es sind die Nächte, in denen man das Böse und die Unholde ausräuchert (daher Rauchnacht) und schließlich mit geweihter Kerze bannt. Darum geht der Bauer mit der Bäuerin in der Nacht der Heiligen Drei Könige in Süddeutschland und Österreich räuchernd und geweihte Kerzen brennend durch das Haus. Auch die Kreide, mit der die Anfangsbuchstaben der Drei Könige über die Türen geschrieben werden, muß geweiht sein. Träume in den Rauhnächten sollen einen Blick in die Zukunft freigeben.

Zum Dank wird dem Klopfer etwas auf die Gabel gesteckt, sei es ein Stück Speck oder ein Krapfen, oft auch Weihnachtsgebäck, manchmal aus Mutwillen nur eine Kartoffel. Am sogenannten *Pfefferlestag*, am 28. Dezember, revanchiert sich der Klopfer dann oft mit einer Gegengabe. Er »pfeffert« das Gegengeschenk nur schnell in die Stube und verschwindet dann wieder.

In Tirol setzten die Klopfer schön geschnitzte Masken auf, man bewirtete sie reichlich und bat sie dann fest auf den Feldern herumzuspringen und herumzutrampeln, damit die nächste Ernte recht fruchtbar werde. Es war wohl ursprünglich ein heidnischer Brauch, um die Dämonen von den Feldern zu verscheuchen. Das waren die sogenannten *Perchtenläufe*, die auch in manchen Gegenden in den zwölf Rauhnächten zwischen Weihnachten und dem Dreikönigstag stattfanden. Heute werden die *Perchtenumzüge* durch das *Krampuslaufen* mit Teufelsmasken mit Hörnern und Schellen am 5. Dezember ersetzt; im salzburgischen Pongau gibt es Perchtenumzüge am Dreikönigstag.

Reformationstag

Der Reformationstag wird von den evangelischen Christen am 31. Oktober im Gedenken an die Reformation gefeiert. Laut der Überlieferung soll Martin Luther am Tag vor Allerheiligen 1517 an die Tür der Schloßkirche zu Wittenberg fünfundneunzig Thesen zum Ablaß und zur Buße angeschlagen haben, womit die Reformation eingeleitet wurde. Heute ist der Tag weniger dem Gedächtnis des Thesenanschlags gewidmet als vielmehr der Lehre der Rechtfertigung des Sünders allein durch den Glauben – das theologische Herzstück der Reformation.

Der Reformationstag fällt vom Datum her mit dem ansonsten nicht verwandten Halloween-Fest zusammen.

Silvester

Meist wird der Silvesterabend in fröhlicher Geselligkeit verbracht; manche finden es allerdings schöner, das Jahresende still daheim zu feiern und den Neujahrstag dann nicht verschlafen und verkatert zu beginnen. In Rußland gibt es statt an Weihnachten erst an Neujahr die Geschenke, die »Väterchen Frost« den Kindern bringt. In Japan ißt man an Silvester Soga, eine Art lange Makkaroni, die ein langes Leben bedeuten, in Italien 365 Linsen und in Spanien zu den zwölf Mitternachtsschlägen zwölf Weinbeeren, die Glück für die kommenden Monate bringen sollen.

Zwiebelorakel

Ein alter bäuerlicher Silvesterbrauch ist das Zwiebelorakel, da ja das Wetter auf dem Lande eine große Rolle spielt. Eine Zwiebel wird in zwölf Teile geteilt, welche die zwölf Monate bedeuten. Man bestreut die Teile nun sehr gleichmäßig mit Salz, und welcher »Monat« viel Wasser ausschwitzt, der wird ein besonders regenreicher.

Nußschiffchen

Ein hübsches Silvesterspiel ist das mit einem Nußschiffchen, in dem man mit Kerzenwachs ein Papiersegel befestigt. An den Rand einer Wasserschüssel hängt man lauter Zettelchen mit Wünschen, zum Beispiel eine große Reise, das große Los, ein Fahrrad, ein Auto, eine schöne Wohnung usw.

Dann darf jeder einmal das Schiffchen in die Mitte des Wassers setzen und mit dem Zeigefinger das Wasser bewegen. Hat es sich wieder beruhigt, landet das Schiffchen bei einem Zettel, was natürlich bedeutet, daß sich der betreffende Wunsch im neuen Jahr erfüllen wird.

Auf dem Silvestertisch

Reizend sind Glücksschweinchen aller Art, aber Silvesterkrapfen dürfen auf keinen Fall fehlen, in die wir kleine eingerollte Zettelchen mit lustigen Sprüchen hineinschieben. Am Silvesterabend wird meist ein glückbringender Karpfen gegessen, von dem sich jeder eine Schuppe in die Geldbörse stecken darf, damit sie das ganze Jahr über nicht leer wird. Kurz vor Mitternacht wird dann zum Neujahrsgebäck Punsch oder Champagner aufgetischt, mit dem man auf ein glückliches neues Jahr anstoßen kann.

Sommerbräuche (Sonnenwende)

Der Sommer, die Monate der angespannten bäuerlichen Arbeit, ist eine festarme Zeit. Anlaß zu Muße und zum Feiern gibt es erst wieder, wenn die Ernte gut eingebracht, das Vieh ohne Verluste und Krankheit in die Ställe zurückgekehrt ist. Trotzdem fällt in die Zeit der ersten Grasmahd im Gebirge und der Kornernte im Flachland ein bemerkenswertes Fest: das Fest Johannes des Täufers am 24. Juni.

Johannisfest

Wenn auch der Tag seinen Namen aus der christlichen Glaubensgeschichte herleitet, so sind doch die mit ihm verbundenen Bräuche heidnischen Ursprungs. Wie wir bei der Osterfeier dem Frühling seinen Empfang bereitet haben, feiern wir jetzt zur Sonnenwende am 24. Juni den Einzug des Sommers, den die Astronomen allerdings schon zwei Tage früher, am 22. Juni, anmelden. Wieder steht am Anfang des Festes ein nächtliches Feuer, und wir können uns bei der Vorbereitung und Durchführung ganz nach dem Osterfeuer (siehe Seite 139) richten.

Der schon von den Germanen und ihren keltischen und slawischen Nachbarvölkern geübte Brauch, an diesem Tag die Sonnenwende mit Feuern festlich zu begehen, wurde von der Kirche lange bekämpft, bis sie sich den unausrottbaren Heidenglauben dienstbar machte und das Fest Johannes des Täufers auf diesen Tag legte.

Bei uns leben die Johannisbräuche fast nur noch in alltäglichen Namen fort, die jahreszeitlichen Charakter tragen: die *Johannisbeere*, das aus Nordeuropa stammende Strauchobst, das zur Zeit der Sommersonnenwende reift; das *Johanniswürmchen*, sonst meist Glühwürmchen genannt, das um dieselbe Zeit zu fliegen beginnt; das *Johannisbrot*, das, aus Südeuropa und Kleinasien eingeführt, bei uns zu Hustensaft und anderen Arzneien verarbeitet wird, während es im Süden ein Volksnahrungsmittel ist und seinen Namen von der Legende her erhalten hat, Johannes der Täufer habe es in der Wüste Juda am Jordan, wo er fastend lebte, predigte und taufte, als natürliche Nahrung genossen.

Das *Johanniskraut* wurde auf vielfältige Art als Liebes- und Zukunftsorakel verwendet. Gnade aber widerfuhr jedem, der es fand. Aus den kleinen roten Larven der Schildlaus, die an den Wurzelfasern des Johanniskrauts sitzt, gewann man das »Johannisblut«, dem man besondere Heilkraft zuschrieb. Deshalb zog man am Johannistag zum »Blutstechen« in den Wald, um mit geweihten Messern das kostbare Kraut auszustechen.

Johannisfeuer

In dieser Nacht rollten von den Bergen brennende Räder herab, die an den *Johannisfeuern* entzündet worden waren, ein Rest germanischer Sonnenkulte, darum auch Sonnenräder genannt. Strohpuppen wurden im Johannisfeuer verbrannt: eine Erinnerung an germanische Opfer, um die guten Geister und Götter zum Kampf gegen die Dämonen und zur Abwendung von Hagelschlag, Viehseuchen und Mißernten zu gewinnen.

Die nächtliche Feier, im neunzehnten Jahrhundert fast erloschen, lebte zu Anfang unseres Jahrhunderts durch die Jugendbewegung wieder auf. Die Symbolkraft des Feuers – das Wärmende, das Reinigende, das Sinnbild der Sonne, die an diesem Tag am längsten scheint und von nun an ihren Lauf von Tag zu Tag verkürzen wird – erschließt sich jedem.

Es wird gesungen, getanzt und das Feuer übersprungen. Aus der Höhe des Sprungs wird auf gute oder schlechte Ernte geschlossen. Versengte Kleider deuten auf Ungutes hin. Wenn Burschen und Mädchen gemeinsam das Feuer überspringen, ohne die Hände loszulassen, scheint die Liebe von Dauer.

Es ist eine Feierstunde von eigenem Reiz, abgehalten an einem der schönsten Abende des Jahres. Durch die helle Glut des Feuers schweift der Blick forschend in die Nacht ringsum, die dunkel und verhangen ist wie die Zukunft, wie das Leben, wie die abnehmenden Tage des Jahres. Vor dem Erlöschen des Feuers und vor dem Auseinandergehen steht man gewöhnlich in einem Kreis zusammen, hält sich an den Händen und singt »Ade nun zur guten Nacht«. Schweigend wird der Heimweg angetreten.

Valentinstag

In den angelsächsischen Ländern, in Westeuropa und inzwischen auch in Deutschland ist der Valentinstag am 14. Februar ein Fest für Verliebte und gute Freunde. Man schickt sich offen oder anonym Liebesbotschaften, scherzhafte Briefe und Blumen. In England und Schottland gab es in diesem Zusammenhang früher am St.-Valentins-Tag noch ein besonderes Spiel: In einer Gesellschaft von gleichviel Mädchen und jungen Männern wurden von den letzteren Lose mit den Namen der Mädchen in einen Topf geworfen, und einer nach dem anderen zog dann blind wieder ein Los heraus.

Die so zusammengeführten Paare bildeten für ein Jahr eine Art Gemeinschaft, in dem während dieser Zeit jeder »Valentin« seiner »Valentine« erfindungsreich allerlei Gefälligkeiten und Aufmerksamkeiten zu erweisen hatte.

Weihnachten

Die Weihnachtsvorbereitungen am Heiligabend sind wie bei jedem Fest, ja vielleicht mehr als bei jedem anderen, das Wichtigste und Schönste an der ganzen Weihnachtsfeier.

Weihnachtskrippe

Spätestens wenn die Krippenfiguren aus dem Jahresquartier geholt werden, wissen die Kinder, daß der große Tag nicht mehr weit ist. Der schöne Brauch geht auf den heiligen Franziskus von Assisi zurück, der anläßlich einer Christmette 1223 das erste Mal Ochs und Esel aufgestellt haben soll, zwischen ihnen ein leerer Futtertrog, der das Lager des Jesuskindes symbolisieren sollte. Der Aufbau der Weihnachtskrippe kann, wenn man am Ersten Adventssonntag schon damit beginnt, Tag für Tag den ganzen Dezember seinen Fortgang nehmen. Damit die wilde Berglandschaft, in die wir unsere Krippenfiguren hineinstellen, natürlich und lebendig wirkt, bringen wir von unseren Dezemberspaziergängen Moose und Flechten, Zweige und Wurzeln, Rindenstücke, Zapfen und hübsche Steine mit. Damit erreichen wir auch, daß wir mit denselben Figuren doch jedes Jahr ein abwechslungsreiches Bild stellen.

Weihnachtsbaum

Der Weihnachtsbaum nimmt als alles überstrahlendes Schmuckstück des Weihnachts-

festes unsere Phantasie in besonderer Weise in Anspruch. Zwischen dem dritten und dem vierten Advent wird die Tanne oder Fichte besorgt, die nun an einem kühlen Ort darauf wartet, geschmückt zu werden. Schwer vorzustellen, wie gesagt, daß der Weihnachts- oder Christbaum vor noch nicht langer Zeit in anderen Ländern fast unbekannt war. Die Historiker haben herausgefunden, daß er erst im vorigen Jahrhundert von Deutschland aus in der ganzen Welt bekannt und beliebt wurde. Seine Heimat, so berichten alte Quellen, ist Straßburg. Dort ist er seit dem siebzehnten Jahrhundert Brauch. Man schmückte ihn mit Papierrosen als Symbol für die Rose vom Zweig Jesse, von der das alte Weihnachtslied singt »Es ist ein Ros entsprungen« und mit Äpfeln, weil man ihn als den Paradiesbaum deutete, der, durch Christus vom Fluch befreit, nun wieder Früchte tragen darf. Und man steckte ihm Kerzen auf, die strahlend verkünden sollten: »Ich bin das Licht der Welt.«

Wir sollten, wenn wir an das Schmücken unseres Weihnachtsbaumes herangehen, diese alten Bedeutungen nicht vergessen. Aber wir können auch alles das heranholen, was Kunstsinn und Spieltrieb inzwischen erdacht und erfunden haben, um ihn als einen zauberhaften Paradiesbaum erstrahlen zu lassen.

Rotbackige, glänzend polierte Äpfel, Kerzen, Zuckerwerk, Lametta und vor allem die Wunderwerke der Glasbläserkunst, die goldenen, silbernen, roten und blauen Kugeln, in denen sich die ganze Weihnachtsstube magisch spiegelt, Vögel und andere Tiere aus Glas, Glaskugelketten und die zauberhafte Silberspitze für die Krönung des Baumes kaufen wir auf dem Weihnachtsmarkt oder in Dekorationsgeschäften. Jedes Jahr halten wir nach neuen Prunkstücken Ausschau, die dann gleichsam dem »Familienschmuck« zugefügt und für spätere Generationen aufbewahrt werden. Es ist sehr schön,

alte Wachsengel, Holzgeschnitztes, alte Glasbläsereien oder geschnitztes Spielzeug von den Großeltern vererbt zu bekommen.

Wenn die Kinder aus dem Haus sind, geht es an die Arbeit. Es gibt keine richtige Vorfreude auf den Weihnachtsbaum, wenn nicht an den Adventssonntagen lange, bunte Glanzpapierketten geklebt, Nüsse vergoldet, Strohsterne gesteckt, aufhängbare Plätzchen und Marzipankringel gebacken oder kleine Hampelmänner gebastelt werden. Je einfacher diese Dinge sind, um so besser. Sie können und sollen vergänglich sein, damit wir im nächsten Jahr wieder etwas zu tun bekommen.

Beim Schmücken des Baumes aber wird das Familienplenum wieder ausgeschlossen. Das ist meist Sache des Vaters oder einer anderen privilegierten Person. So wird die endgültige Wirkung der Gemeinschaftsarbeit erst am Heiligen Abend als Überraschung offenbar.

Weihnachtsessen

Weihnachten ist ein Fest der Sinne, und neben dem Hören, dem Riechen, dem Schauen dreht sich viel Zeit ums Essen. Vorher gibt es in den meisten Familien die Bescherung – das größte Ereignis für Kinder, wenn sie spannend und feierlich begangen wird. Spätestens jetzt sollte alle Hektik vergessen sein, denn Erinnerungen an gelungene Weihnachtsabende behält man ein Leben lang als wärmende Erinnerung. Jede Familie, jeder Freundeskreis wird im Laufe der Zeit eigene Rituale entwickeln. Das ist gut so, denn gerade Kinder lieben immer Wiederkehrendes und fordern Rituale ein, das vermittelt ihnen Sicherheit und Geborgenheit, nach einer langen Zeit der Erwartung und Spannung.

Auf den großen Augenblick der Bescherung folgen noch eine Reihe festlicher Stunden, vor allem weihnachtliche Tafelfreuden. Sie sind natürlich regional unterschiedlich, aber überall ein Anlaß, Familie und Freunde um sich zu scharen. Üppig und feierlich darf es dann schon sein, und ob Truthahn, Gans, Karpfen oder Heringssalat – ein Weihnachtsessen soll und darf lange dauern.

Dazu brauchen wir die traditionellen weihnachtlichen Tischdekorationen. Neue Tannenkränze müssen gebunden, mit Bändern geschmückt und mit Kerzen besteckt werden, denn die Adventskränze sind nun ausgedörrt und haben ausgedient.

Apfelleuchter können vorbereitet werden; Dörrpflaumenmänner sind ein beliebter, lustiger Tafelschmuck, den man zum Schluß als Nachtisch verzehren kann. Kopf, Körper, Arme und Beine werden aus den schwarzen Pflaumen mit Zahnstochern zusammengesteckt, Rosinen als Knöpfe und Augen darauf gesteckt und die Hüte aus getrockneten Aprikosen oder Apfelringen verwegen übergestülpt.

Ein lustiger Räuchermann sollte bereitstehen, der einen Bergmann, einen Vogelhändler oder einen Nachtwächter darstellt, mit weihrauchduftenden Räucherkerzchen dazu, damit er nach Tisch mit uns um die Wette paffen kann. Dazu vielleicht ein schöner Nußknacker, in schmucker Husarenuniform, wie er in der Volkskunst traditionell ist.

Ob und in welcher Form Weihnachten auch im kirchlichen Rahmen gefeiert wird, bleibt dem religiösen Verständnis der Familie und jedes einzelnen überlassen – für viele ist der Gang zur und der Besuch der Christmette in der festlich geschmückten Kirche der unüberbietbare Höhepunkt des Weihnachtsfestes und des Gemeindelebens.

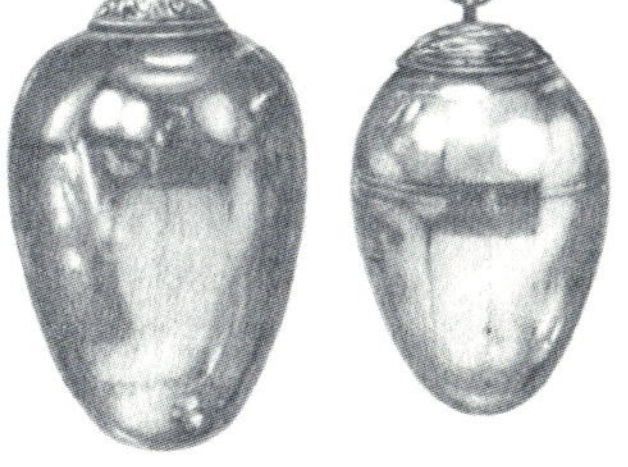

Jüdische Feste

Sabbat · Rosh ha-Shana · Jom Kippur · Sukkot · Chanukka · Purim · Pessach

Die kleinen und großen Feste, die weltweit in den jüdischen Gemeinden und Familien begangen werden, haben meist tief religiöse, in der hebräischen Bibel wurzelnde Ursprünge. Diese Quellen, die Zeremonien und ihre Bedeutung kennenzulernen, sie durch Respekt zu unterstützen und den Feiernden den gebührenden Rahmen zu ermöglichen, ist auch eine Gelegenheit für Nichtjuden, mit dem gelebten jüdischen Glauben bekannt zu werden. Das Lesen und Diskutieren der Bibel ist eine Beschäftigung, die in allen Familien einen festen Platz haben sollte. Das ritualisierte Gedenken an Verzicht, Reue, aber auch Dankbarkeit, Mut und Einsatz der Gemeinschaft ist eine starke Kraftquelle, die auch in nichtjüdischen Häusern gepflegt werden kann.

Sabbat

Mit dem Sabbat, jiddisch *Schabbes*, was soviel wie Ruhepause bedeutet, begehen Juden ihren wöchentlichen Ruhetag; beginnend am Freitagabend, endet der Sabbat am Samstagabend. Auch einige christliche Kirchen haben den Sabbat als Ruhetag gewählt. Erwerbstätigkeiten, also alle Arbeiten, mit denen Geld verdient wird, aber auch Feuer anzünden, mit Werkzeugen hantieren, Einkaufen ist für den Sabbat verboten. Unter orthodoxen Juden gibt es noch weit mehr Auflagen, die zu erfüllen sind, doch sogar im liberalen Judentum wird auf Schreibarbeiten, die beruflich bedingt sind, verzichtet.

Der Sabbat wird mit vielen Bräuchen begangen. Zu Beginn entzündet man eine Kerze, der Tisch ist feierlich gedeckt, nach dem Besuch des Gottesdienstes findet ein Kiddusch statt: Dabei wird ein Becher Wein mit einer Lobpreisung gesegnet, man dankt Gott für den Sabbat, trinkt von dem Wein und segnet anschließend die zwei Brotlaibe, die *Challa*, dann essen alle von dem Brot.

Rosh ha-Shana

Mit diesem Festtag – er wird in orthodoxen Gemeinden zweitägig gefeiert – beginnt am *1. Tischri* (September/Oktober) das Jüdische Kalenderjahr. Am Abend vor *Rosh ha-Shana* (hebräisch »Haupt des Jahres«) werden in Synagogen und zuhause Festtagskerzen entzündet, süße Speisen aus Honig, Äpfeln und Rosinen werden gereicht, um an die Süße des Lebens zu erinnern. Glückwunschkarten mit *Shana Tova-* oder *Gut Rosh*-Wünschen werden verschickt. Wie an Jom Kippur wird in den Synagogen auch das *Shofarblasen* begangen, jenes rituelle Musizieren auf geschwungenen Widderhörnern, das an die Opferung Isaaks durch Abraham erinnern soll.

Jom Kippur

Neben dem wöchentlichen Sabbat ist Jom Kippur, der jüdische Versöhnungstag, der wichtigste Festtag im Judentum. Er steht ganz im Zeichen von Sühne und Bitte um Vergebung und Gottes Gnade. Für gewöhnlich wird am Tag zuvor eine üppige Mahlzeit für die ganze Familie und Gäste bereitet, denn an Jom Kippur selbst wird den ganzen Tag gefastet, als Zeichen, ein Opfer zu bringen. Vergebung erfolgt nicht durch das Begehen des Festtags, vielmehr soll vor Jom Kippur jeder persönlich denjenigen um Verzeihung bitten, mit dem er in Unfrieden war. Arbeit ist an diesem Tag, der nach dem Jüdischen Kalender am 10. Tischri (September/Oktober) gefeiert wird, verboten, auch Essen und Trinken, Baden und sexuelle Handlungen.

Sukkot

Das in der deutschen Übersetzung als *Laubhüttenfest* (jiddisch *Sukkes*, Hütte) bezeichnete Pilger- und Wallfahrtsfest erinnert an den jüdischen Exodus, den Auszug aus Ägypten, als das Volk unter freiem Himmel nur in Laubhütten übernachten konnte. Neben dieser biblischen Auslegung geht *Sukkot* auf ein Erntefest zurück und gilt damit als größtes Freudenfest im Jüdischen Kalender, nachzulesen im 3. Buch Mose, Kapitel 23. Das sieben- bis achttägige Fest wird kurz nach Jom Kippur, vom *15. bis 21. Tischri*, gefeiert (September/Oktober). In den Gemeinden werden dann auf ihnen zur Verfügung stehenden Grundstücken Hütten aus Ästen, Holz, Matten oder Zeltwänden errichtet, wichtig ist ein Dach aus Zweigen, durch das man den Himmel sehen kann. Darin werden gemeinsame Essen und Gebete abgehalten. Die Kinder spielen beim Bau eine wesentliche Rolle, und wenn das Wetter es erlaubt, kann in diesen Hütten auch übernachtet werden. Das Fest erinnert uns an den Verzicht und daß wir die Bequemlichkeit, die uns das ganze Jahr hindurch begleitet, nicht als selbstverständlich nehmen.

CHANUKKA

Das acht Tage dauernde Lichterfest, das übersetzt soviel wie »Einweihung« bedeutet, hat seinen Ursprung in der Wiedereinweihung des zweiten Jüdischen Tempels in Jerusalem 164 v. Chr., nach der Rückeroberung aus syrischer Herrschaft. Der Sieg der »Wenigen« über die »Vielen«, der Erhalt des jüdischen Monotheismus, wird durch die Kerzen auf den acht Armen des Chanukka-Leuchters symbolisiert, die nun nacheinander, Tag für Tag, entzündet werden. Zeitpunkt ist der 25. Tag des Monats Kislew und fällt demnach wechselnd auf acht Tage im November/Dezember. In vielen Städten auf der ganzen Welt werden heute auch rund um die Synagogen und jüdischen Zentren öffentliche Chanukkafeste mit Lichterentzünden gefeiert.

PURIM

Nach dem Jüdischen Kalender wird Purim (hebräisch *Pur*, Los) am 15. Adar (Februar/März) gefeiert. Erinnern soll das ausgelassene Fest an das persische Exil des jüdischen Volkes. Beschrieben wird diese gefahrvolle Zeit im biblischen Buch Ester; heute wird diese Stelle der Bibel in der Synagoge vorgelesen. Der Brauch, sich an diesem Tag zu verkleiden, beruht darauf, daß im Buch Ester der Name Gott nicht direkt genannt wird. Er »verkleidet« sich, lenkt aber die Dinge. Die zeitliche Nähe zum Karneval hat im Laufe der Zeit zu einer Verstärkung dieses Brauchs geführt, der jedes Jahr mit Partys begangen wird.

Pessach

Das Fest erinnert wie auch Laubhüttenfest (Sukkot) und Wochenfest (Schawuot) an den Auszug der Israeliten aus Ägypten. Zu Pessach gedenkt man des Aufbruchs, Schawuot erinnert an das Ereignis, als Moses am Berg Sinai die zehn Gebote empfangen hat. Traditionell verwandelte sich Jerusalem, als der Tempel noch stand, an diesen drei Festtagen in eine Pilgerstadt. Fromme Wanderer aus allen Teilen des Reichs strömten zusammen, um gemeinsam zu beten. Mit den Mazzen wird auch symbolisch an die Heimkehr der Juden nach Israel und an die entbehrungsreiche Wanderung gedacht, denn ungesäuertes Brot (hebräisch *Mazuo* oder Mazzen) diente als Wegzehrung, weil bei dem überhasteten Aufbruch keine Zeit war, richtiges Brot zu backen. Der klassische Frühjahrsputz rührt von diesem Brauch her, denn vor Pessach, das meist auf einen Tag im April/Mai fällt, wird das Haus gründlich gereinigt; sämtliche Lebensmittel, die Sauerteig oder Hefe enthalten, müssen aus dem Haus sein, erst dann kann Pessach gefeiert werden.

Am Abend vor Pessach, dem Pessach-Seder, spielen die Kinder eine ganz bestimmte Rolle. Alles ist sehr feierlich, das Haus ist geschmückt, und die ganze Familie sitzt gemeinsam um den Tisch. In der Mitte steht der Seder-Teller, auf dem sich ein Brei aus Rosinen, Äpfeln, Zucker, Mandeln und ein wenig Wein befindet sowie ein Ei, daneben die mit einem Tuch bedeckten drei Mazzen und ein Schüsselchen mit Essig. Feierlich beginnt dann eines der Kinder einen alten hebräischen Text zu rezitieren, der erzählt, warum diese Nacht so besonders ist.

Traditionen leben

Man muß die Traditionen abschaffen,

die nicht mehr lebendig sind.

Man muß die Traditionen leben,

die ein Gewinn für uns heute sind.

Kinder

Erziehungsgrundsätze · Erfahrung und Vorbilder · Was brauchen Kinder für diese Welt? · Was können Eltern und Erzieher tun? · Rituale · Gute-Nacht-Rituale · Vorlesen · Erzählen · Märchen · Erster Schultag · Kindergeburtstag · Freizeit

Erziehungsgrundsätze

Niemand hat gelernt, Kinder zu erziehen. Die Erziehung, die wir kennen, ist die, welche wir selbst erlebt haben. Die Beispiele einer Großfamilie fehlen uns heute, auch ein Wertekanon, der uns, sei er religiös orientiert oder allgemein-ethisch, zu überzeugen vermag. Da ist es für junge Eltern gar nicht so einfach, einen Weg zu finden, der sowohl zum eigenen Leben als auch zur Gesellschaft, in der man sich bewegt, sowie zu den Anforderungen des Lebens paßt.

In der Schulpädagogik und in der Erziehung zuhause setzten sich – nicht zuletzt inspiriert durch die Achtundsechziger-Bewegung – in den siebziger Jahren neue Werte, neue Regeln durch. Eine Vätergeneration reifte heran, die sich nicht mehr ausschließlich als Verdiener außerhalb der Familie sah, sondern die Verantwortung übernahm und für die Kinder mehr Zeit haben wollte.

Zaghaft waren die ersten Schritte, ebenso die der Frauen, die nicht länger auf die Rolle als Hausfrau und Mutter fixiert sein wollten, die sich vielmehr eine gute Kinderbetreuung wünschten, um Beruf, Kind und Familie zu vereinen. Damals entstanden die ersten pri-

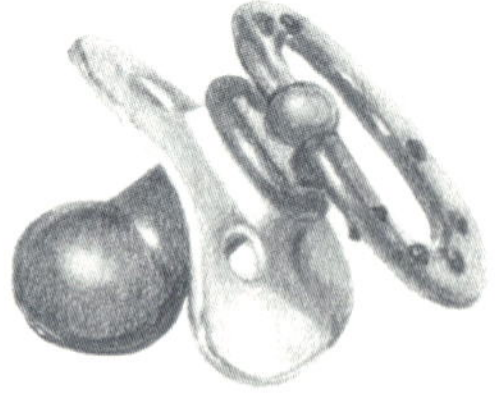

vat organisierten Krabbelgruppen, Kinderläden und alternative Betreuungssysteme, oftmals noch ohne Konzept, aber vielerorts auch schon sehr zielorientiert und durchdacht. In den siebziger Jahren räumten städtische Kinderkrippen mit dem Prinzip auf, die Kinder bloß zu »verwahren«. Fortan stand der kleine Mensch als komplexes Einzelwesen im Mittelpunkt. Die Betreuerinnen der kleinen Gruppen sind extra ausgebildet, Kinder von null bis drei Jahren altersgerecht zu erziehen und liebevoll zu versorgen. Die Grundsätze sind klar umrissen – eine ausgewogene Mischung aus Regeln, die man kennen muß, Freiheit, die man auskosten kann. Bewahrung, Sicherheit und kreative Entfaltung stehen im Mittelpunkt. Den schönen Nebeneffekt, daß Kinder in der Gruppe aufwachsen, somit soziale und kognitive Fähigkeiten nicht nur individuell erlernen, sondern auch noch bei anderen beobachten können, kann heute kaum noch ein Einzelhaushalt bieten, wenn nicht sehr viele Geschwister da sind.

Erfahrung und Vorbilder

Die Kleinkinderziehung in den neuen Krippen ist ein sorgsam durchdachtes Erziehungskonzept, das auf jahrelangen Erfahrungen aufbauen kann und maßgeblich auf die Erziehung der neuen Generationen Einfluß genommen hat und nehmen wird. Sie ist von der wissenschaftlichen Erkenntnis geprägt, daß gerade die ersten drei Jahre eines Kindes in der Entwicklung von Motorik und Konzentration die wichtigsten sind. Krippen können heute ein Vorbild sein, hilfreich vor allem für junge Eltern, sich im Dschungel der Lehrangebote, Ratgeber und Konzepte zurechtzufinden und auch ihrer eigenen Erfahrung und Intuition zu trauen. Die Krippen bieten inzwischen ziemlich exakt das, was in der Kleinkinderziehung heute erforderlich ist: Kinder nicht zu unterschätzen, sie behutsam und in der Gruppe an Normen und Regeln zu gewöhnen, die ihnen später das Leben erleichtern werden; Sauberkeits- und Eßerziehung; spielerisches und mobiles Entdecken der Welt; Kreativität, Konfliktfähigkeit, Sozialverhalten, Höflichkeit, Achtung vor Lebewesen und vor der Natur, motorische Sicherheit, Grenzen gesetzt bekommen, diese ausloten und deren Sinn verstehen lernen. Und *last but not least*: Fröhlichkeit, Ausgelassenheit und Mut. Alles Werte, die Kleinkinderziehung beinhalten sollte, plus das, was nur und ausschließlich Eltern, Großeltern, Geschwister vermitteln und leben können: Liebe.

Was brauchen Kinder für diese Welt?

Der Körperkontakt in den ersten Monaten ist ein wunderbares Mittel, um dem Kind Wärme und Nähe zu geben, jenes Rückenpolster im wahrsten Sinne des Wortes, das ein Kind souverän durchs Leben gehen läßt. Und wir brauchen selbstbewußte Kinder, die sich mutig, aber freundlich, streßresistent, dabei motorisch ausgelastet und offen für alles Neue in der Welt bewegen können. Kinder müssen und wollen wissen, was es in und außerhalb ihrer Welt gibt, sie wollen fernsehen, sie wollen Computer spielen. Sie wollen im Internet surfen, sie wollen Handys. Aber sie wollen auch im Dreck spielen, Sandburgen bauen und wieder einreißen, auf einem Bauernhof Tiere melken, die Welt vom Fahrrad aus erkunden (und dabei keinen Schutzhelm tragen), Blumen pflücken und schauen, was unter einem Schneckenhaus ist. Sie wollen selbst einen Kuchen backen, sich aber auch eine

CD brennen, einkaufen und Geld verwalten, auf Bäume klettern und mit dem Navigationsgerät Schätze finden, wollen Chips und Hamburger essen und genauso gern Hering und Pellkartoffeln. Wollen Musik downloaden und eine Band gründen, Gott suchen und den Buddhismus gut finden, mit Verbalsex ihre Eltern schocken, die sich aber nie streiten dürfen. Wie kleine Models rumlaufen und Kinderarbeit in anderen Ländern verurteilen. Sie müssen Patchworkfamilien aushalten und lieben lernen, neue Partner der Elternteile kommen und gehen sehen, bei einem Elternteil aufwachsen und den anderen im Herzen behalten. Sie wollen in Castingshows auftreten und die Welt retten.

Was können Eltern und Erzieher tun?

Die Welt, in die ein Kind heute hineinwächst, ist so vielfältig wie der Garten von Alice im Wunderland. Also muß auch unsere Erziehung etwas von der Magie eines Wunders haben. Wir können die Entwicklung der Welt nicht grundlegend ändern, doch wir können die Aufnahmebereitschaft, die Kinder in den ersten fünf Jahren haben, nutzen. Dabei gilt: anbieten, begleiten, fördern und auffangen und nicht erzwingen, überfordern und enttäuschen.

Also sollte man Kinder

- stark machen für die Welt,
- ihnen die Welt soweit möglich altersgerecht erklären,
- sie begleiten und im wahrsten Sinne des Wortes die ersten drei, vier Jahre an die Hand nehmen (Studien aus Frankreich und Italien, wo Kleinkinder traditionell in der Öffentlichkeit an die Hand genommen werden, haben ergeben, daß diese Kinder sicherer durch den Straßenverkehr kommen und ein größeres Selbstbewußtsein entwickeln),

- sie schützen, wo es geht, und dort mit Rüstzeug ausstatten, wo man sie nicht mehr schützen kann (Sicherheitstraining im Grundschulalter meint heute nicht Fahrraderziehung, sondern Selbstverteidigung und Abwehr von Übergriffen),
- sie auch mit dem Mangel konfrontieren. Immer häufiger wird heute in Kindergärten und Horten eine Suchtprävention geboten. So werden zum Beispiel alle Spielsachen für drei Monate weggeräumt; die Kinder bekommen Holzstücke, Steine und andere Naturmaterialien in die Hand und müssen so lernen, aus den eigenen Fähigkeiten zu schöpfen. Ein Überangebot an Spielsachen, wie es in fast allen Kinderzimmern heute der Fall ist, kann Suchtanfälligkeit verstärken. Spielsachen immer auch einmal beschränken und neue Angebote machen, gehört daher in jeden modernen Erziehungsbaukasten.

Darüber hinaus sollte man Kindern noch weitere feste Regeln und Werte spielerisch vermitteln:

- Gemeinsames Lesen und Vorlesen
- Rituale erfinden und einhalten
- Regeln vermitteln, weil sie das Zusammenleben sinnvoll stützen oder Schutz bieten. Dazu gehören normative Benimmregeln, wie Danken, Bitten, Grüßen, Helfen, Höflich sein, ebenso wie Verkehrsregeln, Sicherheitsregeln im Haushalt, Zeitregeln und Besitzregeln.
- Den Tag strukturieren, jedoch nicht verplanen. Kinder lieben klare Pläne, das gibt ihnen Sicherheit, aber sie brauchen auch Freiraum zum Spielen und Träumen. Deshalb ist bei allem Willen, die frühkindlichen Entfaltungsmöglichkeiten zu fördern, auch Maßhalten bei den sogenannten Hobbys angesagt. Englisch lernen mit drei Jahren (außer das Kind wächst tatsächlich zweisprachig auf) ist in dem Alter weit weniger effektiv als Klang- und Fühlerfahrungen.

- Eltern und Familie sollen immer ein Schutzraum sein, in den Probleme getragen werden und, soweit möglich, auch gelöst werden können.

Auch als Eltern hat man neben den erzieherischen Aufgaben an sich selbst zu arbeiten: *Man sollte*

- *Vorbild sein.* Wenn Eltern selbst stundenlang vor dem Computer oder Fernseher sitzen, wird ein Kind das als Vorbild sehen. Eltern, die nie ein Buch in die Hand nehmen, brauchen sich nicht zu wundern, wenn aus ihren Kindern keine großen Leser werden.
- *hinterfragen,* in welchem Tonfall man selbst spricht, bevor man sich über den Tonfall der Kinder wundert. Kinder kopieren uns in Ton und Wortwahl – und an kaum einer Stelle paßt das Sprichwort »Wie man in den Wald hineinruft, so schallt es heraus« besser.
- *Liebe geben,* auch wenn man seine eigenen Empfindungen manchmal dabei in den Hintergrund stellen muß. Jedes Elternpaar wird bestätigen, daß manche Reaktionen und Äußerungen gerade von Pubertierenden hart an der Grenze des Erträglichen sind. Wenn man dem Gegenüber immer wieder erklärt, daß manches einfach verletzt, und sich selbst klar macht, daß diese Phase der Unruhe und Orientierungssuche zum Leben gehört, wird man leichter damit umgehen können, daß dieser Lebensabschnitt nicht nur den Jugendlichen auf ein selbständiges Leben vorbereitet, sondern auch Eltern das Loslassen erleichtern soll. So werden beide Parteien aus dem Wirbel der Pubertät gestärkt und als Freunde herausgehen.
- *Werte leben und vermitteln.* Eine lebensbejahende Haltung wird sich auf das Kind ebenso übertragen wie Tierliebe, tätige Nächstenliebe und Rücksichtnahme.
- *Toleranz zeigen.* Fremdenhaß entsteht nicht in den Köpfen von Kindern, sondern aus den Reaktionen der Erwachsenen. Ein Kind, das »andere Länder, andere Sitten« als Bereiche-

rung empfindet, wird integrativ und gegenüber anderen tolerant sein.

- *Zufriedenheit vermitteln und zeigen können.* Neidfreiheit und Zufriedenheit mit den Lebensumständen, der Arbeit, dem persönlichen Umfeld. Und vor allem die Steigerung der Zufriedenheit: der Stolz auf die eigenen Kinder.
- *Respekt vor anderen haben.* Nur so kann das Gegenüber und auch das eigene Kind ebenfalls Respekt entwickeln. Respekt meint Achtung und ist nicht mit Angst vor jemanden zu verwechseln.
- *Mut und Vorsicht gleichermaßen zeigen.* Nur so kann ein Kind die Unterscheidung lernen. Ein Kind, das schon mit drei Jahren steile Skipisten herunterfährt, wird sich eventuell mit der Einschätzung von Gefahr schwerer tun als ein älteres. Dieses Verhalten wird es eventuell auch auf andere Gebiete übertragen. Ein Kind, das nur mit Schutzhelm und Handschuhen Radfahren darf, wird die Gefahr kaum einschätzen können, da permanente Schutzmaßnahmen es davon abhalten. Gar nicht so leicht für Eltern, die Balance zu halten zwischen *Overprotecting* und *Laisser-faire.*
- *Zärtlichkeit vermitteln.* Eltern und Familien, die liebevoll und zärtlich miteinander umgehen, geben den Kindern ein wunderbares sensorisches Rüstzeug für die nicht immer geschmeidige Welt mit. Körperkontakt, im Arm halten, Küßchen geben, streicheln, Nasereiben sind sinnliche Erfahrungen, die Kinder sensibilisieren. Später werden die Kinder ganz allmählich zu verstehen geben, wie stark der Zärtlichkeitsbedarf ist.
- *sich nie scheuen, um Rat zu fragen,* wenn man mal nicht weiter weiß: Lehrer, Erzieher, Pädagogen, Freunde und Institutionen, die befähigt sind. Niemand ist ein Alleskönner und wohl kaum ein Gebiet ist so komplex und vielschichtig wie die Erziehung unserer Kinder.

Kinder brauchen feste Regeln, stimmt. Und Regeln lassen sich ganz wunderbar über Rituale vermitteln.

Tischrituale

Wenn essen bedeutet, daß gemeinsam der Tisch gedeckt wird, dabei das Kind *seinen* bestimmten Teller mit dem Häschen bekommt und ihn auch selbst auf den Tisch stellen darf; wenn ein Kind lernt, daß nach dem Essen immer Baden, Spielen und Vorlesen angesagt ist, wird es das als angenehm und sinnlich abspeichern. Selbstverständliche Hilfe beim Tischdecken hat hier ihren Ursprung. Daß man mit Essen nicht spielen, aber wohl spielerisch umgehen darf – wenn man aufißt, sieht man das Häschen am Tellergrund –, wird so vermittelt. Fröhliche Gespräche beim Essen geben dem Ritual eine angenehme Atmosphäre. Probleme gehören auf einen anderen Zeitpunkt und Ort verschoben. Gemeinsames Essen stärkt das Vertrauen, bildet Eßmanieren aus und strukturiert den Tag.

Verabschieden und Begrüßen

Kinder, die sehen, daß sich ihre Eltern liebevoll voneinander verabschieden und sich bewußt und fröhlich begrüßen, werden diesen Wert als kommunikatives Plus erfahren. Immer gleiche Rituale beim Verabschieden und Begrüßen der Kinder bringen Sicherheit.

Feiertage

Auf nichts fiebern Kinder mehr hin als auf Weihnachten und Geburtstage. Werden an diesen Tagen bestimmte Rituale eingeführt, wird das Gefühl noch verstärkt. Fröhlichkeit und gemeinschaftliches Erleben, Feierlichkeit und Erwartungsfreude sind gleichsam spielerische Erziehungserfolge.

Gemeinsame Zeit

Gerade in Familien, wo beide Eltern arbeiten, hat das Wort der Qualitätszeit an Bedeutung gewonnen. Die mit den Kindern verbrachte Zeit wird tatsächlich intensiver und ausschließlicher genutzt als in Familien, wo ein Elternteil zeitlich und räumlich immer verfügbar ist. Rituale, wie ein Papa-Nachmittag pro Woche, gemeinsame Sporterlebnisse, zusammen verbrachte Zeit bei Spiel, Kino oder ähnlichem können wertvolle emotionale Haltegriffe im Alltag sein.

Urlaub

Zahlreiche Bücher haben sie zum Thema gemacht, die Sehnsucht nach der in der Kindheit verbrachten Sommerfrische. Bei aller Mobilität, die unser Leben heute ausmacht, finden gerade Kinder eine tiefe Befriedigung, wenn sie ihre Ferien an immer gleichen Orten verbringen. Orte, wo sie sich auskennen, wo sie eventuell ungehindert den ganzen Tag draußen spielen können, wo ein See die ersten Bade- und Schwimmerlebnisse geprägt oder die erste zarte Liebe sich angebahnt hat. Urlaubsrituale sind Erinnerungen, die ein Leben lang bleiben.

Gute-Nacht-Rituale

Kinder, die abends ins Bett müssen, erfinden allabendlich neue Ausreden, warum sie dies nicht tun müssen. Ideenreich werden Minuten geschunden und Eltern ausgetrickst. Alle Väter und Mütter werden da über ähnliche Erfahrungen berichten können. Also ist es nur konsequent, den kleinen Weltentdeckern ähnlich trick- und ideenreich zu begegnen.

Zeit und Aufmerksamkeit, körperliche Nähe und vor allem eine ruhige Grundstimmung sind sichere Zutaten für einen gelungenen Tagesausklang von Babybeinen an. Der Ablauf sollte, ohne völlig starr zu sein, ähnlich ablaufen: schmusen, etwas singen, baden, Schlafanzug anziehen und ins Bettchen gebracht werden, die Reihenfolge sollte dieselbe sein, dann prägen sich Rituale ein und vermitteln Verläßlichkeit.

Ein Kind, das vor dem Einschlafen Sicherheit verspürt, wird in den Schlaf finden. Wenn Papa oder/und Mama noch eine Gute-Nacht-Geschichte erzählen, vorlesen oder am besten selbst erfinden, spüren Kinder, wie wichtig dieses Ritual ist. Mit jeder Geschichte steigt die Vorfreude auf den nächsten Abend, wenn die Erzählung weiter gesponnen wird.

Ältere Kinder werden bisweilen auch schon selbst die Dramaturgie in die Hand nehmen und beim Geschichtenerzählen eigene Beiträge leisten. Ab dem Zeitpunkt des Lesenkönnens sollte auch eine abendliche Lesezeit im Bett zu einer ruhigen Vorschlafphase führen.

Ablenkungen integrieren

Ein entscheidender Faktor, der heutige Kinder zu Nachteulen macht, ist das mediale Angebot, Fernsehen allem voran. Deshalb sind Eltern gut beraten, bei Kindern aller Altersstufen, besonders aber bei kleinen Kindern, darauf zu achten, daß sie nicht unkontrolliert fernsehen oder gar vor dem Fernseher »geparkt« werden. Die Bildimpulse und schnell wechselnden Geschehnisse können Kinder aufwühlen, von den Einflüssen auf Konzentration und Ausgeglichenheit ganz zu schweigen. Viele Kinder und Jugendliche, die Verhaltensauffälligkeiten zeigen, haben ein katastrophales »Bildschirmkonto«. Computer, Gameboy, Xbox, DVD und Fernseher nehmen einen Hauptteil ihrer Freizeit ein. Die Menge der Bilder kann nicht mehr verarbeitet werden, Hibbeligkeit, Zappelphilipp-Syndrom und Aufmerksamkeitsschwäche stellen sich ein.

Abendliches Fernsehen sollte sich deshalb bei Kindern unter sechs Jahren tatsächlich nur auf maximal zwanzig Minuten vor dem *Sandmännchen* konzentrieren. Ab dann gehört der Abend den Gute-Nacht-Ritualen. Bei älteren Kindern und Geschwisterkindern ist dies oft nicht mehr so leicht durchzusetzen. In jedem Fall tun Eltern sich und den Kindern Gutes, wenn sie den Fernsehkonsum kontrollieren, gegebenenfalls korrigieren oder eine gemeinsame Fernsehzeit einrichten. Denn es ist allemal ein anderes Erlebnis, wenn Kinder und Eltern gemeinsam eine Sendung ansehen und dann darüber sprechen, als wenn Kinder allein ohne Zwiesprache konsumieren. Eventuell kann auch die Gute-Nacht-Geschichte das Gesehene zum Inhalt haben oder auch alles andere, was tagsüber geschehen ist. Denn jedes Kind, egal welches Alter, ist empfänglich für Gute-Nacht-Rituale. Selbst wenn es nur noch um ein Gute-Nacht-Sagen geht, wenn man mit ca. zwölf Jahren alles »Babyhafte« echt peinlich findet, ist auch dies ein Ritual, welches das Verhältnis zwischen Eltern und Kindern prägt und stärkt.

Strukturen und Abläufe

Von Anfang an lernen Babys sehr schnell, »was das Stündlein geschlagen hat«, wenn immergleiche Abläufe ihren abendlichen Rhythmus bestimmen. Die gute alte Spieluhr leistet da ebenso gute Dienste wie ein gesungenes Abendlied. Die Zwiesprache mit den Kuscheltieren, die zunächst die Eltern übernehmen, wenn das Kind noch nicht sprechen kann, wird alsbald den Ausdruckswillen des Kindes fördern und beeinflussen, schließlich will es ebenso mit seinen Kuscheltieren sprechen können wie die Eltern.

Der im Alter von zwei bis drei Jahren häufige »Nachtschreck« ist eine Entwicklungsphase, der nur mit Geduld und ganz besonders friedlicher Ruhe vor dem Einschlafen begegnet werden kann. Wie von einem Alptraum geplagt, schreien Nachtschreck-Kinder mitten in der Nacht oft eine halbe Stunde wie am Spieß. Meist lassen sie sich gar nicht beruhigen, aber auch nicht wecken. Nach einer halben Stunde ist der Spuk vorbei, und am nächsten Tag wissen sie nichts mehr davon. Diese Phase hat fast jedes Kind und sie geht so schnell und plötzlich vorbei, wie sie gekommen ist.

Natürlich gibt es Babys und Kleinkinder, die ihren Eltern durch nächtlichen Schreiterror jeden Nerv rauben. Wenn alle Hausmittel und Rituale versagen, sollte man sich professionelle Hilfe in Schrei-Ambulanzen holen. Oft findet ein neutraler Außenstehender die Lösung oder kann ein gezieltes Schlaftraining anbieten, das im übrigen auf sehr strukturierten Abläufen, viel Ruhe und verläßlichen Reaktionen seitens der Eltern beruht.

Vorlesen

Eines der wichtigsten Lernziele ist, die kognitiven Fähigkeiten eines jeden Kindes zu fördern: Zusammenhänge in Geschichten zu kapieren und Bilder verstehen zu lernen, Spannung und Spaß durch Worte zu erfahren. Kinder, denen von früh an lange vorgelesen wird, werden zu Texten und Büchern ein inniges Verhältnis entwickeln, da sie damit eine Glückserfahrung verbinden. Frühes Vorlesen beziehungsweise gemeinsames Betrachten der ersten Bilderbücher erfolgt meist im Arm oder auf dem Schoß eines Erwachsenen. Lesen wird so mit Wärme und Aufmerksamkeit einer Bezugsperson verbunden. Immer gleiche und regelmäßig lange Zeiten für dieses Ritual verbindet das Kind mit Sicherheit und Verläßlichkeit. Das Betrachten von Büchern, das Unterscheiden von Gemaltem und Fotografiertem, das Erkennen von Gegenständen und das langsame Erahnen von Namen und Bezeichnungen, das alles schult nicht nur das Sprachzentrum, sondern auch die Phantasie. Es ist Kindern eine tiefe Erkenntnis zu erleben, daß Geschichten oft etwas mit dem eigenen Leben zu tun haben können, daß sie eben lustig, traurig, phantastisch oder auch langweilig sein können. Kinder sollten, so lange sie es wollen, mit Vorleseritualen begleitet werden.

Nicht notwendigerweise muß damit Schluß sein, wenn die Kinder selber lesen können. Das gemeinsame Lesen hat eine Qualität, die weit über Inhaltsvermittlung hinausgeht. Kinder genießen die gemeinsam verbrachte Zeit ebenso wie die Geschichten. Und Eltern haben die Gelegenheit, ein Stück Kindheit wiederzuerlangen, wenn sie die vielen schönen, spannenden, unterhaltsamen Bücher lesen dürfen, die der Kinderbuchmarkt heute bietet. Auch wenn Eltern besonders stolz auf die Bücher der eigenen Kindheit sind: Man sollte sich nicht grämen, wenn Kinder etwas anderes lesen wollen. Jede Zeit hat ihren Stil, und was Eltern in der Kindheit begeistert hat, ist nicht unbedingt das, was heutige Kinder lesen wollen. Jedes Kind muß seinen eigenen Leseschatz aufbauen. Damit wird es ein Leben lang Glücksmomente verbinden.

Erzählen

Erzählen ist problematisch geworden. Nicht mehr viele Menschen können wirklich erzählen, es fehlt vielfach an einer »Erzählkultur«. Gleichwohl gehört das Erzählen zum »Grundbestand« menschlichen Gemeinschaftslebens. Erzählen stiftet Kommunikation, vermittelt Existenzerfahrung, bewirkt Meditation, deutet Lebenserfahrung, weckt Spontaneität und bereitet Gespräche vor.

Gutes Erzählen (und Nacherzählen) sollte psychologisierende Motivation und Erbaulichkeit vermeiden. Erzählen sollte hingegen Kargheit, Herbheit, Mut zur Lücke, Problemoffenheit und Transparenz akzentuieren. Der Erzähler muß die »inneren Strukturen« einer Geschichte (Wechsel von Spannung und Entspannung, Höhepunkt, Lösung) im Auge haben. Als methodische Arbeitsweise muß das Erzählen vor allem bei jüngeren Kindern auf folgende angemessene Regeln achten: viel Handlung, kurze Sätze, direkte Rede, keine Abstraktionen, keine Schachtelsätze usw.

MÄRCHEN

Märchen sind aus der Welt der Kinder nicht wegzudenken. Elementare Unterscheidungen, gut und böse, gerecht und ungerecht, Glück und Leid, hell und dunkel, Schmerz und Wonne, Pflicht und Lust werden nirgendwo komprimierter vermittelt als in Märchen. Bruno Bettelheim, österreichisch-amerikanischer Psychoanalytiker, ging so weit zu erklären, daß Kinder Märchen für ihre Persönlichkeitsentwicklung brauchen. Neueste Forschungen halten sich mit dieser rigorosen Empfehlung allerdings etwas zurück, ohne dabei die pädagogische Bedeutung der Märchen zu schmälern.

Die klassischen Märchen sind jahrhundertealten Ursprungs. Ihre Popularität verdanken sie der Aufbereitung in der Romantik durch die Brüder Grimm, Wilhelm Hauff und Hans Christian Andersen, die alte Märchenschätze hoben, neu übersetzten oder interpretierten und so lesbare Ausgaben schufen, die heute noch Bestand jeder Hausbibliothek sind. Verschlüsselungen, geheimnisvolle Andeutungen, der Einfluß von Nebenwelten, Feen, Hexen, Geistern regen die Phantasie aller Kinder an.

Allerdings ist beim Vorlesen von Märchen auch Vorsicht geboten: Die oft grausamen oder tragischen Geschichten können trotz aller Auflösung bei kleinen Kindern Ängste hervorrufen. Deshalb ist es wichtig, Märchen immer auch zu erklären. Eine Hänsel-und-Gretel-Aufführung im Marionettentheater kann unter Umständen erschrecken, wenn die Story und historische Zusammenhänge vorher nicht kindgerecht erklärt wurden.

Dennoch sind Märchen aus der Erziehung nicht wegzudenken. Sorgsam ausgesucht, behutsam vorgetragen, liebevoll erklärt, können Kindern so auch abgründige Verhaltensweisen vermittelt werden. Die sprachliche Schönheit, die allegorischen Besonderheiten und die oft himmlischen Lösungen in Märchen bringen auch schon kleinen Kindern die Bedeutung von Sprache und die Kraft der Worte nahe. Die einfache und damit eingängige Dramaturgie von Märchen wird ihr Erzähl- und Sprachverhalten beeinflussen. Sehr schön illustrierte Ausgaben vermitteln zudem bildhaft die oft abstrakten Parabeln. Einige wertvoll gestaltete Märchenausgaben sollten deshalb in keinem Kinderbuchregal fehlen. Später werden diese Bücher einen würdigen Platz in der Bibliothek einnehmen, denn Märchen haben keine Altersbeschränkung.

Erster Schultag

Stolz und Rührung ist allen Eltern am ersten Schultag ihres Kindes in die Gesichter geschrieben. Die Kleinen werden flügge, sind nun einen halben Tag in der Obhut eines Lehrers, der ihnen Wissen und Rüstzeug für eine gelungene schulische Laufbahn beibringen muß. Das ist ein großer Abschnitt, nicht nur für die Eltern, die »loslassen« müssen und ihre Kinder nun erwachsen werden sehen, sondern auch für das Kind selbst. Die meisten Kinder freuen sich wie die Schneekönige auf die Einschulung.

Nebelhafte Vorstellungen haben sie von der Schule, von dem Gebäude, das mit vielen Fluren und Zimmern schon ein bißchen ängstigen kann, aber auch groß und stark macht, wenn man sich auskennt. Wochen vor dem großen Tag werden zuhause oder auch in den Kindergärten Schultüten gebastelt.

Gefüllt werden muß die Tüte selbstverständlich von den Eltern. Neben den traditionellen Süßigkeiten, die nicht fehlen dürfen, kommen auch immer Schulsachen – wie Malkasten, Wachsmalstifte und Radiergummis in lustiger Form – in die Tüte. Und Spielsachen. Von Hörbüchern über Bauklötze, von kleinen Plüschtieren als Talisman über Püppchen bis hin zu anderen Begehrlichkeiten. Als wolle man das Kind noch einmal mit Kindheit überschütten.

Doch weniger ist oft mehr. Der Tag ist für sich gesehen genug Ereignis, natürlich müssen kleine Gaben in der Schultüte sein, aber eben nur *kleine* Gaben, schließlich gehört der wichtige Schritt versüßt. So manches Kind wird nämlich nach kurzer Zeit feststellen, daß Schule nicht ganz so spannend wie gedacht ist. Eltern tun gut daran, Schule weder mit Angst und Schrecken zu belegen noch die Schulzeit zu glorifizieren. Schule ist notwenig und kann und soll Spaß machen. Kinder, die gut vorbereitet sind, sowohl mental als auch motorisch, werden bald Freude am abwechslungsreichen Schulalltag haben.

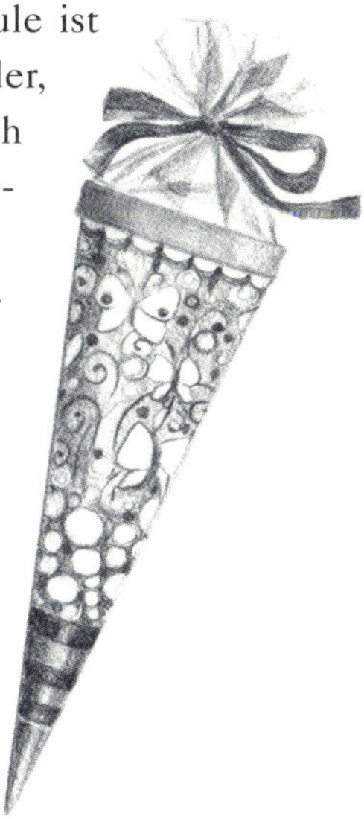

Ein ganz wesentlicher Punkt in der Vorbereitung ist der Schulranzen. Auch wenn ein bestimmtes Dekor, eine besondere Form dem Geschmack des Kindes außerordentlich gefällt, maßgeblich ist, daß der Ranzen auf den Rücken des Kindes paßt und nicht das Kind zum Ranzen. Leicht, dabei stabil, gut zu tragen und leicht zu pflegen sollte er sein. Je neutraler das Muster, desto länger wird das Kind seine Freude daran haben, denn kleine Bärli, die einen Sechsjäh rigen entzücken, können einem Zehnjährigen ganz schön peinlich sein. Da Ranzen eine teure Angelegenheit sind, kann nicht für jeden Entwicklungsschritt das passende Design gekauft werden. Hier ist elterliche Überzeugungsarbeit zu leisten, wenn sich Kinder auf einen ganz speziellen Schulranzen versteifen.

Ein gut sortiertes Federmäppchen ohne allzu viel Firlefanz sollte nicht fehlen, ebenso ein Sportbeutel. Um Verwechslungen zu vermeiden, kann man alle Behältnisse beschriften. Man sollte aber dem Kind nicht böse sein, wenn es ab und an diese Dinge einfach verlegt, verliert oder nicht mehr findet. Der Schulalltag ist einfach oft zu aufregend, um an solche Petitessen zu denken.

Kindergeburtstag

Kinder feiern gerne. Und da ihnen die Welt noch klein ist, sehen sie sich meist als Mittelpunkt. Und das muß doch gefeiert werden, besonders am Geburtstag – dem Tag, an dem sie auf die Welt gekommen sind. Die inzwischen übliche Regel für Kindergeburtstage, so viele Kinder einzuladen wie das Kind Jahre alt wird, kann man befolgen, muß man aber nicht. Grundsätzlich ist man auf der sicheren Seite, wenn man eine übersichtliche Anzahl kleiner Gäste bewirtet, schließlich will die kleine Rasselbande beschäftigt sein und im Falle kleinerer Kinder auch gelegentlich getröstet. Auch lassen Mütter und Väter kleinerer Kinder ihre Kinder oft nur im eigenen Beisein auf Geburtstagsfeiern, da hat man als einladende Eltern auch noch erwachsene Gäste mit einzuplanen.

Wer nicht Gefahr laufen möchte, daß ihm ein Kindergeburtstag über den Kopf wächst und daß nach zwei Stunden allseits die Nerven blank liegen, sollte sich ein kleines Konzept zurechtlegen, einen Regieplan, was zu welchem Zeitpunkt stattfindet. Kleine Rhythmus-, Aufwärm- und Kennenlernspiele sind zu Beginn hilfreich. *Erstarren*, also stehen bleiben, wenn die Musik endet, *Stille Post* oder eine kleine *Polonaise* machen alle miteinander locker. Danach stellen sich meist die ersten Hungergefühle ein. Wenn jedes Kind einen Becher mit »seinem« Symbol bekommt, gibt es später kein Durcheinander. Kuchen aus der Hand macht viel Besteckhantieren überflüssig. So gestärkt kann *Reise nach Jerusalem* (funktioniert auch mit Kissen), *Topfschlagen* und *Luftballontanz* gespielt werden. Kleine Geschenke als Belohnung machen frohe Gesichter; um Streit zu vermeiden, empfehlen sich so viele gleiche Geschenkchen wie es Kinder sind. Eine einfache Vorführung im Kasperltheater wird wieder Ruhe in die Bude bringen. Wer die kleinen Gäste bis zum Abend dabehält, sollte eine Pizza oder Würstchen im Angebot haben, denn Feiern macht hungrig. Klar gesteckte Anfangs- und Endzeiten geben den zeitlichen Rahmen vor, in dem die Kinder gebracht und geholt werden.

Diese Art Geburtstagsfeiern werden Kindern von drei bis acht Jahren Spaß machen. Danach werden die Ansprüche größer. Vielleicht ist dann ein Picknick im Park mit anschließender Schnitzeljagd das Richtige? Oder ein gemeinsamer Kino- oder Kindertheaterbesuch? Auch eine Führung in einem Zoo oder Museum kann ein tolles Geburtstagsevent sein. Schließlich kommt es aber nicht darauf an, jedes Jahr ein immer tolleres Erlebnis zu zaubern, sondern dem Kind die Möglichkeit zu geben, im Kreis seiner Freunde und Familie zu feiern. Daß es da kleine Besonderheiten wie das Lieblingsessen oder große Aktionen wie einen Ausflug in ein Erlebnisbad geben kann, kommt auf den Geldbeutel, die Familiensituation oder eben auch auf den Wunsch des Kindes an. Manche Kinder feiern am liebsten Geburtstag bei der Oma, weil es dort so herrlich unkonventionell und gemütlich ist. Wieder andere freuen sich einfach auf einen Tag, an dem sich die Eltern von früh bis spät zusammen für sie Zeit nehmen: In unserer heutigen Zeit ist das eines der größten Güter, die wir den Kindern schenken können.

Freizeit

Ferien, Wochenende: endlich Gelegenheit, die Zeit entspannt mit Kindern zu verbringen. Ausflüge machen, Unternehmungen, Freunde sehen. Solange Kinder klein sind, bestimmen Nachmittagsschlaf und Essenszeiten viele Freizeitbeschäftigungen; kaum werden sie älter, steigt ihr Bewegungs- und Erlebnisbedarf. Dabei sollten Eltern im Hinterkopf haben, daß Kinder bis ca. sechs Jahre einen Nachmittag am Spielplatz mit Matsch, Sand und Wasser einem groß angelegten Ausflug immer vorziehen werden. Auch wenn wir heute Erlebnisparks, Abenteuerspielplätze, Family-Hotels, Wildparks und Märchenwälder haben – die einfachen Dinge wie ein Bach, ein Strand, ein Wald, eine Wiese, Wasser, Erde und Sand sind Faszination genug für Kinder.

Und natürlich andere Kinder. Werden ältere Kinder maulig und finden sie Museumsbesuche, Wanderungen, Radtouren »echt ätzend«, werden wir kaum Mühe haben, sie zu motivieren, wenn sie ein paar Freunde mitnehmen dürfen. Ideal, wenn man die Eltern dazu einlädt, so haben alle Generationen etwas davon.

Wer sein Kind zum Musikliebhaber machen möchte, ist eventuell auf dem Holzweg, wenn er das Kind in stundenlange Opernaufführungen schleppt; er erreicht damit das Gegenteil. Vielleicht ist aber gerade die feierliche Atmosphäre eines Theaters ein Faszinosum? Wie so oft im Labyrinth der Erziehung ist hier ein vorsichtiges Ausloten und Anbieten geboten. Und die Erkenntnis, daß *Zeitvertreib* nicht gleich *Zeit verplanen* bedeutet. Ruhe genießen, auf einer Decke liegen und sich etwas erzählen, Tiere streicheln oder einfach einen Ball hin- und herkicken können so manchem groß angelegten Kultur- oder Freizeitangebot den Rang ablaufen. Kinder haben ein Sensorium für Stimmungen und Tempo, man muß ihnen die Chance geben, zwischen laut und leise, langsam und rasant, hektisch und ruhig zu unterscheiden. Nur so wird das Kind ein Gespür für die eigenen Bedürfnisse entwickeln.

Und wenn so mancher Erwachsene nun einwendet »Und wo bleiben meine Bedürfnisse«? Wer sich für ein Leben mit Kindern entscheidet, wird schnell feststellen, daß die Zeit mit ihnen davonrast. Im Nu gehen sie in die Schule, im Nu werden sie flügge. Das ist kein Allgemeinplatz, sondern gemessen an der Länge des durchschnittlichen Lebens Tatsache. Genießen wir also die Zeit, in der wir Kinder sich entwickeln sehen, sie beobachten, begleiten, schützen, korrigieren können und dieser bedingungslosen Liebe anhängen dürfen, die Elternschaft ausmacht – ist dies doch eines der Grundbedürfnisse überhaupt, wenn man Familie leben will.

Kochen und Essen

Backen · Konservieren · Einkochen · Resteküche

Kochen ist nicht nur eine tägliche Notwendigkeit, sondern auch eine Lust und Bereicherung. Für einige nobles Hobby, für andere unumgänglicher Alltag – in jedem Fall sollte es keine Last, sondern ein sinnliches Vergnügen sein, das bei aller Sorgfalt nicht zeitraubend sein muß. Eines ist jedenfalls unbestritten: Zu einem Wert, den wir bei allem Fertiggerichte-Angebot wieder schätzen sollten, gehört das frische Zubereiten von Speisen. Voraussetzung dazu: Materialien und Zutaten, die schmecken und frisch sind – ob aus dem eigenen Garten, vom Bio-Markt oder einem frisch sortierten Supermarkt –, ein gut sortiertes Gewürz- und Kräuterangebot und Grundkenntnisse der Zubereitungsarten.

Garen mit Wasser

Kochen: Garen in viel siedender Flüssigkeit (Wasser, Brühe, Milch, Wein, Sud) bei 100° C Temperatur im offenen oder geschlossenen Topf.

In heißem Wasser ansetzen: Teigwaren, Fleisch, Grieß.

In kaltem Wasser ansetzen: Hülsenfrüchte, Graupen, Knochen.

Garziehen: Köcheln in viel Flüssigkeit kurz vor dem Siedepunkt. Dazu Flüssigkeit und Kochinhalt einmal kurz aufkochen lassen und dann runterregeln. Günstig für Klöße, Reis, Eierspeisen, Obst.

Pochieren: Langsames Garen in wenig Flüssigkeit kurz vor dem Siedepunkt. Anwendung bei Fisch, Eiern und Früchten.

Dünsten: Diese einfache und schonende Garmethode erhält die Vitamine am besten. Fisch, empfindliche Fleischsorten, Obst oder Gemüse wird unter Zugabe von nur wenig Flüssigkeit und Fett im eigenen Saft bei einer Siedetemperatur von 100° C gegart.

Dämpfen: In einem geschlossenen Topf werden Speisen in einem Siebeinsatz über kochender Flüssigkeit gegart. Kartoffeln, Fisch und zarte Fleischstücke werden so zubereitet. Gemüse erst nach dem Dämpfen würzen.

Blanchieren: Eine Methode, die vor allem als Vorbereitung zum Einfrieren angewendet wird: Gemüse und Obst wird zwei bis drei Minuten in kochendem Wasser erhitzt, anschließend in Eiswasser abgeschreckt. Nährstoffe und Farbe bleiben so erhalten, Keime werden abgetötet.

Ausquellen: Bei geringer Temperatur quellen in wenig Flüssigkeit so Griesbrei und Milchreis.

Reduzieren: Durch Einkochen verringert sich die Flüssigkeitsmenge, die Aromen der Zutaten schmecken stärker. Saucen und Suppen bekommen so ihre richtige Konsistenz und Geschmack.

Garen mit Fett

Braten in der Pfanne: Wasser- und eiweißfreie Fette (Kokosfett oder Pflanzenöle) in der Pfanne auf 200° C erhitzen. Das Bratgut hineingeben, nicht salzen, nicht mit der Gabel einstechen, keine kalten Fette zugeben während des Bratvorgangs, da sonst Saft ausläuft und das Bratgut hart wird.

Sautieren: In einer heißen, aber nicht zu heißen Butter-Öl-Mischung wird dünn geschnittenes Bratgut (Geschnetzeltes, Pilze, Fisch, Innereien, aber auch Gemüse) in einer Stielpfanne geschwenkt. Erst nach dem Garvorgang würzen.

Schmoren im Topf: Angaren in Fett und Fertiggaren unter Zugabe von wenig Flüssigkeit in einem geschlossenen Topf bei einer Temperatur von 100° C. Geeignet für Fleischstücke wie Nacken, Schulter, Bug, Roulade, Gulasch, Kohlrouladen.

Frittieren: Schwimmend Ausbacken von Gargut in reichlich heißem Fett (nur hitzebeständige Fette!) bei einer Temperatur von 180 bis 200° C. Wer keine Fritteuse hat, kann das Gargut mit einem Siebeinsatz auch in einem

Topf oder einer tiefen Pfanne frittieren. Das Gargut muß abgetrocknet sein vor dem Frittieren, da sonst Fett verspritzt.

Braten im Backofen: Garen und Bräunen mit wenig Fett bei einer Temperatur von 180 bis 200° C. Der Braten samt Begleitgemüse wird in der Fettpfanne angebraten, nach fünfzehn Minuten mit wenig Flüssigkeit abgelöscht und anschließend fertig gebraten. Während des Bratvorgangs wird immer wieder Flüssigkeit zugeführt.

Backen: Garen im Backofen in heißer, trockener Luft bei einer Temperatur von 120 bis 250° C. Geeignet für Backwaren und Aufläufe.

Backen

Liebe geht durch den Magen« wird jeder bestätigen können, der je den Duft von warmem Teig gerochen hat. Häuser, die nach frisch gebackenem Brot oder Kuchen duften, haben etwas Einladendes; selbst gebackene Kuchen sind zudem ein Liebesbeweis. Wer die Grundregeln der Teigherstellung beherrscht, vor genauen Mengenangaben und Abwiegen nicht zurückschreckt, kann sich alsbald an alle Kuchenrezepte wagen. Fett (entweder Margarine oder Butter), Mehl, Zucker und Eier sind die Grundzutaten, von Grundteig zu Grundteig variiert und durch Aromen verfeinert.

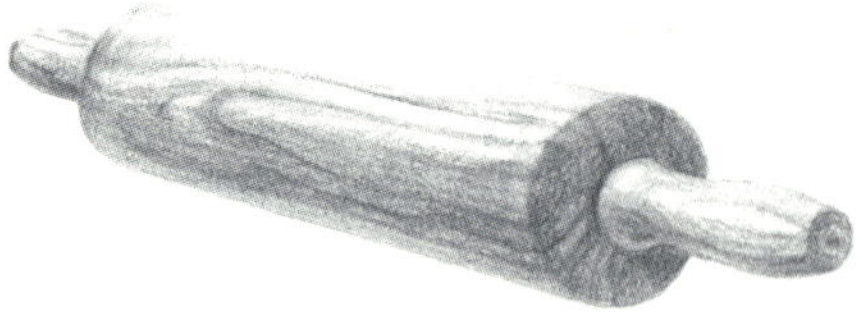

Rührteig

Der früher sogenannte »Pfundkuchen« hatte als Maß aller Zutaten das Pfund. Eine üppige Angelegenheit, die heute so kaum noch verwendet wird. Dennoch kann man als Maß drei Eier nehmen, die ca. 200 Gramm wiegen, sämtliche andere Zutaten sollten dann ebenfalls dieses Gewicht haben. Unter Verwendung von Backpulver können sämtliche Zutaten verringert werden.

Grundrezept: 250 Gramm Fett, 250 Gramm feiner Zucker, 1 Prise Salz, 4 Eier, 500 Gramm Mehl (Typ 405), 1 Päckchen Backpulver, etwa 1/8 Liter Milch. Fett und Zucker werden mit dem Schneebesen schaumig geschlagen, bis die Masse weißlich wird. Dann das Eigelb unterrühren, bis alles gut verquirlt ist, darüber die Mehl-Backpulver-Mischung sieben. Milch oder das zu Eischnee geschlagene Eiweiß dazugeben und zu einem geschmeidigen Teig rühren. Dieser Teig wird für alle Arten von *Rührkuchen*, *Guglhupf*, *Blechkuchen* und *Torten* verwendet.

Hefeteig

Ein kapriziöser Geselle kann der Hefeteig sein. Seine Herstellung erfordert ein wenig Geschicklichkeit und Erfahrung, denn die Treibkraft der Hefe braucht neben Zucker und Mehl Feuchtigkeit und Ruhe.

Grundrezept: 20 Gramm Hefe (1/2 Würfel) oder 1 Päckchen Trockenhefe, 1/4 Liter lauwarme Milch, 500 Gramm Mehl, 40 Gramm Zucker, 1 Prise Salz, 60 Gramm Fett. Zunächst ist der Vorteig dran: Mehl in die Schüssel geben, in eine Mulde im Mehl wird die zerbröckelte Hefe, eine Prise Zucker und etwas lauwarme Milch gegeben und mit ein wenig Mehl vermischt. Nun 15 Minuten warm stellen (nähe Heizung), bis der Vorteig sein Volumen verdoppelt hat. Haben sich Luftblasen gebildet, ist es soweit, die übrigen Zutaten können untergerührt werden. Anschließend den Teig aus der Schüssel nehmen und mit den Händen weiterkneten. Die Teigkugel wieder in eine Schüssel geben und erneut aufgehen lassen, bis sie sich verdoppelt hat. Dann noch einmal durchkneten. Schließlich ist er elastisch wie ein Gummiband, bereit, zu Köstlichkeiten verarbeitet zu werden: *Zöpfe, Kränze, Striezel, Wähen, Blechkuchen, Schnecken, Stollen, Krapfen, Hörnchen, Dampfnudeln, Rohrnudeln* und »unsüß« zu *Pizza, Brot, Brezeln* und *Flammkuchen.*

Mürbteig

Gar nicht warm mag es der Mürbteig, dessen Zutaten möglichst kalt verrührt und verknetet werden. Ob Tortenboden, Blechkuchen, Pastetenhülle, Keks oder Plätzchen, der zarte und doch feste Teig ist ein Alleskönner, schnell gemacht und vielseitig.

Grundrezept: 250 Gramm Mehl, 125 Gramm Fett, 60 Gramm Zucker, 1 Prise Salz, 1 Ei. Mehl auf eine Arbeitsfläche oder in eine Schüssel häufen, das in Stückchen geschnittene Fett auf dem Mehl verteilen, in eine Mulde das Ei geben und den Zucker an den Rand des Mehls. Mit einem Messer kreuzweise durch alle Zutaten schneiden, bis eine krümelige Masse entsteht. Mit kühlen Händen schließlich alles rasch zur glatten Teigkugel durchkneten. Im Kühlschrank kühl aufbewahren, falls er nicht gleich verwendet wird, z.B. als *Torten-* und *Kuchenboden*, für *gedeckte Obstkuchen, Torteletts, Blechkuchen, Tarte, Weihnachtsbäckerei* oder *Pasteten.*

Biskuit

Luftig muß er sein, leicht geschlagen, so ist er der ideale Begleiter für Obst, Quark, Cremefüllungen und Sahne. Eier sind die Hauptdarsteller beim Biskuitteig. Und jede Menge Luft.

Grundrezept: 4 Eier, 125 Gramm feiner Zucker, 75 Gramm Mehl, 50 Gramm Speisestärke. Eiweiß und etwas Zucker steif schlagen, das Eigelb zum Eischnee geben und kurz untermischen. Mehl und Stärke auf die schaumige Eiermasse geben und mit einem Spatel unterheben. Die Biskuitmasse kann nun auf Bleche oder in Springformen gestrichen werden. So werden Schichten für Torten gebacken, aber auch Böden für lockerleichte *Schnitten, Rouladen, Löffelbiskuit, Charlotten* und *Rollen.*

Brandteig

Ebenfalls luftig-locker, aber vom Charakter her völlig anders ist Brandteig. Kommt Biskuit ohne Fett aus, enthält Brandteig keinen Zucker.

Grundrezept: 1/4 Liter Wasser, 50 bis 60 Gramm Fett, 1 Prise Salz, 150 Gramm Mehl, 4 bis 5 Eier. Flüssiges Fett und Wasser vermengen, kurz zum Kochen bringen und sofort von der Herdstelle nehmen, das Mehl gesiebt dazugeben und kräftig durchrühren. Anschließend die Mischung unter Rühren erneut erhitzen, bis ein dicker Mehlbrei entsteht. Die Masse weiterkochen, bis sich der Teig vom Topfrand gelöst hat und auf dem Boden ein weißer Belag entsteht. Den Teigkloß in eine Schüssel geben und etwas abkühlen lassen, dann das erste Ei gründlich unterrühren, allmählich die anderen Eier nach und nach zugeben, bis der Teig lange Spitzen bildet. Im Spritzbeutel oder mit Löffeln abgestochen lassen sich nun *Gebäck*, *Windbeutel*, *Eclaires* und *Profiteroles* backen.

Strudelteig

Selbst erfahrene Backbegeisterte haben Respekt vor dem Strudelteig, soll doch das Ergebnis hauchdünn und elastisch sein. Doch mit ein wenig Mut und Geschick gelingt dieses Rezept.

Grundrezept: 250 Gramm Mehl, 50 Gramm flüssiges Fett, 1 Ei, 1 Prise Salz, ca. 1/8 Liter lauwarmes Wasser. Mehl, Fett, Salz, Ei auf die Arbeitsfläche häufen und mit zwei Paletten zu einem glatten Teig verarbeiten. Den Teig nun auf einer bemehlten Fläche zehn Minuten durchkneten (unbedingt Zeit einhalten). Danach sollte der Teig elastisch sein und seidig glänzen. Ein großes Stofftuch (Küchenhandtuch, Leintuch, Tischdecke) ausbreiten, mit Mehl bestreuen und den Teig darauf so dünn wie möglich ausrollen. Mit den Handrücken unter den Teig fahren, anheben und nach allen Seiten ausdehnen, bis er so dünn ist, daß man den Stoff darunter erkennen kann. Die dicken Ränder werden abgeschnitten. Einem *Topfen-*, *Apfel-* oder *Gemüsestrudel* steht nun nichts mehr im Weg.

Konservieren

Neben dem *Einkochen*, zum Beispiel von Marmeladen und Gelees, wurde früher häufig auch *eingemacht*, schließlich stand keine Palette an Tiefkühlkost und Dosengemüse zur Verfügung. Beide Methoden bedienen sich der Hitze zum Haltbarmachen von frischem Obst und Gemüse.

Während das Haltbarmachen mittels Einmachen erst langsam wiederentdeckt wird, ist das Einkochen von Marmelade schon seit langem eine persönliche Herausforderung vieler Hobbyköche, die dabei ganz außerordentlich experimentierfreudig sind. Längst ist es nicht mehr die einfache Erdbeermarmelade, die da in großen, familientauglichen Gläsern zubereitet wird, sondern exotische Mischungen mit Alkohol, Ingwer, aber auch Marmeladen aus grünen Tomaten, Spargel und kreativen Fruchtmischungen haben den Olymp erreicht. In schicken Gläsern toppen sie als Mitbringsel jede gekaufte Delikatesse. Niemand muß sich vor dem Aufwand scheuen, denn auch beim Einkochen sind einige wenige Voraussetzungen zu beachten, um ein gutes Ergebnis zu garantieren.

Einmachen

Das Prinzip des Einmachens beruht darauf, daß Obst und Gemüse eine Zeit lang bei 75 bis 100° C erhitzt werden. Dies erfolgt entweder im Wasserbad eines Einkochapparats mit eigener Heizspirale, im Wasserbad eines Einkochtopfs mit Thermometer für die Herdplatte und Temperaturregler oder im Backofen. Neben dem Bereithalten von genügend vielen Einweckgläsern, Gummiringen, Federn und Bügeln zum Verschließen sind noch einige Vorbereitungen nötig, um ein optimales Ergebnis zu erzielen:

- Nur frisches Obst und Gemüse verwenden.
- Nur so viel vorbereiten, wie man am selben Tag verarbeiten kann.

- Geräte, Arbeitsflächen, Gefäße müssen absolut sauber sein.
- Nur einwandfreie, unbeschädigte Gläser und nur elastische, frische Gummiringe verwenden.
- Gläser, Deckel und Gummiringe vor dem Einsatz mit Spülmittel fettfrei machen, dann mit kochendem Wasser spülen. Gläser und Deckel anschließend nicht abtrocknen, sondern auf dem Geschirrtuch abtropfen lassen.
- Gummiringe werden fünf Minuten in klarem Wasser gekocht und bis zur Verwendung darin liegengelassen.
- Während des Einmachens muß die Temperatur ständig kontrolliert werden, moderne Einmachapparate haben einen Regler.
- Beim Befüllen der Gläser einen Einfüllring verwenden, da Fruchtreste an den Rändern Keimquellen darstellen können.
- Rundrandgläser werden bis zur Randunterkante, andere Gläser bis zwei Zentimeter unter den Rand gefüllt.
- Den Glasboden der Gläser während des Einfüllens ab und zu auf einen weichen Untergrund klopfen, damit das Obst möglichst kompakt eingefüllt wird.
- Zum Verschließen die gekochten Gummiringe naß auf den Glasrand legen, dann den Deckel auflegen und mit Bügeln und Federn verschließen.

Sterilisieren der Einmachgläser, das eigentliche Einmachen

- Die verschlossenen, gleich großen Gläser auf den Drahteinsatz des Einkochtopfes stellen. Der Topf wird mit so viel Wasser gefüllt, daß die Gläser zu drei Viertel darin stehen. Dabei muß die Temperatur des Wassers der in den Einmachgläsern entsprechen, also kaltes Wasser zu kalter Füllung, heißes Wasser zu heißem Inhalt.
- Einkochtemperatur und -zeit müssen exakt eingehalten werden, dabei ist auf die Angaben des Einkochgeräteherstellers zu achten.
- Ab dem Zeitpunkt, an dem die Einkochtemperatur erreicht ist, ist die Einkochzeit zu zählen. Das Wasser darf nicht sprudelnd kochen.
- Nach dem Einkochen an der Luft abkühlen lassen, Deckel kontrollieren und nur luftdicht verschlossene Konserven an einem dunklen, kühlen Ort lagern.

Sterilisieren im Backofen

- Fettpfanne auf den Backofenboden oder auf die unterste Rostebene stellen.
- Ein Zentimeter hoch heißes Wasser einfüllen.
- Die vorbereiteten Gläser (siehe oben) hineinstellen, ohne daß sie sich berühren.
- Die Temperatur auf 180° C Ober- und Unterhitze einstellen.
- Die Sterilisierungsdauer beginnt mit dem Perlen, also wenn kleine Bläschen im Glas hochsteigen. Bis zum Perlen dauert es in der Regel 70 Minuten.
- Danach auf die angegebene Temperatur runterregeln und die Gläser weiter sterilisieren lassen.
- Nachwärme zum Sterilisieren nutzen, bevor die Gläser aus dem Ofen geholt werden.

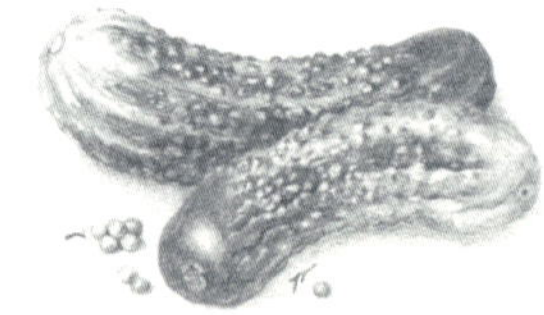

- Nach dem Einkochvorgang Gläser sofort aus dem heißen Wasser nehmen und langsam abkühlen lassen, Bügel und Federn bleiben auf den Deckeln, bis die Gläser erkaltet sind.
- Kühl, luftig, trocken lagern. Gläser immer wieder kontrollieren, geöffnete Deckel weisen auf verdorbenen Inhalt hin.

Einkochen

Gelierhilfen wie Gelierzucker, der im Verhältnis 1:2 oder 1:3 geliert oder gar nur kalt gerührt werden muß, erleichtern das Einkochen enorm. Nur wenige Zutaten und Handgriffe sind nötig für eine optimale und kreative Marmeladenproduktion. Achtung: Suchtfaktor. Einkochen ist nicht nur eine köstlich duftende, schön anzusehende Tätigkeit, sondern garantiert auch Sommergenuß für den Rest des Jahres.

- Nur genau abgewogene Zutaten verwenden, da sonst das Ergebnis unterschiedlich ausfallen kann.
- Keine großen Mengen auf einmal zubereiten, denn größere Mengen brauchen eine längere Kochzeit, dadurch wird die Masse schlechter durchkocht, was neben Vitaminverlust auch Festigkeit und Farbe beeinflussen kann.
- Benötigt wird ein großer Kochtopf, der maximal bis zur Hälfte gefüllt wird, um Überkochen der heißen Zuckermasse zu vermeiden.
- Außerdem braucht man Schöpfkelle, Schaumlöffel und eventuell einen Einfüllring.

Das *Einkochen* selbst ist ein Vorgang, der bei optimaler Vorbereitung relativ schnell funktioniert.

- Früchte in kleine Stücke schneiden, oder wer mag, kann sie vorher im Mixer zerkleinern. Die Menge der vorbereiteten

Früchte entspricht der Mengenangabe auf den Gelierhilfen. Früchte und Gelierzucker, eventuell Gewürze in den Topf geben und unter ständigem Rühren kochen.

- Nach einer Weile ist die Gelierprobe durchzuführen. Dazu wird ein Löffel Geliermasse auf einen kalten, sauberen Teller gegeben. Geliert die Probe fest, wird auch die übrige Geliermasse so reagieren.
- Die Masse mittels Schöpfkelle und Einfüllring in mit kochendem Wasser gereinigte Gläser füllen. Mit einem Twist-Off-Deckel verschließen, da er Aroma, Konsistenz und Farbe am besten schützt.
- Gläser fünf Minuten auf den Kopf stellen, dann wird die wenige im Glas befindliche Luft durch die heiße Masse sterilisiert.
- Konfitüren an einem trockenen, kühlen, dunklen Ort aufbewahren, angebrochene Gläser in den Kühlschrank stellen.

Resteküche

Vieles in der Regionalküche hat seinen Ursprung in der Resteverwertung. Das war in allen Landstrichen nicht nur für die ärmeren Leute eine Unumgänglichkeit, sondern wurde ganz selbstverständlich auch in wohlhabenden Haushalten praktiziert. Daß aus diesem sparsamen Verhalten wahrhaft köstliche Rezepte entstanden sind und dabei noch sorgsam mit den Produkten der Natur umgegangen wurde, wissen wir heute langsam wieder zu schätzen. Nach dem Zweiten Weltkrieg, mit dem wirtschaftlichen Aufschwung, einer gewissen Bereitschaft zur Verschwendung und schließlich der Zeit der Nouvelle Cuisine wurde die einfache oder

Resteküche allmählich so exotisch wie das Zubereiten von Innereien. Mit dem Wiederentdecken alter Rezepte, der *Slow Food*-Bewegung, aber auch mit dem Steigen der Lebensmittelpreise mag sich so mancher an die klugen, guten Rezepte erinnern, die aus einem Essen gleich drei weitere machen.

Wurde früher geschlachtet, wurden so gut wie alle Teile des Tiers verwendet. Aus den geleehaltigen Knochen wurde die Knöcherlsülze gekocht, die ganz nebenbei ein richtiger Resteverwerter ist, weil darin Eischeiben, Bratenreste oder Essiggurken eingelegt werden. Aus Blut und Leber wurden die herzhaft feinen Blut- und Leberwürste, die eine Delikatesse sein können. Aus Hirn wurde Hirnwurst vulgo Gelbwurst (heute ist darin kein Hirn mehr enthalten, auf Grund der BSE-Gefahr), aus der Milz die Milzwurst, die zu Kartoffelgurkensalat ein Schmankerl ist, aus Lunge das Züngerl bzw. in Wien das Beuscherl, ein süßsaures Essen, das mit einem weiteren Restekünstler gegessen wird: dem Semmelknödel. Altbackene Semmeln wurden in Bayern, Thüringen und Österreich nicht einfach ans Vieh verfüttert oder gar weggeworfen, sondern in einem Papier- oder Leinsack trocken gesammelt. Mit gerösteten Zwiebeln, Eiern, Petersilie und Milch ließ sich aus den Brotkanten ein wunderbarer »Batz« rühren, der zu Knödeln mit ungeheurer Saugkraft geformt wurde und gekocht zu gehaltvollen Soßen aller Art paßt, Schwammerl inbegriffen.

Auch die Krautwickel, die in früheren Zeiten in den seltensten Fällen Fleisch, sondern Kartoffeln, ein bißchen Speck und Gemüse enthielten, sind Ergebnisse der Resteküche, denn die äußeren, etwas bockigeren Blätter der Kohlköpfe konnten so als eßbare Verpackung verwendet werden, während das zarte Innere des Kohls zu Weißkrautsalat oder ähnlichem wurde. Scheiterhaufen, jene süße Sünde aus Semmel- und Brotresten, Schmand, Eiern und Butter ist ein Resteessen, das geschmacklich kaum zu toppen ist.

Aufläufe und Eintöpfe sind auch heute noch klassische Resteverwerter, schließlich kann aus einem Berg gekochter Nudeln ein zauberhafter Pastaspaß *al forno* werden, oder aus jeder Menge nicht mehr ganz knackiger Gemüse ein Eintopf, der mit einer kräftigen Wurst, vielen Kräutern und Kartoffelresten zu einem deftigen Süppchen wird. Hühnerherzen, die heute gerne beim Anrühren von Tierfutter verwendet werden, haben nicht nur ein ausgesprochen delikates Aroma, sondern können richtig zubereitet eine zarte Versuchung auf Salat oder saurem Kartoffelgemüse sein.

Käsereste werden cremige Begleiter von Nudeln und Spätzle. Wurstreste von Fleischwürsten, Lyoner oder Regensburgern, Krakauern oder Käsekrainern können fein gewürfelt einen rassigen Wurstsalat ergeben, der neben Essiggurken auch Käsestückchen und vor allem Zwiebeln enthält.

Früchte, deren beste Zeit schon vorüber ist, rührt man am besten mit ein bißchen Zucker heiß und erhält so eine süßsaure Ergänzung zu Eis und Pudding. Butterreste zu Butterschmalz erhitzt werden ein hitzebeständiges Bratfett ergeben.

Dem Experimentieren ist eigentlich keine Grenze gesetzt. Grundsätzlich gilt es natürlich, auf die Haltbarkeit zu achten. So sind auch Reste sorgsam zu kühlen und rasch weiterzuverarbeiten. Resteküche heißt nicht, etwas lange aufbewahren und dann noch etwas daraus kochen, schließlich hatte man in früheren Zeiten keinen Kühlschrank und die Essensverwertung war eine Angelegenheit von wenigen Tagen. Daß man dabei auch Zeit spart – denn frisch kochen ist immer aufwendiger als Reste zu verwerten –, kommt uns heute in Zeiten der Doppelbelastung mit Familie und Arbeit sicher zugute.

Der Anker

Traditionen sind wie ein Anker.

Er bietet Sicherheit in stürmischen Zeiten.

Aber man kann ihn auch lösen, um Fahrt aufzunehmen

und neue Kontinente zu entdecken.

Lebensfeste

Taufe · Namenstag · Erstkommunion · Firmung · Konfirmation · Volljährigkeit · Ehejubiläen

Taufe

Ein Kind wird geboren, ein neues Leben beginnt. Viele Familien wollen dem Neuankömmling die Sicherheit einer religiösen Gemeinschaft mit auf den Weg geben und entschließen sich zur Taufe, jenem Sakrament des Glaubens, des Vertrauens, der Geborgenheit und der Führung. Mit der Taufe ist ein neues Mitglied in die christliche Gemeinschaft aufgenommen, die ihm beisteht und es schützt; gleichzeitig wird ein Wertekanon übernommen, der zur Lebensgestaltung eines Christen, einer Christin beiträgt.

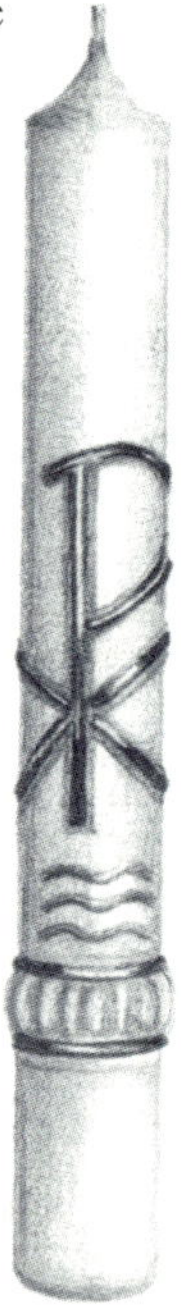

Menschen, die sich als Jugendliche oder im Erwachsenenalter zur Taufe entschließen, haben für sich bereits eine Wahl getroffen, sie wollen ihre Zukunft und ihren Glauben mit Hilfe der Kirche gestalten.

Die konkrete Taufvorbereitung ist von Gemeinde zu Gemeinde unterschiedlich. Eltern und Taufwillige, die sich zu diesem Schritt entschließen, werden in den zuständigen Pfarrämtern beraten.

Patenschaft

Für ein neugeborenes Kind, das durch die Taufe in eine Glaubensgemeinschaft aufgenommen wird, wählen die Eltern einen Taufpaten oder eine Taufpatin aus, die der Verwandtschaft oder auch dem Freundeskreis angehören. Man kann aber auch ohne solche religiöse Bindung Paten wählen.

Die Aufgabe des Paten, dessen Vorname früher dem Kind zumindest als zweiter Vorname mitgegeben wurde, besteht nicht allein darin, das Neugeborene bei der Taufe über das Taufbecken zu halten. Er übernimmt vielmehr gewissermaßen die Verpflichtung, dem heranwachsenden Menschen ein Freund, Berater und Helfer zu sein.

Im Hinblick auf diese Verpflichtungen werden sich die Eltern die Wahl des Paten nicht so leicht machen. Der Pate muß die Gewähr bieten, gewillt und in der Lage sein, seine Verpflichtungen zu erfüllen. Der erwählte Pate andererseits muß sich überlegen, ob er dazu bereit und imstande ist. Wenn er es nicht gern tut oder wenn die Familie des Kindes bzw. das Kind selbst ihm wenig bedeuten, sollte er besser ablehnen. Nur aus vorgeschobener Höflichkeit zuzustimmen und es dann mit einem wenn auch teuren Patengeschenk als erledigt anzusehen, wäre für ihn und das Kind beschämend.

Die Taufpaten haben die Aufgabe, den jungen Menschen mit Rat und Tat zu begleiten. Eine verantwortungsvolle Aufgabe, die sich nicht auf ein alljährliches Geldgeschenk beschränkt, sondern traditionell auch den Zweck hat, für das Kind zu sorgen, falls die leiblichen Eltern es nicht mehr können.

Tauffeier

Die anschließende Tauffeier sollte dem persönlichen Geschmack und dem Geldbeutel entsprechen, nicht zu vergessen, daß in der Regel der Täufling ein Säugling ist und Mutter und Kind eventuelle Rückzugsmöglichkeiten brauchen. In vielen gläubigen Familien gilt die Taufe als großes Familienfest, das gebührend im

Beisein der Paten, der Familienmitglieder und auch Freunden begangen wird. Dem Täufling wird ein würdiger Empfang bereitet. Das weiße Taufkleid symbolisiert Reinheit, mit der Taufkerze erhält es symbolisch das Licht Gottes, das ihm den rechten Lebensweg leuchten wird.

Taufspruch, Kerze und Taufkleid werden nach dem Fest aufbewahrt. Nicht selten wird dem Täufling ein Album aus Sprüchen und guten Wünschen, eventuell mit einem Patenbrief und Fotos bereitet, das ihn begleiten soll.

Namenstag

Es ist traditionell so, daß in protestantischen Regionen eher der Geburtstag, in katholischen Gegenden eher der Namenstag gefeiert wird. Der Namenstag schloß die Feier des Geburtstages nicht aus, hatte aber im christlichen Lebensraum früher ein stärkeres Gewicht. Heute hat sich diese Konvention weitgehend erledigt – fast alle feiern Geburtstag, der Namenstag ist völlig in den Hintergrund gerückt.

Unter Namenstag versteht man in der katholischen Kirche den Tag, an dem eines bestimmten Heiligen gedacht wird. Diese Tradition wurde ganz besonders in der Zeit der Christianisierung zum entscheidenden Merkmal gegen alles Heidnische und zeigte die Verbundenheit mit den Aposteln oder Heiligen, die durch den Kalender unvergeßlich wurden. Die Heiligenkalender der Kirche wurden so wichtiger als der Geburtstag selbst. Im Mittelalter wurde dem Täufling am Tag seiner Taufe, häufig der Tag nach der Geburt, der Name des Heiligen dieses Tages gegeben und ins Kirchenbuch eingetragen, nicht jedoch das eigentliche Geburtsdatum (so wurde beispielsweise Martin Luther am 11. November, am Martinstag, getauft).

Jungen und Mädchen, die im katholischen Glauben getauft sind, begehen im Alter von acht oder neun Jahren ihre Erstkommunion. Dieses heilige Sakrament ist ein Geschenk Jesu an seine Gläubigen, das die Sehnsucht stillen soll, ihm nahe zu sein. Als Jesus am Tage seines letzten Abendmahls im Kreise seiner Jünger das Brot brach und den Wein reichte, hat er alle Gläubigen zu einem Teil von sich gemacht. Die Erstkommunion ist die Einladung in die Gemeinschaft Gottes und Jesu, am rituellen Leben der Christen teilzunehmen.

Vor der Erstkommunion wird das Kind in einer Art Vorbereitungskurs auf das Ereignis vorbereitet und eingestimmt. Es steht bei dem Fest im Mittelpunkt, daher sollte es bei der Wahl der Gäste und der Ausgestaltung der Feier mitbestimmen können. Vor dem Festtag leitet ein gemeinsames Abendessen mit Gebeten das Ereignis ein. Ein festliches Frühstück nimmt ein wenig den Streß aus dem Tag, denn alle Kinder sind aufgeregt, schließlich sind heute alle Augen auf sie gerichtet. Am eigentlichen Festtag werden die Mädchen meist in weiße Kleider und die Buben in dunkelblaue Anzüge gekleidet. Vielerorts tragen sie Kommunionkerzen, der kirchliche Rahmen ist sehr feierlich, die Rituale sind festgelegt.

Der eigentliche Höhepunkt jeder Erstkommunion ist die Eucharistie. Das Wort kommt aus dem Griechischen und bedeutet Dankbarkeit – Dankbarkeit gegenüber Jesus, der sein Leben hingegeben hat, um Liebe und Glauben in die Welt zu bringen. In Form des Abendmahls wird die Eucharistiefeier begangen.

Nach dem Gottesdienst lädt die Familie zu sich nach Hause oder in ein Restaurant zum Essen ein. Die gemeinsame Mahlzeit ist Teil der Feier. Üblich sind an diesem Tag auch Geschenke, um die Feierlichkeit zu unterstreichen. Bei Geldgeschenken sollte das Kind einen kleinen Teil an bedürftige Kinder schenken, ideal, wenn Eltern mit gutem Beispiel vorangehen. Meist geschieht dies bei der abendlichen Dankandacht, die den Tag abschließt.

Firmung

Nach der Taufe, bei der das Kind Gottes Schutz, Segen und die Aufnahme in die Gemeinschaft der Gläubigen erhält, nach der Erstkommunion und der Verbundenheit mit Jesus, ist die Firmung das Sakrament, das den Weg ins Erwachsensein und in einen selbständigen Umgang mit dem Glauben weist. Bei der Firmung, die meist im Alter von zwölf bis vierzehn Jahren erfolgt, werden die Gaben des Heiligen Geistes verliehen. Mit ihnen sollen die Verbundenheit zur Kirche und der Glauben gestärkt, soll Orientierung bei der Sinnsuche gegeben werden. Im Handauflegen und Salben wird die Botschaft des Heiligen Geistes symbolisiert.

Auch die Firmung wird in einem feierlichen Rahmen begangen, meist nicht so üppig wie die Erstkommunion. Eigentlich endet an diesem Datum die Patenschaft, da jedoch das Amt lebensbegleitenden Charakter hat, ist eine Fortsetzung wünschenswert. Die Firmung erfolgt meist in einem Lebensabschnitt, der den Übergang von der Kindheit zum Erwachsenwerden kennzeichnet, und gilt daher volkstümlich auch als eine Art Initiationsritus.

Konfirmation

Die evangelische Kirche kennt neben der Taufe nur die Konfirmation. *Confirmare* – lateinisch *bekräftigen* –, hierin liegt die eigentliche Aussage des Festes, das endgültig die Dazugehörigkeit zur Gemeinschaft der Gläubigen bestätigt. Mit der Gewißheit, Teil einer Gemeinschaft zu sein, sollen junge Menschen Verantwortung für ihre Zukunft und die Zukunft der Welt übernehmen. Der Konfirmandenunterricht beschäftigt sich mit der Verantwortung und der Aufgabe, die man als gläubiger Christ übernimmt, sowie mit den Aufträgen, die uns von Gott und Jesus mitgegeben werden. Interpretationen des *Vater unser* und des *Glaubensbekenntisses* stehen im Mittelpunkt.

Feierlich und im Beisein von Verwandten und Freunden werden die Konfirmation und das erste Abendmahl begangen. Die Konfirmation, die in der Regel mit vierzehn Jahren erfolgt, stellt Fragen zum Leben und zur Zukunft. In der Regel ist ein Kind, das zur Konfirmation geht, getauft. Ist es nicht getauft, erfolgt diese Handlung am Ende des Konfirmandenunterrichts. Bei der Erwachsenentaufe kommt der Taufunterricht dem Konfirmandenunterricht gleich.

Wer konfirmiert ist, darf in allen evangelischen Gemeinden am Abendmahl teilnehmen, Pate werden, eine Nottaufe vornehmen oder bereits ab sechzehn Jahren an Wahlen zu ehrenamtlichen Kirchenämtern teilnehmen. All dies symbolisiert, daß mit der Konfirmation der junge Mensch in die Selbständigkeit entlassen wird, bei der ihm die Gemeinde zur Seite steht. Offiziell endet mit der Konfirmation auch die Aufgabe des Paten, aber jeder Heranwachsende wird dankbar für eine erwachsene Vertrauensperson sein, die ihn ein Leben lang begleitet.

Volljährigkeit

Mit der Volljährigkeit – in Deutschland und Österreich ab dem vollendeten achtzehnten Lebensjahr – gilt eine Person juristisch als erwachsen. Zwar endet der Einflußbereich der Eltern nicht automatisch mit dem achtzehnten Geburtstag – und die meisten Kinder wünschen sich das auch nicht –, aber ein Stück weit geht doch der Ernst des Lebens los.

Mit der Volljährigkeit sind nicht mehr die Eltern unterschriftsberechtigt, sondern der junge Erwachsene selbst. Er kann sich für die Schule selbst Entschuldigungen schreiben, darf Verträge unterzeichnen und bei der Bank über sein Konto verfügen. Das sind Möglichkeiten, aber auch Fallen, denen nicht jeder pünktlich zum achtzehnten Geburtstag gewachsen ist. Familien, die einen entspannten Umgang miteinander haben, werden dieses Datum nicht als Einschnitt sehen, der alles verändert, sondern als neuen, bereichernden Lebensabschnitt.

Nach der Volljährigkeit erhöht sich die Mobilität der Heranwachsenden – Reisen, eigene Wohnung, Ausbildung in anderen Städten. Eltern, die beizeiten eine Ausbildungsversicherung für ihr Kind abgeschlossen haben, werden sich nun über dieses Geld freuen, denn bis die Ausbildung abgeschlossen ist, können noch einige Jahre vergehen. Wer seinen Nachwuchs zu einem gesunden Umgang mit Geld erzogen hat, wird sich keine Sorgen machen müssen, daß die flügge gewordenen Kinder »draußen« gut zurecht kommen. Doch gilt auch in der Zeit nach dem achtzehnten Geburtstag natürlich weiterhin, was Grundsatz jeder Erziehung sein sollte: begleiten und zur Verfügung stehen, wo es gewünscht ist. Den jungen Erwachsenen Möglichkeiten geben, ihr Leben zu entfalten.

Da heute in der Regel Eltern und Kinder oft sehr entspannt miteinander leben und auskommen, geschieht nicht selten das, was man als »Hotel Mama« bezeichnet: Die Kinder bleiben einfach wohnen, wo es ihnen gut geht, auch weit über den achtzehnten Geburtstag hinaus. Nicht nur sind die Mieten in den Großstädten meist unerschwinglich, auch hat sich ein neues Familienverständnis entwickelt: Mit einem Auszug muß nicht mehr gegen die Übermacht der Eltern rebelliert werden; die Generationen haben eine Art Freundschaftsvertrag. Voraussetzung dafür ist, daß alle ihren finanziellen, sozialen und kommunikativen Beitrag leisten. Aber auch das kann in einer Familie, die vertrauensvoll miteinander umgeht, vorbereitet werden.

Ehejubiläen

Für die Ehepartner ist die jährliche Wiederkehr des Hochzeitstages ganz selbstverständlich ein Festtag, der mit kleinen Geschenken, einem Strauß dunkelroter Rosen (oder Lieblingsblumen) für die Frau und einer kleinen Feier *à deux* begangen wird. Geht die Ehe dann allmählich dem dritten Jahrzehnt entgegen, sind meist die Kinder schon so groß, daß der Hochzeitstag zu einem Fest im Kreis der Familie wird.

Silberne Hochzeit

Das fünfundzwanzigjährige Ehejubiläum vereint die Familie und noch lebende Eltern und Geschwister zu einer häuslichen Feier. Für die Kinder ist die Silberhochzeit ein Ehrentag der Eltern, und deshalb werden sie es sich nicht nehmen lassen, dieses Fest für ihre Eltern auszurichten. Der Tag steht ganz im Zeichen des

Silbers: Die Silberbraut trägt vielleicht Silberschmuck oder ein Kränzchen, und auch der Silberbräutigam trägt ein silbernes Myrtensträußchen am Revers. Auch die Festtafel ist mit Silber dekoriert. Durch Blumen und Festgeschenke wird das Paar geehrt; Freunde und Bekannte schicken zur silbernen Hochzeit Glückwünsche und Blumengrüße.

Goldene Hochzeit

Das fünfzigjährige Ehejubiläum ist eine Seltenheit – das Fest steht im Zeichen des Goldes: Golden sind Kranz und Myrtenstrauß des Jubelpaares. Kinder und Enkel erscheinen zur Gratulation, doch es ist kein allzu lautes Fest, denn nun ist das Jubelpaar schon hoch an Jahren und allzu großen Anstrengungen nicht mehr gewachsen.

Diamantene und Eiserne Hochzeit

Der sechzigste Tag der Eheschließung (diamantene Hochzeit) und das fünfundsechzigjährige Ehejubiläum (eiserne Hochzeit) sind sehr große Ausnahmen und Anlaß zu einem würdevollen Fest voller Dankbarkeit.

Was wir können

Wir sollten es suchen, wenn wir etwas vermissen.

Wir können es finden, wenn wir es suchen.

Wir können es leben, wenn wir es gefunden haben.

Wir können es lieben, wenn wir es leben.

Liebe

Die erste flüchtige Begegnung · Zeit für die Liebe · Sich selbst vergessen · Phantasie · Liebesbriefe · Verlobung

Angesichts zahlreicher moderner Beziehungsformen ist uns das, was die Tradition unter »Liebe« versteht, abhanden gekommen. Doch die Sehnsüchte sind weitgehend die alten geblieben, auch wenn man ihre Ausdrucksformen wie abgetragene Kleider ablegt. Aus den schmerzlichen Erfahrungen problematisch gewordener Liebesbeziehungen wächst noch immer der alte Wunsch nach Glück, unverfälschtem, nicht korrumpiertem, einzigartigem Glück.

Liebe enthält eine Art Hoffnung auf Schönheit und Vollkommenheit; ihre Energie erleben wir als unmittelbar wirklich. Darum nimmt Liebe im Leben eines jeden Menschen eine so zentrale Stellung ein: Sie kann durch nichts ersetzt werden. Sie ist wirksam, ob wir es wollen oder ob wir uns dagegen abzusperren suchen. Sie ist als Verlangen, als geheime Sehnsucht, als Begehren so direkt und elementar wirklich, daß es uns bisweilen erschreckt, weil wir in den höchsten wie tiefsten Augenblicken der Liebe nicht mehr uns selbst gehören.

Die erste flüchtige Begegnung

Die einmalige, flüchtige Begegnung führt zu nichts, wenn der Wunsch, einander kennenzulernen, einseitig ist, das heißt, wenn von der Gegenseite durch keinerlei Blick oder Lächeln angedeutet wird, daß eine »versuchte Annäherung« möglicherweise willkommen ist.

Ein Mädchen, eine Frau, die auf sich hält, kann einem ihr unbekannten, jedoch sympathisch erscheinenden Mann, dessen Aufmerksamkeit sie erwecken will, nur »so ganz von ungefähr« anblicken, vorzugsweise mit einem Ausdruck der Zerstreutheit. Gefällt sie ihm, so wird er nett und charmant zurücklächeln. Gefällt er ihr, so wird sie flüchtig zurücklächeln und gleich wieder wegsehen. Eine richtige Frau weiß intuitiv ganz genau, wie weit sie gehen darf, ohne sich etwas zu vergeben, und kann dabei doch den Mann wissen lassen, daß er ihr sympathisch ist.

Ein Mann, der sich für eine ihm unbekannte Frau interessiert, darf schon ihren Blick suchen und – wenn sich die Augen treffen – ein wenig lächeln. Erfolgt keinerlei Reaktion, so ist die Sache hoffnungslos und muß aufgegeben werden. Ein erstes brüskes Abwenden hat allerdings noch nichts zu sagen. Es kann sein, daß sie doch wieder hinschaut und – dann – lächelt.

Die früher so heikle Frage des »Ansprechens« ist längst entschieden. Zur traditionsbewußten Kontaktaufnahme gehören Charme und Geschick. Jeder Versuch einer plumpen Annäherung ist von vornherein zum Scheitern verurteilt. Vermieden werden sollten die inzwischen üblichen »Anmachsprüche«, aber auch die bekannten dummen Redensarten wie etwa »Haben wir uns nicht schon gesehen?« oder das ebenso ungeschickte »Unglaublich, wie ähnlich Sie meiner Schwester sehen!« Falsch wäre es auch, einen Kontakt in der selbstsicheren Art eines gewohnheitsmäßigen Herzensbrechers zu suchen. Altmodisch gesagt: Die Frauen lieben zwar Kühnheit, aber keine Frechheit. Und sie hassen Banalitäten.

Auch die direkte Frage »Können wir uns einmal wiedersehen?« gilt als plump. Erfolgt hierauf eine negative Antwort, so ist das jene »glatte Abfuhr«, der sich kein Mann aussetzen sollte. Viel besser ist es, sich erst einmal zu vergewissern, was für Interessen sie hat. Zeigt sie für gar nichts Interesse, so bedeutet das entweder, daß sie trotz ihres reizvollen Äußeren uninteressiert, also auch uninteressant ist, oder aber, daß sie die Anknüpfungstaktik des Mannes durchschaut und nichts von ihm wissen will. In beiden Fällen wendet sich der kluge Mann anderen Sternen zu.

Schwärmt sie aber von irgend etwas, was es auch sei, so gibt es sicherlich zufällig gerade einen Film, eine Ausstellung, ein Buch, ein Sportereignis, ein Konzert, das sie sich ansehen oder anhören müßte. Der Mann hat sich das (natürlich!) ohnehin vorgenommen und schlägt vor, zusammen dorthin zu gehen. Und schon ist in guter Manier etwas erreicht, was man eine »Verabredung« oder ein *Date* nennt.

Zeit für die Liebe

Wenn wir die Liebe zur »schönen Tradition« zählen wollen, dann eine bestimmte Form der Liebe – eben eine Form. Und gebildet wird diese Form von einem der inzwischen rarsten Stoffe überhaupt – der Zeit. Natürlich beschäftigen sich frisch Verliebte oft und ausgiebig miteinander, sie vergessen sogar die Zeit, sie verschwenden sie auf das köstlichste. Aber sobald die Anfangsenergie aufgebraucht ist, fallen sie oft – jeder für sich – in die Routine eingeschliffener Muster der Zeitvernichtung zurück. Sie haben vielleicht noch Gefühle füreinander übrig, aber Zeit immer weniger.

Zeit jedoch ist das erste und wichtigste, was man für eine Liebe aufbringen muß. Man braucht Orte, man braucht auch Phantasie sowie eine Neigung zum Verschwenderischen und Spielerischen, aber Zeit ist unabdingbar. Keine Zeit ist der größte Feind für die Liebe, Zeitmangel die häufigste Ursache dafür, daß Wechsel die Bindung, Leere das Erfülltsein, Enttäuschung das Glück ersetzt. Zeit für die Liebe, Zeit, Gespräche zu führen, Briefe zu schreiben, spazierenzugehen, zu betrachten, zu verweilen und sich zu erinnern: alles, was unser unerhörtes, oft überhörtes besseres Selbst aus dem Dunkel in die Helle des Bewußtseins bringen könnte.

Sich selbst vergessen

Eine zweite schöne Tradition in der Liebe ist, sich selbst zu vergessen. Liebe ist ein Vergessen aller anderen Interessen, zumindest zeitweise, ist Selbstsucht und Hingabe zugleich. Und da in der Liebe bekanntlich gerade der höchste Selbstgenuß der Persönlichkeit liegt, kann man die Liebe nicht aufgeben, ohne sich selbst aufzugeben. Der Liebende möchte mit seiner ganzen Persönlichkeit in der geliebten Person aufgehen; in der Liebe versinkt sein natürlicher Selbsterhaltungstrieb. So ersehnt die Liebe etwas, womit sie die engen Grenzen der Persönlichkeit überspringt. In den Augenblicken der Verzauberung, in denen zwei Menschen durch die Magie der Blicke zusammengeschlossen werden, in denen im selben Atemzug einer das Leben des anderen trinkt – in solchen ekstatischen Augenblicken ahnen die Liebenden, daß diese Verzauberung, diese Relativierung ihrer Persönlichkeit das eigentliche Wunder ist, das ihnen geschieht.

Phantasie

Die dritte schöne Tradition der Liebe ist die Phantasie. Laß dir etwas einfallen, anders geht es nicht. In der Liebe wird die Phantasie nicht weniger in Anspruch genommen als das Herz, und gewöhnlich ist es die Phantasie, die zuerst verwundet wird.

Denn wer wirklich liebt, betet immer einen Traum an, der sich in einem bestimmten Menschen zu verkörpern scheint. Und der Traum entspricht nie der Wirklichkeit, immer der Phantasie. Und die Phantasie ist viel empfindlicher als das Herz.

Darum wird nirgendwo mehr Phantasie aufgebracht als in der Liebe. Ohne das Schöpferische, den kreativen Funken, der immer wieder etwas Neues, Überraschendes, Entzückendes hervorbringt, ohne diesen eigentümlichen Zauber wäre Liebe ganz und gar unerträglich, erstickende Fürsorge, flottes Triebleben, stete Klage über ein Zusehr oder Zuwenig an »Liebe«, das sich Frauen und Männer gegenseitig vorwerfen. Mit der Phantasie jedoch ist Liebe das Größte, das uns möglich ist, für Stunden nur oder für ein ganzes Leben.

Liebesbriefe

Einen Liebesbrief zu schreiben, ist eine der existentiellsten Äußerungen des Menschen. Ihn zu schicken, bedeutet, ein Lebenszeichen zu geben, ihn zu empfangen, beruhigt: Man schreibt mir, also bin ich. Und nichts kann selbst heute noch erotischer sein als ein Liebesbrief, mit Tinte auf Papier geschrieben, mit Herzklopfen in den Briefkasten gesteckt und ganz traditionell mit der Post geschickt.

»Ich liebe Dich, ich denke an Dich, Du fehlst mir« – selbst am Anfang des einundzwanzigsten Jahrhunderts, wo Telefon, E-Mail und SMS eigentlich an seine Stelle getreten sind, bleibt »der Kuß, der mit der Post geschickt wird«, wie es Victor Hugo ausdrückte, eines der Rituale der Liebe, nicht nur bei Schriftstellern. Franz Kafka jedoch war der Ansicht: »Geschriebene Küsse kommen nicht an.«

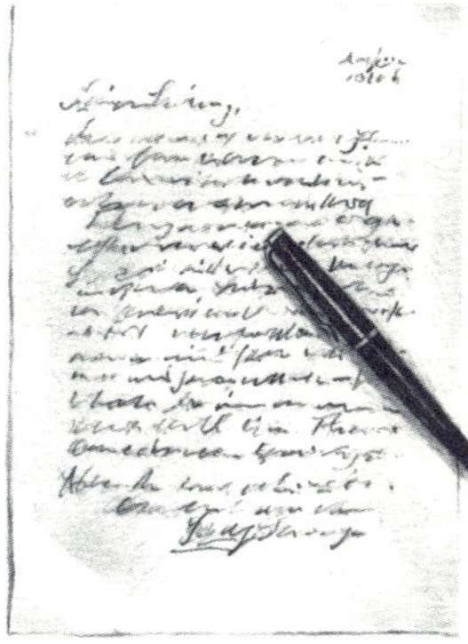

Vielleicht haben beide recht. Häufig beendet das Glück des Zusammenseins den Briefverkehr, und er setzt erst wieder mit einer Trennung ein. Ein Liebesbrief ist jedenfalls zumeist eine melancholische, ja traurige Sache: Nur Liebende, die getrennt sind, schreiben sich. Ihre Briefe geben daher oft die Angst, die Trauer über die Einsamkeit, den Schmerz über die Trennung wieder. Welche Bedrängnis, nicht zu wissen, wie es dem anderen ergeht.

So kommt es, daß viele Liebesbriefe Klage oder Trauer ausdrücken und meist mit der Hoffnung auf ein Wiedersehen enden. Selbst wenn Pläne geschmiedet werden und man sich in Träumen verliert: Das Geschriebene entsteht aus der Abwesenheit, aus der Leere, welche die Liebenden empfinden und die sie mit lautlosen Worten füllen möchten. Die Korrespondenz gibt der Liebe Nahrung, zeigt die Sehnsucht und steigert die Hoffnung.

Von Liebe zu sprechen, ist manchmal schwierig, über sie zu schreiben, ist es noch mehr, vor allem für Männer. Dabei hat jede Epoche ihren eigenen Stil, von den »Tränenströmen« und leidenschaftlichen »Treueschwüren« des achtzehnten Jahrhunderts bis zur meist direkten Form der Liebeserklärung unserer Zeit, die gleichwohl auf Poesie und Romantik nicht verzichten muß.

Briefe, die sich lesen, als wäre Liebe nichts weiter als ein kunstvolles Schema virtuoser Galanterie, dem man pflichtbewußt Ausdruck zu geben sucht, sind wertlos. Gefragt sind vielmehr Kardiogramme, echte Herztöne, Leidenschaften, die aufs Papier geworfen werden, durchaus auch das Rätselhafte, Betörende und auch Verstörende, das die Liebe ist, die in Briefen ihren persönlichen, ja intimen Ausdruck sucht.

Natürlich schreibt man im einundzwanzigsten Jahrhundert keine Briefe im Postkutschenstil mehr, wie man ja auch keine Renaissancepaläste, Rokokopavillons und Biedermeierlusthäuschen mehr baut. Man verfaßt auch selten Berichte über Ereignisse, die ohnedies in allen Zeitungen zu lesen sind – woraus früher der Hauptteil aller Briefe bestand. Langwierige Betrachtungen, weitschweifige Ergüsse, umständliche Bekenntnisse, überhaupt das Ringen um Gefühle – das alles gehört der Vergangenheit an.

Heute ist der Liebesbrief vom Aussterben bedroht, man tippt sich allenfalls SMS-Nachrichten in Kürzeln zu oder läßt in den Universen digitaler Kommunikation E-Mails laut- und formlos auf uns zu- und wieder wegrauschen.

Doch die Lust, Briefe mit der Hand zu schreiben, lebt wieder auf. Denn der Liebesbrief als ein impressionistisches Kunstwerk ist in dieser Form noch immer unersetzbar – ein Liebesbeweis, eine Skizze von Stimmungen, eine irritierende Folge von Beschwörungen, Beichten, Verzweiflungen, Betörungen, deren Glanz auch uns heute noch anzusprechen, ja zu berühren vermag.

Liebesbriefe müssen – wollen sie authentisch sein – echte Zuneigung spiegeln, verzweifelte Hoffnung, dramatische Kommunikation. Wer kann einen Liebesbrief verstehen außer dem Menschen, an den er gerichtet war, wenn überhaupt einer? Nichts ähnelt dem Gefühl der Spannung und der berühmten »Schmetterlinge im Bauch«, wenn man einen Liebesbrief aus dem Postkasten zieht und ihn mit flatternden Händen und wie wild klopfendem Herzen öffnet.

Zu dem, was das Herz diktiert, ist natürlich nichts zu sagen. Daß zu überschwengliche Briefe manchmal nicht entflammend, sondern abkühlend wirken, sollte jedoch zu denken geben. In England sagt man, auch in einen Liebesbrief gehöre nichts, was man nicht zehn Jahre später vor Gericht laut vorlesen kann. So weit muß die Vorsicht nicht gehen, doch wir sollten wissen, daß zu Papier gebrachte Bitten – »Laß diesen Brief nicht herumliegen!« oder »Vernichte diesen Brief sofort« – nur selten befolgt werden. Schreiben Sie einfach, was Sie fühlen, dann wird ein Liebesbrief authentisch sein, ein Spiegel Ihrer Persönlichkeit. Ein freundliches Kompliment, eine charmante Übertreibung, eine freche Frage, wo man Gewißheit sucht – das gibt dem Liebesbrief das erotische Aroma.

Verlobung

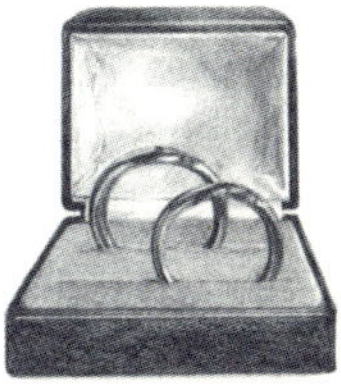

Die Verlobung ist völlig aus der Mode gekommen. Trotzdem soll an einige Formen erinnert werden, weil in ihnen durchaus eine gewisse Poesie zum Ausdruck kommt.

Die Verlobung *kann* zunächst nur als »heimliches Verlöbnis« und »Einander-versprochen-Sein« behandelt werden, das sich nur im engeren Freundeskreis herumspricht, um dann später – wenn schon der Hochzeitstermin feststeht – bekannt gemacht zu werden.

Verlobungsanzeigen

Es ist nicht nötig, Verlobungsanzeigen zu verschicken, zumal dann nicht, wenn die Hochzeit bald folgen wird. Aber bei Menschen, die viele Freunde haben oder gesellschaftlich sehr im Mittelpunkt stehen, kann es immer noch üblich sein. Stehen die Verlobten schon auf eigenen Füßen, so geben sie ihre Verlobung selber bekannt; lebt die Braut noch im Haus ihrer Eltern und werden Verlobung und später auch Hochzeit von den Eltern ausgerichtet, so werden diese vermutlich Wert darauf legen, die bevorstehende Eheschließung anzuzeigen. Das kann gemeinsam mit den Eltern des jungen Mannes geschehen, aber auch allein. Wer eine Verlobungsanzeige erhält, muß natürlich Glückwünsche schicken – an den Bräutigam, wenn er mit ihm befreundet ist, an die Braut, falls er sie besser kennt. Einer völlig unbekannten Braut ließ man sich früher nur »empfehlen«. Kennt man beide, dann gratuliert man ihnen gemeinsam, adressiert die Glückwünsche aber an denjenigen, den man am besten kennt.

Zeit der Verlobung

Von nun an werden die Verlobten immer gemeinsam eingeladen und nehmen als Paar an gesellschaftlichen Veranstaltungen teil. Bei Tisch werden die Jungverlobten sogar anfangs nebeneinander gesetzt. Sie gehen jetzt auch nicht mehr einzeln zu turbulenten Festen oder Faschingsbällen. Der wohlerzogene Bräutigam enthält sich jeden Flirts mit einer anderen Frau, und die Braut vermeidet es, sich in Begleitung anderer Männer sehen zu lassen.

Entlobung

Wird eine Verlobung gelöst, so gibt man das natürlich nicht öffentlich bekannt. Die Leute erfahren es ganz gewiß auch so. Allgemeines Gerede darüber ist nicht zu vermeiden. Man kann es nur dadurch einschränken, daß die Entlobten ihren Freunden kurz und zurückhaltend mitteilen: »Wir haben eben doch erkannt, daß wir in wesentlichen Auffassungen zu verschieden sind.« Unter keinen Umständen darf die Schuld auf eine Person geschoben werden, auch wenn die »Schuld« noch so überwältigend und ausschlaggebend war. Ein Gentleman nimmt sie ganz auf sich, da eine Entlobung für ein junges Mädchen immer peinlicher ist als für einen Mann.

Was Tradition sein soll

Tradition bedeutet nicht, auf ein und derselben Stufe

zu verharren oder der Urteilskraft ein Ruhekissen zu geben.

Tradition soll ein Sprungbrett sein, eine Antriebskraft.

Eine Fahrkarte ins Glück.

Manieren

Wandel der Umgangsformen · Die Grundlagen der Manieren · Höflichkeit

Gute Manieren haben einen realen Wert, sie sind stets gefragt. Dabei sollten wir unterscheiden zwischen Takt, Benehmen und Etikette. Der Takt, also die guten Manieren des Herzens, steht an erster Stelle, die Etikette als Form an dritter Stelle. Selbst der schlimmste Formfehler wiegt nämlich weniger schwer als die gedankenlose Herzensschlamperei.

Gute Manieren, durch die Achtung vor den Mitmenschen ausgedrückt wird, sind dem Menschen nicht angeboren, sondern ein Kultur- und Erziehungsprodukt. Niemand, auch nicht der überzeugte Individualist, kann sich den Gebräuchen, Gesetzen und Spielregeln entziehen, die sich im Zusammenleben der Menschen herausgebildet haben.

Wir leben so dicht beieinander, daß es ohne gegenseitige Rücksichtnahme unmöglich wäre, zu existieren. Gute Manieren in Alltag und Geselligkeit zu beweisen, ist nicht nur eine Frage der Kultur oder Ethik, es ist äußerst nützlich. Die äußeren Zeichen gegenseitiger Achtung sind für den einzelnen zu seinem eigenen Wohl.

Selbst die beste Beherrschung der geltenden Anstandsregeln bleibt eine reine und kühle Formsache, wenn dieses äußerliche Verhalten nicht gleichzeitig auch erfüllt ist von der echten Achtung gegenüber der anderen Persönlichkeit. Der einfache Wille, dem Mitmenschen angenehm zu sein und ihm alles so erfreulich wie möglich zu gestalten, muß vorhanden sein. Sonst wird auch das gewandteste Auftreten sehr bald als Maske oder Masche erkannt und entsprechend abgelehnt.

Wirklich gute Formen sind eben nur der äußere Ausdruck einer anständigen Gesinnung.

Es besteht heute keineswegs ein Konsens über die guten Manieren. Sich formgerecht zu betragen ist keine Frage stilsicherer Selbstverständlichkeit mehr, sondern eine Frage wachsender Unsicherheit, »was sich gehört«.

Wandel der Umgangsformen

Wie schon der Name sagt, ist die »Höflichkeit« bei Hofe entstanden und die Ritterlichkeit im Kreise der Ritter. Die »guten Umgangsformen« waren zunächst auf die Fürstenhöfe und den gehobenen Adel beschränkt. Das gemeine Volk und auch die Raubritter pflegten einen derberen Umgangston. Erst im Laufe der Zeit – und zwar reichlich spät – hat sich dann die Kenntnis und der Gebrauch von höfischen Sitten und ritterlicher Art im Bürgertum durchgesetzt. Und erst vor hundertfünfzig Jahren erreichte es auch das sogenannte Kleinbürgertum. Daß die gehobenen Umgangsformen, die »guten Manieren« also, heute für alle Bürger erreichbar sind, kann als eine der großen sozialen und kulturellen Errungenschaften gelten.

Nachdem die noch vor wenigen Generationen sehr spürbaren Grenzen zwischen den Klassen gefallen und die sozialen Schichten durchlässiger geworden sind, ist es Menschen jeglicher Herkunft gestattet, ein Leben zu führen, in dem ganz zwangsläufig die entsprechenden Umgangsformen gefordert werden.

Dieser Ausbreitung auf früher nicht erfaßbare, ganz neu entstandene Kreise haben die guten Manieren mit ihren Regeln weitgehend Rechnung tragen müssen. Vieles, was einst Spezialwissen war, ist heute Allgemeingut. Ein Blick zurück: Früher war die große Wohnung mit einem Salon oder zumindest einer »guten Stube« unerläßlich, wollte

man formgerecht Besuche empfangen. Zumindest ein dienstbarer Geist, besser jedoch ein gut geschulter Stab von Personal war erforderlich, um den Rahmen zu haben, am »gesellschaftlichen Leben« teilzunehmen. Die Vorschriften der Garderobe, wie sie damals gültig waren, bedingten nicht nur einen sehr kostspieligen Aufwand an verschiedenster Kleidung – die ständige Umzieherei zu allen möglichen Gelegenheiten erforderte auch viel Zeit.

Heute haben selbst wohlhabende Leute aus begreiflichen Gründen keine große Wohnung mit Gesellschaftsräumen und mit viel Personal. Große Diners und festliche Essen sind zur Seltenheit geworden. Geselligkeit spielt sich unter Freunden eher in der Küche ab, wo man sogar gemeinsam kocht. Höflichkeitsbesuche und Anstandsvisiten sind vollständig von der Bildfläche verschwunden, Visitenkarten überreicht man – wenn überhaupt – nur noch im Geschäftsleben. Anforderungen oder gar Vorschriften an die Garderobe bestehen nicht mehr, selbst die einst so starre Rangordnung bei der Platzeinteilung am festlich gedeckten Tisch ist aufgelockert und wird zwangloser gestaltet (wenn es hier auch durchaus noch Aspekte gibt, die beachtet werden sollten).

Der kultivierte Lebensstil ist erheblich unkomplizierter geworden. Doch die nachlassende Aufmerksamkeit gegenüber den »schönen Traditionen«, der Wandel in den so zeitgemäß angepaßten guten Manieren hat das gesellschaftliche Leben auch um jenen gewissen Zauber gebracht, der früher dem Zusammenspiel zwischen Dame und Herr eigen war. Die alte *Courtoisie* ist nahezu vollständig verschwunden, der Charme des leichten, unverbindlichen Flirts wird kaum noch verstanden. Die Umgangsformen sind kunstloser, direkter, unmißverständlicher geworden; Nuancen und Andeutungen werden nicht mehr geschätzt.

So sehr man es aus sozialen Gründen begrüßen muß, daß die exklusive Oberschicht alter Zeit ihre beherrschende Stellung verloren hat, so fehlt damit doch jenes »Leitbild«, das tonangebend war und nach dessen Verhalten man sich in Zweifelsfragen richten konnte. Niemand will zu den Zeiten zurück, in denen ein Hofmarschall einen sich ungehörig benehmenden Menschen in seine Schranken wies, ein Flügeladjutant das tänzerische Aufgebot regelte und eine mit allen Wassern gewaschene Erzieherin dem Nachwuchs zeigte, wie die Kinderstube zu funktionieren hat. Wir müssen uns heute weitgehend selbst beibringen, was gute Umgangsformen sind. Entsprechend groß ist die Unsicherheit. Aber auch die Chance, nicht etwas ungefragt zu übernehmen, nur weil es *comme il faut* ist, sondern sich etwas wirklich anzueignen.

Die Grundlagen der Manieren

Setzen wir voraus, daß wir alle nette, angenehme, liebeswürdige Menschen sind, um deren Gesellschaft sich die anderen reißen. Mehr als drei Grundlagen der Manieren bedarf es im Grunde nicht, um in der Gesellschaft zu glänzen und sich stilvoll zu benehmen. Wir zeigen sie hier am Beispiel der Familie auf.

- Die guten Manieren sind nicht – wie vielfach fälschlich angenommen wird – eine Sache, die man anlaßbezogen hervorholt wie das Sonntagskleid oder den besseren Anzug (die im übrigen unter dem heutigen Diktat des *casual look* auch weitgehend verschwunden sind). Sie müssen angewachsen sein wie die Haut, die unter dem Kleid und dem Anzug steckt. Sie müssen in Fleisch und Blut übergangen sein – und nicht nur daheim in der Familie gelernt, sondern auch daheim in der Familie angewendet werden.
- Jeder Mensch für sich muß sich manierlich betragen. Nur so erhält er seine Selbstachtung. Nur so vermeidet er die irrige Vorstellung, es sei gleichgültig, wenn er sich gehen läßt. Wenn es sich für ihn sel-

ber nicht lohnt, sich anständig zu benehmen, ist es bis zu dem Punkt, wo es sich dann auch für den Ehepartner oder die engste Familie »nicht mehr lohnt«, nur noch ein kurzer Schritt. Kurz, aber schwerwiegend.

- Die Familie ist der Personenkreis, mit dem man am häufigsten und längsten zusammen ist. Es ist nicht gleichgültig, was sie von einem denkt. Es ist im Gegenteil am allerwichtigsten. Wenn uns an ihrem Urteil nichts läge, so bewiese das, daß wir sie nicht genügend achten, daß der Respekt fehlt.

Wer diese Grundmanieren im familiären Zusammenleben intus hat, der braucht sich keine gesellschaftliche Form zurechtzusuchen. Er braucht vor Fremden, auf die es ihm in einem oberflächlichen Sinn »ankommt«, nicht plötzlich ruckartig einen »anderen Gang« einzuschalten. Dadurch bleibt er auch vor etwas sehr Belastendem und Unangenehmem bewahrt: der Unsicherheit. Was ein Leben lang sitzt wie das kleine Einmaleins, ist ein kaum zu unterschätzender Vorteil. Natürlich läßt sich einiges auch später noch in Kursen und »Benimmschulen« lernen, doch es dauert seine Zeit, bis das Gelernte so in Fleisch und Blut übergegangen ist, daß man an Manieren und Etikette keinen Gedanken mehr verschwenden muß.

Höflichkeit

Doch es sind nicht nur die berühmten Eß- und Tischmanieren, bei denen es um die Frage geht, ob sich Manieren lohnen oder nicht. Heute leben die Menschen auf so engem Raum, daß es geradezu unerläßlich ist, sich eine manierliche und höfliche Art anzugewöhnen.

Höflichkeit kostet nichts. Es ist unfair zu behaupten, nach dem Streß des Tages zu müde und erschöpft zu sein, um noch Rücksicht auf andere nehmen zu können. Manierlich zu sein braucht wohl kaum mehr Zeit als unmanierlich zu sein.

Es kostet überhaupt nichts, »bitte« und »danke« zu sagen oder das berühmte Zauberwort »leider«. Es kostet auch nichts, Rücksicht zu nehmen, leise zu sein, zu lächeln statt stets grimmig zu schauen, sich angelegentlich nach dem Befinden zu erkundigen, Komplimente auszusprechen, zu loben und Tadel zu unterdrücken, kleine Nachlässigkeiten zu übersehen statt sich über Nichtigkeiten aufzuregen und mit dem Ego die große Welle zu machen, liebenswürdig zu bleiben und damit den Schlüssel zur Gefälligkeit des anderen in der Hand zu haben. Die Feinheiten der Wohlerzogenheit wiegen weitaus mehr als oberflächlicher Schliff oder der vordergründige Gewinn, der mit Ironie, Sarkasmus und Zynismus zu erzielen ist.

Durch Liebenswürdigkeit und Höflichkeit wird der Alltag nicht erschwert, sondern verschönt. Einer Dame die Tür aufzuhalten, ihr schwere Tabletts abzunehmen, ihr in den Mantel zu helfen – das macht schon den »feinen Unterschied« zum egalitären Vorwand, der doch nichts anderes ist als kaschierte Rücksichtslosigkeit. Hier ist das Vorbild alles, auch gegenüber den Kindern. Geschliffene Verbindlichkeiten sind unter Halbwüchsigen nicht zu erwarten, doch die Ansätze zu gegenseitigem Verständnis zu fördern, damit beginnt alles. Kinder sollen nie denken oder äußern dürfen: »Das ist ja bloß meine Schwester!« Ohne daß man sich verstellen oder Kritik stets herunterschlucken muß, sollte doch stets das Gesicht innerhalb der eigenen Familie gewahrt werden.

Gerade die »Streitkultur« in einem Haus muß von Höflichkeit geprägt sein. Wer, um auf seinem Recht zu bestehen, in Gegenwart anderer streiten, schimpfen, ja sogar brüllen zu müssen meint, hat keine Autorität und wird es schwer haben, sich Gehör und Respekt zu verschaffen. Er vermittelt seinen Kindern nur Unsicherheit und Zweifel, erzieht sie jedoch nicht zur Kritikfähigkeit.

Es mag nicht immer leicht sein, auch vor Außenstehenden, Beobachtern und Gästen Herz und Gesittung zu zeigen und die Einheit der Familie zu demonstrieren. Ein Grundgesetz der Höflichkeit jedoch besagt: Kinder sollten vor Dritten nicht bloßgestellt oder kritisiert werden. Solches Verhalten bringt den Besuch nur in Verlegenheit und noch mehr das »vorgeführte« Kind. Und man sollte sich auch gegenseitig nicht bloßstellen oder den anderen ins Unrecht setzen. Zusammengehörigkeit verpflichtet, Schweigen ist oft die bessere Strategie als vermeintliche Offenheit, auch bei durch Zwist aller Art anfälligen Familienfeiern.

Kleine Wörter der Höflichkeit

Es gibt Menschen, die von Natur aus höflich und liebenswürdig sind. Sie können auf die charmanteste Art »bitte« sagen, sie können auf die netteste Weise grüßen, und wenn sich jemand bei ihnen entschuldigt, dann nehmen sie die Entschuldigung so liebenswürdig entgegen, als müsse nicht der andere, sondern sie selbst sich entschuldigen. Höfliche und nette Menschen genießen überall Sympathien. Sie haben es leicht im Leben und verfügen meistens über die besseren Chancen.

Höflichkeit ist aber im wesentlichen eine Frage der Erziehung, nicht zuletzt auch der Selbsterziehung. Sie beginnt bei den einfachen Wörtchen »bitte schön« und »danke schön« und achtet auch auf den Tonfall, mit dem sie ausgesprochen werden. Denn auch das Wort »bitte« kann wie ein Kommando klingen. Der höfliche Mensch leitet jede Bitte oder jeden Wunsch mit einem liebenswürdigen »bitte« ein, das tut er auch, wenn er eigentlich fordern oder befehlen könnte, ein Chef zum Beispiel oder ein Vorgesetzter. Schon früh sollten wir Kinder an einen höflichen Umgangston gewöhnen, indem wir freundlich »danke« sagen, wenn sie einer Bitte nachgekommen sind.

Höflich grüßen

Eine liebenswürdige Geste höflicher Menschen ist der freundliche Gruß, der jedermann gilt. Ein nachlässiger oder nur widerwillig erwiderter Gruß bringt uns in den Ruf eines schlecht erzogenen Menschen, der nicht einmal die einfachsten Regeln des guten Benehmens beherrscht. Sicher wird man mit jedem Gruß etwas anderes auszudrücken suchen, zum Beispiel Freude darüber, daß man den anderen sieht, Achtung oder Wohlwollen.

Höflich entschuldigen

Höfliche Menschen sind jeden Augenblick bereit, älteren Herrschaften oder Damen den Vortritt zu lassen, beim Einsteigen in Verkehrsmittel zu helfen und ihnen zuvorkommend den eigenen Sitzplatz anzubieten. Und wenn sie versehentlich jemand anstoßen, unterlassen sie nicht, sich durch ein höfliches »Verzeihung« oder »entschuldigen Sie bitte« für ihr Versehen zu entschuldigen. Wer selbst einmal auf den Fuß getreten und dafür um Entschuldigung gebeten wird, poltert nicht los: »Mensch, passen Sie doch auf« oder ähnlich, sondern sagt so freundlich »bitte«, als wäre nichts geschehen.

Pünktlich sein

Unpünktlichkeit, die nicht entschuldigt wird, gilt als Rücksichtslosigkeit und Unhöflichkeit. Auch abgedroschene, lahme oder nichtssagende Entschuldigungen gelten als unfein. Jede Minute Verspätung wird zu einer Taktlosigkeit. Eine Dame läßt man auf keinen Fall warten, man ist mindestens fünf Minuten vor der vereinbarten Zeit an Ort und Stelle. Wer sich verspätet, ruft zumin dest an und gibt einen stichhaltigen Grund an, der zu überzeugen vermag. Verspätet man sich bei einer Einladung zum Essen, schildert man sein Mißgeschick am Telefon und bittet, mit dem Essen auf alle Fälle schon zu beginnen.

Alles in allem gilt: Höflichkeit ist vor allem Freundlichkeit, Rücksichtnahme, Achtung vor dem anderen, Hilfsbereitschaft und Pünktlichkeit.

Nachbarschaft

Begrüßung neuer Nachbarn · Umgang mit den Nachbarn · Nachbarschaftsfeste · Nachbarschaftshilfe

Begrüssung neuer Nachbarn

Wer kennt nicht die Situation: Man ist gerade in ein neues Haus gezogen, die Kisten sind noch nicht ausgepackt, und schon hat man das Gefühl, von allen Seiten beobachtet zu werden. Das ist ganz natürlich: Jeder möchte gerne wissen, neben wem er wohnt, schließlich ergibt sich dadurch eine Nähe, die niemand geplant hat. Um so sinnvoller, wenn man bereits Tage vor dem Einzug an die Nachbarn freundliche Kärtchen verteilt, mit dem Hinweis, daß es am soundsovielten etwas lauter werden könnte, da die Möbelwagen anrücken. Jeder wird das verstehen und den kleinen Hinweis als Rücksichtnahme werten. Selbstverständlich sollte man auch dafür sorgen, daß ein Umzug so wenig störend wie möglich erfolgt, gute Umzugsfirmen sind darauf eingestellt und legen Treppenhäuser, Parkett und Eingangsbereich mit Filzmatten aus. Das dämpft den Tritt und schont Material und Nerven.

Den Einzug in eine neue Wohnung bereits in den ersten Tagen mit einem rauschenden Fest zu feiern, ist sicher kein eleganter Weg, sich in die Herzen der Nachbarn zu spielen. Selbst die kumpelhafte Aufforderung an alle Hausbewohner, sich dem Fest anzuschließen, wird nicht vermeiden, daß so mancher bereits Minuszeichen auf das Nachbarschaftskonto gezeichnet hat. Um wie viel charmanter ist ein kleiner Antrittsbesuch mit Blumen oder einer Flasche Wein, die man an der Tür zusammen mit der Nennung des Namens und dem Wunsch »Auf gute Nachbarschaft!« abgibt. Stilvoll ist es, sich nach der Hellhörigkeit der Wohnungen zu erkundigen, denn ganz ohne Absicht kann es gerade in puncto Lärm zu Unstimmigkeiten kommen. Da man allerdings nie weiß, wie sehr man einmal auch auf den *good will* seiner Nachbarn angewiesen ist, empfiehlt es sich, die Reibungen so gering wie möglich zu halten. Eine offene Begrüßung ist in jedem Fall ein guter Start in einer neuen Hausgemeinschaft.

Umgang mit den Nachbarn

Das Gros aller zivilrechtlichen Auseinandersetzungen, die vor Gericht ausgetragen werden, sind Nachbarschaftsstreitereien – so die traurige Bilanz der letzten Jahre. Ob Bagatelle oder Fehde – Nachbarsein will gelernt sein, und man hat sich im seltensten Fall seine Nachbarn ausgesucht. Eine offene, tolerante Haltung macht da doch vieles leichter, Mißtrauen und Vorurteile hingegen versperren den friedlichen Weg. Wer permanent das Dröhnen der nachbarlichen Stereoanlage ertragen muß, wird sich sicherlich schwer tun, gelassen zu bleiben. In solchen Fällen sind ein offenes Gespräch, eine Einladung, sich die Geräusche mal von der Seite des Nachbarn anzuhören, sicher ein gangbarer Weg; eventuell kann man sich auf Zeiten einigen, die beide Interessen vereinen. Stößt man bei so viel Kompromißbereitschaft auf taube Ohren, sollte man dennoch nicht sofort den Anwalt einschalten, denn in der Regel ist dann ein Rückweg zu einem gelassenen Umgangston eher schwierig. Eventuell kann man sich mit anderen Mitbewohnern beraten, auch ein gemeinsam verfaßter Brief kann die Wende bringen.

Wie viel öfter allerdings werden Nachbarn Freunde. Gerade die unmittelbare Nähe, die Begegnungen im Treppenhaus, das Aufhalten von Türen und das berühmte Blumengießen, wenn man mal verreist ist, bringen über die Zweckgemeinschaft hinaus so manche feste Freundschaft hervor. Ob man sich mit Lebensmitteln aushilft oder das Päckchen des Nachbarn annimmt, ob die Kinder wie selbstverständlich zwischen den Wohnungen hin und her laufen oder die Kanarienvögel der Nachbarin gefüttert werden müssen – ohne Nachbarn geht es nicht, ja soll es auch nicht gehen. Leider ist die Anonymität vieler Häuser oder Städte nicht dazu angetan, ein enges nachbarschaftliches Verhältnis zu fördern, doch gerade hier sollte ein soziales Netz aufgebaut werden, das für den Notfall nützt und in guten Zeiten ein angenehmes Grundrauschen verursacht.

Dauerklingelnde Nachbarinnen, die vor Neugierde platzen, wenn man einmal Besuch hat, zeigen die nervende Seite enger Nachbarschaft. Hier muß man sich mit Diplomatie und Freundlichkeit den nötigen Abstand verschaffen.

Nachbarschaftsfeste

Kaum ein Ereignis hilft schneller und erfreulicher, Schranken abzubauen oder Neugierde zu befriedigen, wie ein Nachbarschaftsfest. Alle haben den gleichen kurzen Weg, Bierbänke und -tische werden in den Hof geschoben, und jeder bringt mit, was er sonst alleine gegessen hätte. Dabei sitzen dann eventuell die alte Dame aus dem Erdgeschoß und die Studenten-WG nebeneinander und stellen fest, daß sie mehr Ähnlichkeiten haben als gedacht. Die Einsamkeit der Seniorin läßt sich eventuell mit ein paar Stunden Kinderbetreuung beheben, und die Prüfungsangst des jungen Doktoranden verfliegt, wenn er gelegentlich mit einem Stück Apfelstrudel beglückt wird, den die alte Dame jeden Freitag bäckt und der das Haus mit Vanilleduft erfüllt. Vielleicht feiern auch die Kinder des Hauses einmal ein Fest. Auch an Weihnachten werden die Türen oft geöffnet und man veranstaltet ein offenes Haus, in dem Gastfreundschaft groß geschrieben wird. In manchen Vierteln werden ganze Straßenfeste gefeiert, und so mancher, der isoliert lebt, kann Anschluß oder sogar Hilfe finden.

Vielleicht muß man auch nur einmal den ersten Schritt wagen und nicht immer warten, bis andere auf solch eine kommunikative Idee kommen. Selbstverständlich ist auch die Wohngegend ausschlaggebend, wie viel Nähe zugelassen wird. In einer Villengegend wird man mit dem nachbarlichen Verhältnis reservierter umgehen als in einem urbanen, »kreativen« Viertel. In jedem Fall sollte soviel Vertrauen und Nähe entstehen, daß das Thema Nachbarschaftshilfe kein Fremdwort bleibt.

Nachbarschaftshilfe

Ob Kinderbetreuung, *Cat sitting*, Altenpflege oder Einkaufsdienste, Putzstellen oder Nachhilfe – das soziale Netz, das in unmittelbarer Nachbarschaft aufgebaut werden kann, spart nicht nur Geld und Zeit, sondern sorgt in der Regel auch für ein ausgeglichenes Verhältnis innerhalb der Nachbarschaft. Eltern, die wissen, daß die Nachbarin am Babyphon auf die Kleinen aufpaßt, können sich einen entspannten Abend leisten, ohne vorher logistische Saltos machen zu müssen. Wer in der Nachbarschaft Handwerk- oder Technikfreaks hat, kann sicher sein, daß diese auch mal zu Zange und Hammer greifen, wenn Not am Mann ist. Was so lässig klingt, setzt einen offenen und doch respektvollen Umgang miteinander voraus. Nicht zu viel und nicht zu wenig, so lautet das Rezept für ein entspanntes Nebeneinander in Hausgemeinschaften.

Und auch hier gilt: Kleine Geschenke erhalten die Freundschaft. Wer der Nachbarin die Goldfische und den Gummibaum anvertraut, sollte ein kleines Dankeschön parat haben. Gar nicht ehrenrührig ist es, in solchen Fällen auch kleine Geldbeträge anzubieten, schließlich sind Nachbarn keine Familienmitglieder, sondern Dritte, die in jedem Fall Respekt verdienen, und das Entlohnen für getane Arbeit gehört dazu. Menschen, die in Frieden mit ihren Nachbarn leben, haben nachweislich eine höhere Lebenserwartung, denn sie halten sich Dauerstreß vom Leib und genießen einen besonderen Schutz – den einer Gemeinschaft, die es gelernt hat, füreinander da zu sein. Das gegenseitige Grüßen im Haus und auf der Straße ist der erste Schritt zu einem kommunikativen Leben in guter Nachbarschaft.

Was Tradition wert ist

Eine Tradition, die nicht ein schönes Erlebnis ist,

die nicht etwas Wahres und Gültiges zum Ausdruck bringt,

die nicht unser Herz erreicht – diese Tradition ist nichts wert.

Reisen

Die Lust am Reisen · Der Weg ist das Ziel · Die Erotik des Reisens · Die Entdeckung einer anderen Welt

Die Lust am Reisen

Warum reisen wir? Warum dieses Herzklopfen, wenn die Ferien näherrücken? Warum verschwenden wir Zeit dafür, um uns in der Welt umzutun? Warum geben wir Geld, sogar viel Geld, ganze Monatsgehälter dafür aus, der Heimat möglichst rasch, wenigstens einmal im Jahr und, wenn es geht, mit einiger Aussicht auf warmes, sonniges Klima den Rücken zu kehren? Was ist der tiefere Sinn des Reisens?

Die traditionelle Form des Reisens besteht darin, daß wir in Wirklichkeit einzig und allein reisen, um einen Hunger unseres Herzens zu stillen. Ganz geheim, tief im Inneren, glauben wir den Satz »Da, wo du nicht bist, ist das Glück«. Also ziehen wir aus, das Glück zu suchen, unser Glück zu machen. Die Touristikbranche, eine ganze Glücksindustrie lebt von dem Verlangen, dieser herrlich wildblühenden Paradoxie des Lebens nachzugeben.

Tausend bunte Fahnen flattern in unserem Herzen und setzen uns in eine irisierende Stimmung brennender Glückserwartung. *Falling in love.* Wie Verliebte, sehnsüchtig, kopfüber, unzurechnungsfähig und Argumenten erst recht nicht mehr zugänglich, stürzen wir uns in die unbekannten Abenteuer des Reisens.

Eine glückliche Reise, die ist nur möglich mit einer unendlichen Erlebnisbereitschaft, gepaart mit einer zeitlich zunächst unbeschränkten Muße. Müßig sein heißt ja nicht »nichts tun«, sondern eben (endlich) das tun, was mir gefällt, was ich so lange aufgeschoben habe und entbehren mußte, jetzt ist Zeit dafür.

Der Weg ist das Ziel

Doch die modernen Formen des Reisens entsprechen nicht mehr der Muße. Wir kommen inzwischen immer viel zu früh an, das heißt, von »ankommen« kann man eigentlich gar nicht mehr sprechen: Wir erreichen unser Ziel, schnell, ohne Umwege, in der Regel komplikationslos. Zum traditionellen Reisen aber gehört die Muße. Sie erst erfindet das Glück. Natürlich sollen und können wir uns heute nicht mehr so fortbewegen wie unsere Vorfahren. Wer wollte ernstlich noch für die Strapazen der Postkutschenzeit plädieren? Niemand möchte mehr wie weiland Goethe nach Italien. Aber ein bißchen Wehmut ist erlaubt.

Es dürfte durchaus klar sein, daß das Flugzeug seinen Sinn hat, über längere Strecken eher als über kurze. Doch alles, was einem widerfährt, bevor man in die Luft geht, ist viel zu prosaisch und zu ernüchternd, um uns zu begeistern.

Die schönste Tradition des Reisens ist noch immer die mit der Eisenbahn, auch wenn sie oft enttäuscht – durch Unpünktlichkeit, durch allzu zugige Bahnhöfe, durch schlechte Verbindungen und verpaßte Anschlüsse, durch überheizte oder unterkühlte Abteile. Doch beim Blick aus dem Fenster ist dem Reisenden die Erde näher als in der Wolkenwelt, in welche die Flugzeuge aufsteigen. Und es gibt noch immer Romanzen und Romane, die in der Bahn spielen: »... mein Herz lag auf den Gleisen, über die der Zug ins

Allgäu fuhr« (Erich Kästner) – in dieser bittersüßen Zeile liegt eine ganze Welt. Es bleiben die Träume, die Sehnsüchte, die ungestillten Wünsche, doch eines Tages bis nach Moskau, mit der Transsibirischen Eisenbahn bis nach Peking oder mit dem Orientexpreß seine *ganze* Strecke zu fahren – erster Klasse, versteht sich.

Die Erotik des Reisens

In den traditionellen Formen des Reisens – es muß wirklich nicht die Bahn sein – bleibt ein unstillbarer Rest von Jugend, von Entdeckerlust, also von Pfadfindergeist spürbar. Es ist wie ein erotischer Prozeß: sehen, erfahren, verstrickt werden, Eroberung und Besitznahme – eine tiefe Leidenschaft der Ortsbestimmung.

Reisen ist eine Einladung zum Sichverlieben. Wir sollten buchstäblich unseren Kopf verlieren. Je mehr wir vergessen von dem, was zu Hause unser Leben bestimmt, je mehr wir uns selbst vergessen können, desto wahrscheinlicher wird es, daß das Glück uns ergreifen kann.

Die Entdeckung einer anderen Welt

In einer Zeit, in der alle reisen und das Reisen selbst kaum mehr ist als ein paar Stunden über den Wolken, um dann einzutauchen in eine fremde Welt, die uns Touristen bequem gemacht worden ist, sollten wir ein paar Gedanken auf die traditionelle Art des Reisens verschwenden. Es besteht ein unüberbrückbarer Gegensatz zwischen der jungen Amerikanerin, die strahlend versichert: »Wir haben ganz Europa in drei Wochen geschafft ...« und Johann Wolfgang von Goethe, der sagte: »Da gibt es Leute, die glauben Venedig zu kennen, und haben kaum zwei Monate dort gelebt ...«

Nun soll jeder reisen, wie er mag. Zu einer »schönen Tradition« wird das Reisen aber erst dann wieder, wenn wir Gefühlsqualität und Bedeutung darin erkennen. Es muß nicht die *Grand Tour* englischer Bildungstouristen sein, die mit einer großen Neugier reisten und stets und allerorten bereit waren, sich entzücken zu lassen. Das Schöne findet sich nur in der ruhigen, selbstvergessenen Suche. Es ist auch gar nicht weit von uns (darum spielt auch die Entfernung keine allzu große Rolle für die Intensität des im Reisen erfahrenen Glücks): »Und wenn wir die ganze Welt durchreisen, um das Schöne zu finden: Wir müssen es in uns tragen, sonst finden wir es nie« (Ralph W. Emerson). Nur wenn wir aufmerksame Sinne entwickeln, still vor uns selber werden, entfaltet sich vor unseren Augen die Schönheit der Welt, erleben wir die glücklichen Momente, die verzaubern, uns in eine andere Welt versetzen können. Von solchen Momenten lebt eine Reise, so etwas wenigstens einmal gesehen, erlebt, geahnt zu haben, kann uns mit einem Glück erfüllen und einer Gewißheit, die wir in unserem Alltag nur selten spüren. Wir ahnen, wieviel Erotik im Reisen liegt, wieviel an »hochzeitlicher Weltumarmung« möglich ist, wenn wir unterwegs sind, auf den verrückten Wegen einer kaum glaublichen Verliebtheit.

Romantik

Den ursprünglichen Sinn wiederfinden · Die Phantasie der Seele · Aufmerksamkeit für den Augenblick

Möglicherweise sind viele von uns Romantiker; nur wenige allerdings geben es zu. Das liegt am Charakter der Zeitläufte. In unserer Zeit, die lange stolz darauf war, keine Gefühle zu zeigen, zählen angeblich nur Tatsachen. Empfindsamkeit gilt infolgedessen als Schwäche. In der Tat ist die Aufgeschlossenheit für Traum und Phantasie dem Lebenskampf nicht förderlich. Aus diesem Grunde wohl scheuen die meisten davor zurück, sich zum Romantischen zu bekennen.

Den ursprünglichen Sinn wiederfinden

Was Romantik *genau* ist, vermag niemand zu sagen; mit dem Anspruch auf Präzision ist sie nicht zu definieren. Um 1800, als die Romantik ganz Europa erfaßte, war sie eine Bewegung gegen die Überbetonung der reinen Verstandeskräfte, ein Plädoyer für das eigene Leben der Seele, für die Sehnsucht des Menschen, mit dem Anderen, mit der Natur zu verschmelzen. Dabei ist Romantik das deutsche Schicksal schlechthin: ein Erlebnisraum irritierender Gefühle, idealistischer Höhenflüge, irrationaler Sehnsüchte nach der »blauen Blume«.

Eine Ehrenrettung des Romantischen als schöne Tradition gehört in dieses Buch. Nicht nur weil die Gemütsverfassung, die

Anschauung und das romantische Lebensgefühl auch Geschichte beschwören, einen Traum, der die Welt verklärt. Sondern weil romantische Lebenseinstellung nicht auf eine bestimmte Epoche beschränkt ist. Es handelt sich vielmehr um ein Urphänomen, das immer wieder in Erscheinung tritt. Was die Romantiker des neunzehnten Jahrhunderts wollten, hat einer der Größten, der Dichter Novalis, mit wenigen Worten ausgedrückt, die das ganze Programm jeder romantischen Bewegung wiedergeben: »Die Welt muß romantisiert werden. So findet man den ursprünglichen Sinn wieder.«

Den »ursprünglichen Sinn« wiederzufinden, ist noch immer die romantische Hoffnung. Novalis wollte eine bewußte Wiederverzauberung der Welt: »Indem ich dem Gemeinen einen hohen Sinn, dem Gewöhnlichen ein geheimnisvolles Ansehn, dem Bekannten die Würde des Unbekannten, dem Endlichen einen unendlichen Schein gebe, so romantisiere ich es.«

Mit anderen Worten: Die Welt »romantisieren« bedeutet, hinter dem sogenannten Alltäglichen, hinter den Kulissen kühler Rationalität das Eigentliche, Geheimnisvolle zu erkennen und wieder darzustellen. Das ist eine Tradition von tiefer Schönheit.

Die Phantasie der Seele

So ist Romantik das Fernweh der Seele, niemals die kalte Berechnung, die kalkulierte Attitüde oder die herausgestellte Pose. Noch immer kann und sollte sie mehr sein als verkitschte Natur, sentimentale Gefühlsregungen, verlogene Scheinwelt. Und sie beginnt immer noch mit der Befreiung unserer Gefühle, mit dem Ausbruch aus einem allzu nüchternen Alltag. Sie ist geheimnisvoll, abgründig, unbeschreiblich. »Romantische Momente« öffnen den Raum zur Seele: Augenblicke sehnsüchtiger Erwartung, stiller Einkehr, berückender Intensität. Wenn uns manchmal das Leben wider alles Erwarten gelungen erscheint, wenn wir den Eingebungen und Phantasien trauen und nicht mehr nur nach dem Woher und Wozu fragen. Wenn etwas in uns aufjubelt und gefeiert werden will, mit weit geöffneten Sinnen. Wenn wir die Nacht zum Tag machen. Wenn wir spüren, was Natur ist. Wenn unsere Gedanken plötzlich durcheinander wirbeln, wenn das klug Ausgedachte wie ein Kartenhaus zusammenbricht.

Um die Fähigkeit, mit den Sinnen die Gegenwart richtig aufzunehmen, die Feinheiten der Augenblicke, die Fülle der Momente geht es im romantischen Leben. Darum, wie die Stunden des Tages und der Nacht Glanz und Farbe gewinnen: eine Verführung zum Leben im Augenblick. Ein silbriges Glitzern, das über den Dingen ausgebreitet scheint. Ein Gefühl, das wir uns nicht erklären können. Aufgestörte Sinne, halb bewußte Wahrnehmungen. Ein Flattern der Gedanken, die nichts Bestimmtes suchen.

Aufmerksamkeit für den Augenblick

Oft ist Romantik nur eine Verführung zum Traum und eine flüchtige Ahnung. Dann und wann legt sich ein Zauber um die Dinge, die uns umgeben, über die Zeit, die uns auf einmal wie zerbrechlich und kostbar erscheint, so wertvoll, daß wir meinen, sie behüten zu müssen. Und schon spüren wir das Verlangen, ihn festzuhalten, den seltenen Augenblick, der uns verwandelt. Da springt ein Tier an uns vorbei, da breitet die Morgensonne zerstäubendes Licht über den See, da rauscht es im Garten, unergründlich und leises Staunen weckend. Da berührt uns jemand beiläufig und ohne Absicht, aber mehr als dieses Berühren bräuchte und müßte nicht sein, um uns vollkommen glücklich zu machen. Da genießen wir die Stunden voller Musik und uns in Taumel versetzender Lebenslust, die Minuten ungetrübter Aufmerksamkeit für etwas Schönes, die Sekunden zwinkernden Vergnügens. Oder die Tage am Meer, verlebt wie in einem Traum, ohne daß man etwas anderes tut als sich hinzugeben an die Magie der Momente, die sich aneinanderreihen wie kleine Perlen.

Für jeden bedeutet Romantik natürlich etwas anderes, und wenn wir sie erlebt und erkannt haben, greifen wir zu verwegenen Vokabeln, die uns sonst nicht so leicht in den Sinn oder gar über die Lippen kommen mögen. Besonders oft taucht dann das Wörtchen »unheimlich« auf, und es sagt wohl etwas sehr Wahres: »Es war unheimlich schön, du glaubst es nicht.« Und wirklich ist es kaum zu glauben, kaum zu beschreiben: unheimlich, unvermutet kommt der Zauber auf uns zu, voller Wohlwollen und tiefer Freundlichkeit. Das ist der Zauber über den Dingen und in den Verrichtungen, im Stillesuchen und Innewerden.

Voller Verheißung scheint Romantik uns noch immer, obwohl so viel Leben durch den Alltag, der uns aufzufressen droht, verlebt und verraten wird. Wenn es ein Muster des Glücklichen in unserem Leben gibt, dann dieses: daß man dem Zauber der Zeit trauen, ja sich ihm hingeben sollte, wenn er plötzlich aufstrahlt und unseren Blick wieder klar und hell werden läßt. Und ohne überhaupt einen Trumpf in der Hand zu haben, ziehen wir dann und wann ein Los mit der freien Auswahl für unser Leben.

Schenken

Mitbringsel · Besondere Gelegenheiten · Danken

Geschenke sind eine Aufmerksamkeit, ein freundschaftliches Zeichen, daß man liebevoll bemerkt hat, was dem zu Beschenkenden fehlt. Sie dürfen weder in der Familie noch im Freundes- und Bekanntenkreis eine Art Kontoauszug der finanziellen Möglichkeiten des Gebers sein, also weder »lieblos, aber teuer« noch »mehr hermachen, als sie wert sind«. Ihr Wert liegt in der Wahl des Gegenstandes. Es ist überhaupt ein Fehler, vor dem man sich hüten muß, zu glauben, daß man Geschenke immer mit gleichwertigen Geschenken erwidern müsse. Wie viele sonst so nette Menschen denken beim Schenken nur an den Eindruck, den ihr Geschenk machen wird, und nicht an die Freude, die der Beschenkte daran haben soll. Hat dieser aber einen Wunsch geäußert, so erfüllen Sie ihn auch dann, wenn Sie insgeheim der Meinung sind, daß er damit gar nichts anfangen kann.

Mitbringsel

Kleine Geschenke erhalten die Freundschaft – wohl wahr, aber kommt wahre Freundschaft nicht auch ohne materielle Geschenke aus? Sicherlich, aber wie viel schöner ist es, die gegenseitige Wertschätzung symbolisch zum Ausdruck zu bringen. Als Zeichen der Aufmerksamkeit sind Geschenke ein wichtiges soziales Mittel. Klein genug, um den anderen nicht

zu beschämen, aber durchdacht und so persönlich, daß sich der Beschenkte geehrt fühlt.

Im Gegensatz zu Geburtstags- und Weihnachtsgeschenken haben Mitbringsel immer den Charakter des Dankes: wenn man zum Essen eingeladen ist, als kleine Aufmerksamkeit nach langer Trennung, beim Wiedersehen oder als kleines Dankeschön. Blumen und Naschereien gelten von jeher als ideale Geschenke. Sie sind meist in einem preislichen Rahmen, der dem Anlaß angemessen ist, und stellen auf Dauer die Wohnung nicht voll. Für Männer haben sich Wein und Bücher als Mitbringsel eingebürgert. Besonders beliebt und ausgesprochen persönlich sind selbstgemachte Geschenke. Dabei muß nicht das Rad neu erfunden werden, sondern ein Glas selbst eingekochte Marmelade ist dafür völlig ausreichend. Auch Mitbringsel in Form von Gutscheinen sind ausdrucksstarke Zeichen der Verbundenheit. Denn »Einmal Babysitting« ist für eine gestreßte Mutter ein größeres Geschenk als ein Bouquet langstieliger Rosen. In jedem Fall sollten selbst kleinste Mitbringsel überlegt sein und nicht nach Verlegenheit aussehen. Denn nach wie vor gilt die Maßgabe: Schenke, was du dir selber auch schenken würdest.

Besondere Gelegenheiten

Hochzeiten, Weihnachten, Jubiläen und runde Geburtstage – Anlässe, die Fingerspitzengefühl bei der Auswahl der Geschenke erfordern. Nicht selten wird dabei Ideenlosigkeit mit der Protzigkeit eines Geschenks übertüncht. Dabei gilt auch bei den besonderen Geschenken, Verhältnismäßigkeit und persönliche Auswahl als Maßstab zu setzen. Wenn die beschenkte Großtante zum achtzigsten Geburtstag eine Fünfhundert-Milliliter-Flasche Eau de Toilette bekommt, mag ihr das eventuell sagen, daß der

Vorrat sehr wahrscheinlich bis an ihr Lebensende reichen wird, aber ist dies wirklich ein Herzenswunsch von ihr? Oder wäre es nicht sinnvoller gewesen, ihr nahestehende Personen nach echten Wünschen zu befragen?

Da Geschenke zu besonderen Anlässen oft auch kostenintensiv sind, sind in diesem Zusammenhang auch Gemeinschaftsgeschenke sinnvoll. So kann ein schöner Betrag zusammenkommen, der ein wirklich wertvolles Geschenk möglich macht. Abzuraten ist in jedem Fall von Geschenken, die dem Beschenkten peinlich sein können oder ihn in eine schwierige Situation bringen. Jemandem eine Ballonfahrt zu schenken, von dem man weiß, daß er schon im zweiten Stock Höhenangst bekommt, ist mindestens so wenig feinfühlig wie Deostifte oder Unterwäsche zu verschenken.

Auch beim Stichwort *praktische Geschenke* ist äußerste Vorsicht geboten – schließlich möchte eine Gastgeberin, die gerade ein fünfgängiges Weihnachtsmenu fabriziert hat, vermutlich keinen neuen Staubsauger oder eine Mikrowelle geschenkt bekommen. Und wer dem Mann im Hause eine Werkbank zum fünfzigsten Geburtstag schenkt, muß sich nicht wundern, wenn er fortan den Hobbykeller nicht mehr verläßt. So wenig taktvoll es ist, materiell ärmer gestellten Menschen kostbare Geschenke zu überreichen, die sie sich selbst nie leisten könnten, so wenig sinnvoll ist es, das letzte Geld in ein Geschenk zu investieren, um das Gegenüber zu beeindrucken.

Als praktisch erweisen sich sogenannte Vorratsgeschenke. Auf Reisen und unterwegs begegnen einem immer wieder schöne Mitbringsel und Geschenke, für die man zwar noch keinen Anlaß hat, aber sich vorstellen kann, sie guten Freunden zu schenken, weil die Fundstücke individuell, exotisch oder so bestechend sind. Damit ist man um ein individuelles Geschenk nie verlegen und muß vor der Präsentwahl nicht in Hektik verfallen. Vorsicht ist beim Weiterschenken von Geschenken geboten, man sollte sich sehr genau merken, von wem man was bekommen hat, sonst kann es zu ausgesprochen peinlichen Situationen kommen.

Danken

Da bei großen Anlässen Geschenke oft unausgepackt auf Geschenktischen gesammelt werden, sollte eine Grußkarte mit herzlichen Worten und Absender nicht fehlen.

Wenn jemand es nicht ganz getroffen hat, denken Sie daran, daß man Ihnen eine Freude machen wollte, daß man an Sie gedacht und Geld dafür ausgegeben hat. Danken Sie also freundlich, lassen Sie sich nichts anmerken. Seien Sie sorgfältig in den nebensächlichen kleinen Gesten: Lassen Sie das Geschenk nicht unausgepackt irgendwo liegen, packen Sie es auch nicht wieder ein, solange der Spender anwesend ist, sondern stellen Sie es vor sich hin, auf einen bevorzugten Platz. Und sagen Sie niemals das ungeschickte, kleinliche »Ach, das wäre doch nicht nötig gewesen!«

Höflich, leider aber ein bißchen aus der Mode gekommen ist das Dankschreiben des Beschenkten, schließlich freut sich jeder Schenkende über einen kleinen Hinweis, wie das Geschenk angekommen ist. Eine schöne Tradition, die wir wirklich wieder schätzen sollten.

Tisch

Tischordnung · Der festlich gedeckte Tisch · Das Menu · Gläserkunde

Tischordnung

Weil die Menschen früher keine anderen Sorgen hatten, erfanden sie die Tisch- oder Sitzordnung, an deren Sinn oder Nichtsinn einst so manche Freundschaft zerbrach. Heute wird das gelassener gesehen, obwohl viele Gäste nach wie vor sehr genau darauf achten, an welchem Tisch sie sitzen und wer ihnen als Tischnachbar zugedacht ist.

Eine Tischordnung wird man heute nur noch bei Diners, Festessen oder Banketts erstellen. Sie ist immer auch eine Art Rangliste und besteht daher aus zwei Kolonnen, einer für die Damen und einer für die Herren. Und jeder Name ist in jeder Rubrik mit einer Nummer versehen. Diese Nummer bezeichnet den Rang, den diese Person im Kreis der geladenen Gäste einnimmt.

Rangfolge

Der Gastgeber hat die mühevolle Aufgabe, über die Rangfolge seiner Gäste zu befinden. Das kann ihm niemand abnehmen. Wenn die Gäste schon eingeladen sind, ist es zu spät, sich über etwaige Schwierigkeiten des *Placements* (der Sitzordnung) den Kopf zu zerbrechen. Schon bei der Aufstellung der Gästeliste, also lange bevor die Einladungen hinausgehen, ist darauf zu achten, daß die Gäste richtig gesetzt werden können, ohne daß dies protokollarische Schwierigkeiten bereitet. Die Ehefrauen, gleich welchen Alters, genießen den Rang ihres Mannes, die Töchter und Söhne jedoch nicht. Die Etikette gebietet etwa folgende Einstufung:

- Höherrangige vor Niederrangigen
- Ausländer gleichen Ranges vor Inländern
- Damen und Herren einer fremden Behörde oder Firma vor den Damen und Herren des eigenen Hauses
- Ältere vor Jüngeren
- Gäste vor Verwandten des Hauses
- Die Söhne und Töchter kommen zuletzt.

Um das Placement zu erleichtern und zu vermeiden, daß zwei Damen nebeneinander sitzen müssen, werden stets ein paar Herren mehr eingeladen, vorwiegend Herren jüngeren Alters und minderen Ranges, die man sozusagen »ans untere Ende der Tafel« setzen kann. Unverheiratete oder »Strohwitwer« höheren Ranges und Alters einzuladen, bringt mit sich, daß die wenigen Damen »höherrücken«, das heißt, ihre Tischherrn haben oft einen höheren Rang als sie oder ihr Gemahl. Das macht natürlich nichts.

Die Rangordnung allein aber tut es nicht, es sind darüber hinaus noch praktische Rücksichten zu nehmen. Zum Beispiel auf nur fremde Sprachen sprechende Gäste oder Bevorzugungen, die man mit gutem Grund und Recht vornehmen will. Mit viel Takt, Menschenkenntnis und Kenntnis des Protokolls geht dann alles gut.

Der Ehrenplatz ist neben den Gastgebern. Die »Höhe« oder »Tiefe« eines Tischplatzes richtet sich nach seiner Entfernung zum Tisch des Gastgebers oder der Gastgeberin. Wer neben diesen beiden sitzt, ist der am meisten geehrte Gast. Gastgeber und Gastgeberin sitzen nicht nebeneinander (Ausnahme: Hochzeit), sondern sich stets gegenüber. Sie können ihre »Richtplätze« entweder an den beiden Schmalseiten des rechteckigen oder ovalen Tisches einnehmen oder in der Mitte der beiden Längsseiten – das bleibt ihnen überlassen. Am runden Tisch genügt es, wenn sich die Gastgeber gegenübersitzen.

Der ranghöchste Herr auf der Liste, also »Herr Nummer 1«, ist Tischherr der Gastgeberin und sitzt links von ihr. Die ranghöchste Dame, also »Dame Nummer 1«, ist Tischdame des Gastgebers und sitzt rechts von ihm. Der Herr Nummer 2 gehört rechts neben die Gastgeberin (seine Tischdame ist – rechts neben ihm – die weibliche Nummer 3). Dame Nummer 2 sitzt links vom Gastgeber (ihr Tischherr ist – links neben ihr – die männliche Nummer 3), und in dieser Reihenfolge geht es weiter. Das klingt komplizierter, als es auf dem Placement aussieht.

Rechteckiger Tisch

Sitzen die Gastgeber in der Mitte der beiden Längsseiten eines rechteckigen Tisches, dann sollen die beiden Stirnseiten nach Möglichkeit jungen Herren überlassen werden, die keine Tischdame haben, weil sie »überzählig« sind. Geht das nicht, so kann man sich damit behelfen, daß am Ende einer Längsseite der Herr die ihm gegenübersitzende Dame führt. Auf alle Fälle muß vermieden werden, daß eine Dame ohne Tischherrn bleibt.

Runder Tisch

Am runden Tisch können natürlich relativ wenige Gäste untergebracht werden. Dafür hat er den Vorteil, daß es dort keine sichtbaren oder auffälligen »tiefen« Plätze gibt und jeder mit jedem über den Tisch hinweg einige Worte wechseln kann. Es herrscht eine weniger förmliche, eher intime Atmosphäre. Hier ist also die Abstufung nicht so wichtig, und der runde Tisch eignet sich gut, um auch Leute von gleichem Rang protokollarisch korrekt zu setzen.

Ein guter Ausweg für das Problem des Placements sind zwei runde Tische. An dem einen übernimmt der Gastgeber, an dem anderen die Gastgeberin den Vorsitz. Damit gibt es nun sehr viele »hohe« Plätze, denn die Plätze rechts und links von ihnen und die der Gastgeberin und dem Gastgeber gegenüber gelten als »ehrenvoll«; sogar noch die Plätze rechts und links vom »Gegenüber«.

»Hufeisen«

Bei großen Diners, Banketten, Hochzeiten und Jubiläen, so sehr viele wichtige Gäste geladen sind, stellt man die Tische oft in »Hufeisen-Form«. Am System des Placements ändert das nichts, es wird eben nur – um die Ecke herum – entsprechend verlängert. Der Gastgeber und die Gastgeberin sitzen – einander gegenüber – in der Mitte der mittleren Längsseite.

Placement

Bei Diners ist es üblich, das Placement gut sichtbar am Eingang oder im Flur, jedenfalls außerhalb des Speisesaals, auszulegen, so daß sich jeder bei seiner Ankunft merken kann, wo er sitzt. Sonst gibt es beim Zu-Tisch-Gehen ein peinliches Herumsuchen. Der Blick auf das Placement ist also nicht Neugier, sondern Pflicht jedes Gastes. Früher sah sich nur der Herr das Placement an, der seine Dame dann zum Tisch geleitete. Wer kein Placement hat, zeichnet den Tisch schematisch auf, vermerkt auch, wo der Eingang ist (damit man weiß, was mit rechts und links gemeint ist) und bezeichnet die einzelnen Plätze mit den entsprechenden Namen.

Tischkarte

Auf der Tafel selbst befindet sich an jedem Platz eine Tischkarte. Sie hat schmales Visitenkartenformat und trägt den Namen des Gastes, für den dieser Platz bestimmt ist. Die Karte kann auf dem obersten Teller stehen, auf der gefalteten Serviette, neben dem Glas oder über dem Gedeck, jedenfalls so, daß kein Zweifel daran besteht, welchen Platz sie bezeichnet.

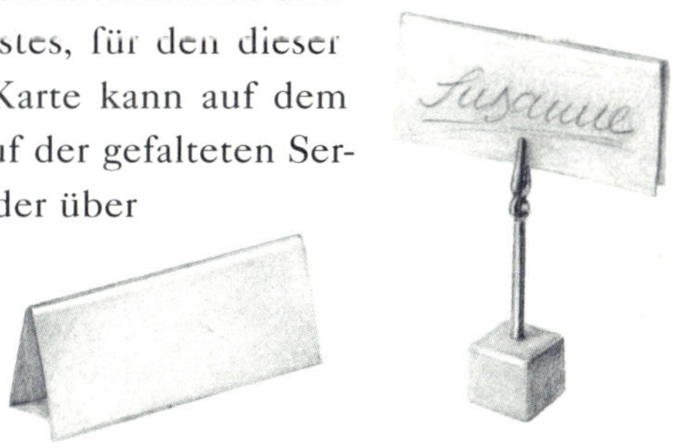

Durch einen Blick auf diese Tischkarte vergewissern sich alle Gäste, auch die Damen, ob sie richtig gelandet sind. Erst dann wird Platz genommen.

Der festlich gedeckte Tisch

Wir wollen hier nicht von den hübsch und einfallsreich gedeckten Tischen sprechen, die wir für unsere Freunde, bei Familienfesten oder für einen kleinen Kreis vorbereiten. Hier geht es um die »große Form«, um die Tradition eines zum Abendessen oder Diner festlich gedeckten Tisches.

Die traditionelle Art, mit weißer Tischwäsche (Tischtuch, Servietten usw.) zu decken, ist sicherlich die schönste. In die Mitte des weißen Tischtuchs kommt bei einer länglichen Tafel ein Spitzen- oder Brokatläufer. In die Mitte des Tisches wird eine Schale aus Silber, Kristall oder Porzellan gestellt. Sie kann Früchte enthalten (die später als Nachtisch verzehrt werden) oder auch Blumen; eine flache Schale braucht auch nur mit Wasser und darin schwimmenden Blütenköpfen gefüllt sein. Alles, was in die Mitte des Tisches gestellt wird, ob Blumenstrauß oder Obstaufbau, darf nicht zu hoch sein, da alles, was den Gästen den Blick ins Gesicht ihres Gegenübers verwehrt, die Unterhaltung sehr stört.

Noch etwas stört sie, das soll gleich erwähnt werden: falsche Beleuchtung der festlichen Tafel. Allzu grelles Licht, vom weißen Tischtuch zurückgeworfen, stört empfindliche Augen und wirkt kalt und ist ebenso unangebracht wie Schummerbeleuchtung.

Platzteller

Was nun die Gedecke selbst betrifft, so läßt sich selbst bei kleinem Essen der sogenannte Platzteller nicht vermeiden; er ist beim Essen mit Gästen üblich. Darauf kommt heute kein Deckchen mehr wie früher, eleganter ist Silber oder schönes, altes Porzellan, das man auch sehen und bewundern kann. Neumodischer Schnickschnack wie mit Ethnomustern bemalte, allzu farbenfrohe oder kühles Platin simulierende Platzteller hat an einer festlichen Tafel nichts zu suchen. Es ist nicht nötig, daß der Platzteller dem übrigen Service entspricht, im Gegenteil, er soll und kann einen Kontrapunkt setzen.

Der Platzteller wird beim Wechseln der Gänge nicht abgeräumt, sondern bleibt bis zuletzt stehen (allenfalls das Dessert kann ohne ihn serviert werden).

Gläser

Links oben neben diesen Platzteller wird ein kleiner Teller gestellt, auf dem die einfach gefaltete Serviette (aus Stoff!) liegt, vielleicht mit einem Brötchen oder Toast darunter. Rechts oben neben dem Platzteller stehen die Gläser, von rechts nach links gestaffelt, und zwar in der Reihenfolge ihrer Benutzung, die fast immer auch ihrer Größenordnung – rechts klein anfangend – entspricht. So steht von rechts nach links das Sherry-, das Weißwein-, das Rotwein- und das Champagnerglas – falls es so üppig zugehen soll. Das unentbehrliche Wasserglas steht vor den Weingläsern. Bei Platzmangel kann man die Gläser auch anders ordnen, etwa im Halbkreis. Hat man beim Essen genügend helfende Hände, so steht vielleicht außer dem Wasserglas nur jenes auf dem Tisch, das »gerade dran« ist. Das vorher gebrauchte wird weggenommen und das nächste erst gebracht, wenn es soweit ist.

Bestecke

Die Messer liegen rechts, die Gabeln links vom Teller, die Löffel meist oberhalb des Platztellers, wie auch die etwaigen Käse- und Obstbestecke, oder neben den Messern. Messerbänkchen zum Auflegen der Bestecke werden kaum noch verwendet, dabei ist dies eine ebenso praktische wie schöne Tradition. Alle Bestecke liegen in der Reihenfolge ihrer Benutzung. Man arbeitet sich also ganz einfach von außen nach innen vor.

Menukarte

Die Speisenfolge – mit den zu den Speisen passenden Getränken – wird auf eine Menukarte geschrieben, die jedem Gast neben das Gedeck gelegt wird. Oder sie wird zwischen zwei Gedecke plaziert.

Das Menu

Vorspeisen und Getränke

Vorspeisen werden – manchmal nach einem *Amuse gueule* (zur Anregung des Appetits, in Restaurants auch »Gruß aus der Küche« genannt) – auf kleinen Tellern serviert; sie können schon auf dem Tisch stehen, wenn die Gäste Platz nehmen. Wird hierzu Sherry, Madeira oder ähnliches geboten, so ist dieser Tropfen bereits eingeschenkt. Die anderen Gläser werden aber erst während des Essens gefüllt. Die Flaschen und Weinkaraffen können auch auf dem Tisch stehen, und der Gastgeber schenkt ein oder achtet darauf, daß die Herren ihre Damen und sich selbst versorgen.

Suppe

Sogenannte klare Suppen, wie Bouillon und ähnliche, können (müssen aber nicht) in Tassen serviert werden, ideal in Suppen- oder Bouillontassen (mit zwei Henkeln), aber auch übliche Kaffeetassen sind möglich. Legierte oder gebundene Suppen werden ausschließlich in tiefen Suppentellern serviert. Zur Bouillontasse gehört der mittelgroße Löffel, der rechts auf der Untertasse liegt. Der Suppenteller verlangt den großen Löffel.

Fischgang

Der Fischteller ist groß, flach und sollte möglichst angewärmt sein. Zu diesem Gang gehört – falls vorhanden – ein Fischbesteck, sonst genügen auch zwei Gabeln. Früher galt das Messer zum Fisch als Todsünde der Tisch-Etikette, heute sieht man das gelassener. Doch richtig fein ist es nicht.

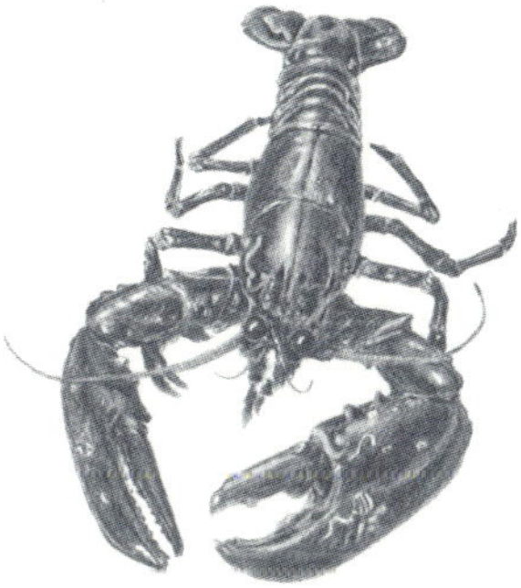

Fleischgang

Für den Fleischgang werden ebenfalls flache, große Teller benutzt. Salate als Beilage werden von besonderen Salattellern gegessen (diese kleinen Teller stehen dann oben links, wo ohnehin schon der Servietten-Brötchen-Teller steht, der dann beim Fleischgang als Salatteller dienen kann). Am besten, man wirft einen unauffälligen Blick auf die Gastgeberin, um zu sehen, auf welchen Teller der Salat gehört.

Zwischengericht

Das große Menu bzw. das besonders großartige Essen sieht nach dem Fleischgang ein sogenanntes Zwischengericht vor. In Restaurants hat sich das Zwischengericht oft nach der Vorspeise plaziert. Bei einer solchen Gelegenheit kann man den kostbaren Spitzenwein reichen, der nicht in eines der bereitstehenden Gläser gegossen, sondern schon eingefüllt in geschliffenem Kristall oder sonstwie schönem Glas vom Silbertablett auf den Tisch gebracht wird.

Süßspeise

Die Süßspeise wird von kleinen, sogenannten Desserttellern gegessen, die aus Glas oder Kristall sein sollten. Eis oder Sorbet kann natürlich auch in hohen oder niedrigen Bechern genossen werden. Statt der früher üblichen Spezialeislöffel kann man heute selbstverständlich auch den Kaffeelöffel benutzen.

Käse und Obst

Zuletzt kann – es muß durchaus nicht – der Käse folgen oder auch Käsegebäck, das auf kleinen Tellern serviert wird. Damit wäre das Ende erreicht, es sei denn, es gäbe noch Obst. Da hierzu wieder besondere Obstbestecke gehören, verzichtet man meist auf diese Umständlichkeit, zumal dann eigentlich auch noch Fingerschalen und besonders kleine Servietten nötig wären.

Servieren

Der am Serviertisch oder der Anrichte gefüllte Suppenteller wird von *rechts* auf Platz- oder Eßteller des Gastes gestellt. Eingeschenkt (Bier, Wein, Kaffee und Tee) wird von *rechts*. Alle sonstigen Speisen, Platten und Schüssel werden von *links* angeboten, ebenso Kuchen, Torten und Gebäck. Bereits eingegossene Tassen oder Gläser ebenfalls. Schüsseln schiebt der Servierende so nah wie möglich an den Teller des Gastes heran, wobei er den Handrücken der Linken, die Platte oder Schüssel hält, leicht auf dem

Tisch anstützt. Die Platte darf nicht schwanken wie ein Schiff im Sturm, noch darf sie so hoch oder tief dargeboten werden, daß Verrenkungen nötig sind, um sich zu bedienen. Und abgeräumt wird stets von *rechts*.

Gläserkunde

Es gibt heute eine Unmenge an Formen und Farben von Trinkgläsern. Manches davon ist von bestechender Schönheit und zeugt von Geschmack, anderes ist – vorsichtig gesagt – eher irritierend. Daher hier der Rat, zum gesellschaftlichen Gebrauch bei den alten, überlieferten Gläsern zu bleiben.

Weißwein

Zum Weißwein gehört das »kelchartige« Glas mit Stil. Will man weiter keine Unterschiede machen, so ist es glasklar und gar nicht, allenfalls sehr maßvoll verziert. Für besonders edle Weine können schön geschliffene Kristallgläser genommen werden, deren halbrundes Gefäß auf einem langen, dünnen Stiel steht.

Rotwein

Zum Rotwein, vor allem zum Burgunder, gehören etwas tiefere und bauchigere Gläser. Im allgemeinen ist deren Glasfarbe hell, sie kann aber auch rötlich sein.

Champagner

Champagner und Sekt wurde früher aus den sogenannten »Flöten« getrunken, hohen, sehr schmalen Gläsern auf ganz kurzem Stiel. Diese Tradition wird heutzutage wiederentdeckt – die Sektschalen (flache, niedrige Gläser mit leichter Verzierung) haben keine große Konjunktur mehr.

Cognac und Obstbrände

Alle »Geister« gehören in die riesig großen, hauchdünnen, unverzierten und farblosen »Kugeln«, die nur einen sehr kurzen Stiel haben und die zwischen Zeige- und Mittelfinger auf der Handfläche balanciert werden. Alle übrigen Schnäpse verlangen nach kleinen, standfesten Gläsern; Vermouth, Sherry, Portwein und Madeira – alle Getränke »auf halbem Weg« zwischen scharfen Sachen und Wein – verlangen nach mittelgroßen Gläsern.

Bier

Bier gehört in Gläser aus Glas, wobei es große regionale Unterschiede gibt: vom schmalen Kölsch-Glas bis zur bayerischen »Maß« (ein Liter). Steinkrüge, Silber- und Zinnbecher sind altdeutsch und allenfalls in Gastschenken mit Butzenscheiben erlaubt.

Whisky

Whisky kann aus Wassergläsern getrunken werden, doch gibt es auch ihnen sehr ähnliche besondere Whiskygläser: dickwandige, standfeste, unverzierte, farblose Gläser ohne Stiel in betont einfacher Form. Wird Whisky als Highball (mit Soda oder Wasser) serviert, kommt er in ein höheres, schlankes Trinkglas.

Cocktails und Aperitifs

Für Cocktails und Aperitifs gibt es keine Regeln, denn das sind Mixgetränke ohne eigenen Charakter. Für die »kleinen Cocktails« wie Martini oder Manhattan nimmt man die üblichen Likörgläser oder besondere Cocktailgläser (flache kleine, farblose Kelche auf langem Stengel). Cocktails mit Champagner-Beimischung gehören in Gläser, die auch sonst für Champagner verwendet werden.

Der Weg zum Ozean

Wer Traditionen lebt, trägt die Quelle mit sich

auf seinem Weg durch die unruhigen Flüsse des Alltags

zum großen Ozean des Lebens.

Trauer

Bestattung · Trauerphasen · Umgang mit Trauernden · Kondolenz

Bestattung

Bei einem Todesfall in der Familie sind sehr zeitnah die Bestattungsmodalitäten zu regeln. Sobald der Totenschein ausgestellt ist, kann sich der nächste Angehörige damit an ein städtisches Bestattungsinstitut, ein privates Bestattungsunternehmen oder auch seine zuständige Kirchengemeinde wenden. Dort werden alle Formalitäten erledigt, Wünsche erfüllt, zeitliche Abläufe geregelt. In der Regel muß – falls nicht vorhanden – eine Grabstätte angemietet werden. Ein Sarg, Ausstattung des Sargs, Trauermusik und Blumenschmuck müssen gewählt werden. Das alles ist auch notwendig bei einer Feuerbestattung, der meist eine Aufbahrung vorausgeht.

Nach Mitteilung des Bestattungszeitpunkts, der bei einer kirchlichen Beisetzung in Absprache mit dem zuständigen Pfarramt erfolgt, kann eine Zeitungsannonce in Auftrag gegeben werden sowie die Einladung zur Bestattung verschickt werden. Da oft nur wenige Tage zwischen Tod und Bestattung liegen, sollte hier eine telefonische Benachrichtigung an alle Angehörigen und wichtigen Personen ergehen; eventuell kann das auch jemand anderes übernehmen als der oder die Hinterbliebenen selbst. Ein Gespräch mit dem oder der Geistlichen schafft die Informationsgrundlage für eine individuelle Trauerrede. Eine Gedenkrede kann auch weltlich gehalten werden von einer nahe stehenden Person oder von einem Grabredner.

Die Tage bis zur Beerdigung lassen meist nicht viel Raum für Trauer. Daher ist besonders darauf zu achten, daß nach der »Turbulenz« um die Beerdigung die Hinterbliebenen nicht »in ein Loch fallen«. Oftmals ziehen sich Freunde und Verwandte nach der Beerdigung zurück – die Leere wirkt dann um so erschreckender.

Am Beerdigungstag selbst nimmt eine gut vorbereitete Logistik zusätzlichen Streß weg. Wer kommt wie mit wem zum Friedhof, sind Plätze in einem nahen Restaurant/Café reserviert für die anschließende Trauerfeier, oder falls sie zuhause abgehalten wird, kann sich in der Zwischenzeit jemand um die Vorbereitung kümmern? Die Zeitspannen sollten kommod gesetzt sein, damit alles in würdiger Ruhe abläuft.

Das Zusammentreffen der Angehörigen zum sogenannten »Leichenschmaus« ist psychologisch gesehen ein wichtiges Ventil in der ersten Trauerzeit und gibt allen Gelegenheit, noch einmal gemeinsam der bzw. des Toten zu gedenken. In den Tagen nach der Beerdigung kann die Beschäftigung mit dem Grabschmuck, dem Aussuchen des Steins und der Bepflanzung ein Trost sein – schließlich dreht sich hierbei alles um die verstorbene Person und dient seiner Erinnerung.

Manche Menschen bringen es nicht übers Herz, an das Grab eines geliebten Menschen zu treten, diese individuelle Art, mit dem Tod umzugehen, sollte man tolerieren, immer in dem Wissen, daß Trauer ein Prozeß ist, der mit Ritualen gestaltet und auch gemildert werden kann, aber nicht in jedem Fall. Die Beerdigung muß vielen bürokratischen Bestimmungen genügen, die Trauer kümmert sich um keine Vorschriften. Somit sollte Nachsicht den Umgang mit allen Trauernden bestimmen.

Trauerphasen

Stirbt ein geliebter Mensch, bleiben Angehörige und Freunde zurück, die nun lernen müssen, mit der Trauer zu leben, den Alltag neu zu ordnen. Neben der emotionalen Belastung haben sie meist auch viele bürokratisch Hürden zu überwinden. Trauer ist eine der schmerzhaftesten Erfahrungen, die durch regelrechte »Trauerarbeit« überwunden werden muß. Wie lange dieser Prozeß dauert, ist individuell verschieden und auch abhängig von der Beziehung zu dem Verstorbenen und von der Art des Abschieds.

Ungeachtet aller individuellen Erfahrung gibt es bestimmte Phasen, die fast jeder Trauernde durchläuft. Wenn man sie als Nahestehender kennt und erkennt, kann man in der Regel auch Hilfe und Trost leisten. Die erste Phase ist am besten mit dem Aufwachen nach einem bösen Traum zu umschreiben. Man will das Geschehene nicht wahr haben, ist wie versteinert. Dieser Abschnitt wird meist schnell durch heftige Gefühlswallungen abgelöst: Schmerz, Angst, Zorn, auch Schuldgefühle, quälende Sehnsucht. Je weniger Gefühle bisher zugelassen wurden, um so heftiger die Reaktion in dieser Trauerphase. Schlafstörungen und Anfälligkeiten gegenüber Krankheiten können die Folge sein.

Kann man als Außenstehender in der ersten Phase meist nur durch Anwesenheit und beruhigende Worte einwirken, ist in der zweiten Phase oftmals tätige Hilfe gefragt – eventuell Essen kochen, einen geregelten Alltag aufrechterhalten, einkaufen, sich Dinge anhören, die sonst, bleiben sie unausgesprochen, für noch mehr Schmerz sorgen.

Oftmals kann in einer anschließenden dritten Trauerphase der Trauernde nur noch an das Geschehene denken. Hier ist es wichtig, den Bezug zur Realität wieder herzustellen. Die banale Weisheit »Das Leben geht weiter« steht unausgesprochen im Raum und kann vom Trauernden auch als Druck empfunden werden. Vielleicht kann man in diesem Fall dem oder den Trauernden eine Einladung anbieten oder einfach einmal die Hand streicheln. Oder still dabei sein, wenn die Schmerzen übermächtig werden.

Familien, die ein intaktes Gefüge haben, werden bald zu einem Umgang mit der Trauer finden, der zwar Zeit braucht, aber dem auch Zeit gelassen wird. Wer als Trauernder über alle Phasen »hinweggeht« und *business as usual* betreibt, wird mit Sicherheit irgendwann von der Trauer eingeholt. Denn Trauer läßt sich nicht verdrängen, sie bahnt sich so oder so ihren Weg.

In der vierten Trauerphase gehen die Betroffenen in der Regel wieder langsam auf die Welt und andere Menschen zu. Wer hier auf eine sensible Umwelt, die sich kümmert, trifft, wird gut aufgefangen werden und neue Zuversicht gewinnen.

Umgang mit Trauernden

Umgang mit Trauernden ist sicher eines der schwierigsten Kapitel der Nächstenliebe. Zum einen ist man meist selbst von der Trauer betroffen, zum anderen fehlen einem im wahrsten Sinne des Wortes meist die Worte. Mit einem »Das wird schon wieder« oder anderen oberflächlichen Tröstungen ist mehr Schaden angerichtet als genützt. Zu viele Worte bedrängen, zu wenige können als Desinteresse gedeutet werden – Trauernde sind in ihren Reaktionen oft nicht berechenbar. Meist brauchen Trauernde ein Gegenüber, das sie ansprechen, dem sie erzählen können, oder einfach jemanden, der in der Nähe ist, vor dem sie sich nicht »verstellen« müssen. Ein gelegentlicher Telefonanruf oder eine Postkarte signalisiert Verbundenheit. Mit der Trauer muß man Geduld haben, sie läßt sich nicht beschleunigen und auch nicht herbeirufen – wenn man tätige Trauerbegleitung leisten möchte, sollte man selbst eine gewisse Ausgeglichenheit haben, denn sich »anstecken« zu lassen, ist keine gute Basis.

Kondolenz

Die richtigen Worte zu finden, um sein Beileid auszudrücken, ist eine der heikelsten Probleme. Maß und Form sind davon abhängig, wie nahe jemand dem Verstorbenen stand. Das mündliche und persönliche Kondolieren ist den engsten Angehörigen vorbehalten, meist geschieht dies auf der Beerdigung oder schon vorher. Als Bekannter oder Arbeitskollege eines Verstorbenen sind schriftliche Beileidsbekundungen angebracht, falls es ein tiefes Bedürfnis ist zu kondolieren, denn Pro-forma-Beleidsschreiben können schnell einen schalen Beigeschmack bekommen. Einige handschriftliche Zeilen auf einer Trauerkarte oder weißem Papier zeugen von seriöser Anteilnahme. Auch das Senden von Blumengestecken nach Hause oder zur Trauerfeier kann mit einigen persönlichen Zeilen begleitet werden.

Die Antwort auf Kondolenzschreiben erfolgt meist einige Tage oder Wochen nach der Trauerfeier. Die Trauernden sollten sich nicht unter Druck setzen, es ist neben der emotional angespannten Situation meist viel zu erledigen. Neben Briefen bedanken sich Angehörigen auch manchmal mit einem Sterbebild oder einem Kärtchen für die Blumengeschenke und Beileidsbekundungen.

Beileidsschreiben sind nicht zu verwechseln mit Trostbriefen, die deutlich länger ausfallen dürfen. Einige persönliche, warme Zeilen als aktuelles Kondolenzschreiben, dem ein ausführlicher, tröstender Brief folgen kann, sind gerade in der so aufwühlenden Trauerzeit ein Zeichen der Anteilnahme und ein wertvoller Halt.

Umgangsformen

Auf der Straße · Duzen · Visitenkarte · Tischmanieren · Im Restaurant und an der Bar

Um seine Mitmenschen vor peinlichen Verlegenheiten im Umgang mit anderen zu bewahren, hat Adolph Freiherr von Knigge schon 1788 ein Buch herausgegeben, das den Titel »Über den Umgang mit Menschen« trägt. Kein Buch der guten Manieren oder gar ein »Benimmratgeber«, vielmehr eine Aufklärungsschrift für Taktgefühl und Höflichkeit im Umgang mit den Generationen, Berufen, Charakteren, die einem auch Enttäuschungen ersparen sollte. Ein Buch der allgemeingültigen Lebensregeln und Lebensweisheiten, die zum Teil auch heute noch Gültigkeit haben. Sicher, der Lauf der Zeit hat vieles verändert; er hat neue Lebensformen hervorgebracht, von denen der Freiherr nicht einmal träumen konnte, und er hat vor allem das Verhältnis der Menschen zueinander und zugleich die Auffassung von Anstand und Sitte gewandelt. Vieles, was unseren Großeltern noch als unerlaubt oder »unziemlich« galt, ist für uns kein Stein des Anstoßes mehr.

Die meisten haben nach wie vor den Wunsch, als Menschen von guter Erziehung und guten Umgangsformen zu gelten. Sie wollen es schon in ihrem eigenen Interesse, weil gutes Benehmen die Herzen der Menschen gewinnt und Erfolg im Leben und im Beruf sichert.

Auf der Strasse

Die früher sehr zahlreichen und expliziten Verhaltens- und Benimmregeln für Bürgersteig und Straße sind weitgehend obsolet geworden. Gefragt wird allenfalls noch manchmal, auf welcher Seite der »begleitende Kavalier« geht. Früher ging man, wenn man eine Dame begleitete, in Deutschland stets links, in den anglikanischen Ländern auf der »gefährlichen« Seite, nämlich der zur Fahrbahn hin gelegenen. Mitte des vergangenen Jahrhunderts hat sich diese Sitte auch in Deutschland durchgesetzt.

Daß bei Regen der Herr den Schirm so zu halten hat, daß er die Dame ganz beschirmt, auch wenn er selbst unter dem Regenschirm nur teilweise Platz findet, ist klar. Auch beim leidigen Platzanbieten in überfüllten öffentlichen Verkehrsmitteln sollte Herzenstakt vor Etikette gehen. Jeder sollte soviel Feingefühl besitzen, zu erkennen, wer einen Sitzplatz benötigt und für wen man aufstehen sollte, um ihn anzubieten.

Beim Aussteigen steigt der Herr übrigens vor der Dame aus – wenn er ihr auch sonst den Vortritt läßt –, um ihr dabei behilflich zu sein.

Duzen

Das »Du« hat heute nicht mehr den Seltenheitswert, den es noch vor fünfzig oder hundert Jahren hatte. Trotzdem sollte die vertrauliche Anrede mit Du auch für uns noch eine Auszeichnung sein, die außer unseren Familienangehörigen und Verwandten – und selbstverständlich auch unseren Jugendfreunden – nur denen zuteil wird, mit denen uns Freundschaft und Vertraulichkeit verbindet.

Leider können wir das nicht immer so einrichten, wie wir es möchten. Denn wenn es in irgendeiner Gruppe, zu der wir kommen und gehören möchten, üblich ist, sich zu duzen, werden wir uns kaum ausschließen. Auch ein von Älteren angebotenes Du kann man nicht verweigern. Im übrigen aber warten Menschen mit Feingefühl lange, ehe sie zum Du übergehen.

Der Schritt vom Sie zum Du will also überlegt sein. Erst wenn wir den andern als zuverlässigen Menschen kennengelernt haben, als einen Menschen, den wir uns gern zum Freund machen möchten, bieten wir ihm das Du an. Können wir nun jedem das Du anbieten? Auch dafür gibt es Regeln, die nicht außer acht gelassen werden dürfen. Der Jüngere kann nicht dem Älteren, der Rangniedere nicht dem Ranghöheren das Du anbieten. Für eine Dame war es früher unmöglich, einem Herrn das Du vorzuschlagen, was heute aber möglich und üblich ist. Es gehört Fingerspitzen- und Feingefühl dazu abzuschätzen, wann das Du-Angebot angebracht ist – man wird es erst dann tun, wenn man mit Sicherheit annehmen kann, daß der andere dieser Bitte auch stattgeben wird.

Visitenkarte

Die Visitenkarte gehört ganz sicher zu den »schönen Traditionen«, auch wenn ihre formelle Verwendung heute nicht mehr üblich ist. Sie ist traditionell länglich, rechteckig, von weißer Farbe und aus holzfreiem Karton; die Standardformate sind 10,0 mal 6,0 oder 10,5 mal 4,5 Zentimeter. Für gesellschaftliche Zwecke gibt es sie nur als schlichte Version, weiß mit glattem Rand.

Unterschieden werden zwei Arten von Visiten- oder Besuchskarten: die geschäftlich-berufliche und die gesellschaftlich-private.

Die berufliche Karte enthält alle wesentlichen Angaben zur Person, die man im Geschäftsleben auf den ersten Blick wissen muß.

Es steht also neben Vor- und Zuname sowie etwaigen Titeln und Berufsangabe auch die Firma darauf, zu der man gehört. Die geschäftliche Adresse mit Telefon, Website und E-Mail wird genannt, das Mobiltelefon nur, wenn es vorwiegend beruflich genutzt wird. Die Privatadresse gehört allenfalls bei Selbständigen und Freiberuflern auf die Karte, sollte der Besitzer es für nötig erachten.

Die gesellschaftliche Karte trägt außer dem Namen und Vornamen lediglich die Privatadresse mit Telefon, E-Mail, gegebenenfalls auch Website und Mobilnummer. Ausgesprochen eindrucksvoll ist es, die private Visitenkarte nicht nur zu drucken, sondern zu gestalten und dann in Stahlstich zu prägen.

Ob man gegebenenfalls den »Dr.« erwähnt oder den Doktor noch näher mit »Dr. jur.« oder Dr. phil.« bezeichnet, ist Geschmackssache. Familienwappen, Kronen und ähnliches gehört nicht auf die Visitenkarte, auch nicht bei Adeligen. Sehr berühmte und bescheidene Leute verbindet eines: Sie haben vielfach Karten, auf denen weiter nichts steht als ihr Vor- und Nachname.

Da es heute in seltenen Fällen noch Antritts-, aber keine Anstandsbesuche mehr gibt, haben auch die zahlreichen Vorschriften und Regeln, welche Karte und wie viele Karten abgegeben oder per Boten geschickt oder umgeknickt werden, ihre Berechtigung weitgehend verloren. Nur unter Diplomaten sind die großen Visitenkartenrundfahrten und gegenseitigen persönlichen Höflichkeitsbesuche noch üblich, so etwa nach der Ankunft auf einem neuen Posten oder vor der Abreise von einem alten.

Die Visitenkarte hat aber noch andere, sehr praktische Seiten: Sie erlaubt eine Art von »Kurzkorrespondenz«. Mit ihr kann in einer Art inoffizieller Einladung handschriftlich eingeladen werden; eine Antwort darauf ist nicht nötig oder üblich. Blumen können mit Visitenkarten geschickt und selbst Weihnachts-, Geburtstags- und andere Glückwünsche zu irgendeinem erfreulichen Ereignis können per Visitenkarte übermittelt werden.

Hier die französischen Abkürzungen, die in solchen Fällen in internationalen Kreisen auf der Visitenkarte vermerkt werden:

- p. p. (*pour présenter* = um vorzustellen)
- p. p. c. (*pour prendre conger* = um Abschied zu nehmen)
- p. r. (*pour remercier* = um zu danken)
- p. f. (*pour féliciter* = um Glück zu wünschen und zu gratulieren)
- p. c. (*pour condoler* = um Beileid zu wünschen)
- p. m. (*pour memoire* = um zu erinnern)

Tischmanieren

Grundsätzlich gilt: Tischmanieren sind nicht erfunden worden, um die Leute beim Essen zu schikanieren und den Genuß zu beeinträchtigen, sondern dazu, um dieses ganze Geschäft ein wenig ästhetischer zu machen. Daß sich dabei im Lauf der Jahrhunderte auch Regeln eingeschlichen haben, die mit diesem Grundanliegen nur indirekt zu tun haben, ist klar. Aber ob wir sie nun für sinnvoll halten oder nicht: Wer sich gegen sie auflehnt, ist nicht eine originelle Persönlichkeit, sondern schlicht unerzogen.

Einige Benimmregeln sind natürlich obsolet. Im Jahr 1450 galt noch: »Du sollst vom Brote essen nicht eh man sieht das erste Gericht.« Um 1900 wurde noch streng dekretiert: »Ein wohlgesitteter Mensch nimmt sich von den Speisen nur so viel, daß zwei Drittel seines Tellers völlig leer bleiben.« Von solch strenger Tischzucht sind wir seither befreit, aber sich den Teller so voll zu häufen, als traue man der Hausfrau in der Küche keine Reserven mehr zu, gilt noch immer als unfein. Auch die Regel »Der Löffel geht zum Mund, nicht umgekehrt« dürfte noch immer Gültigkeit haben – es ist einfach ein unästhetischer Anblick, Menschen über ihrem Essen hängen zu sehen und nach dem zu schnappen, was sie sich mit dem Besteck zuführen. Ob man nun den Löffel mit der Breitseite (wie in England oder Amerika) oder mit der Spitze zuerst zum Mund führt, dürfte inzwischen keine große Frage, an der sich die Etikette entscheidet, mehr sein.

Auch im Alltag sollte der Tisch »richtig« gedeckt sein, das Besteck in der richtigen Formation liegen. Ob man die Servietten kunstvoll faltet und womöglich noch eine kleine Semmel darin versteckt, bleibt dem Einfallsreichtum überlassen, ist aber natürlich keineswegs ein Erfordernis.

Serviette

Ein Gast, der eben Platz genommen hat, entfaltet zunächst seine Serviette, die links vom Teller liegt, und breitet sie – nur halb geöffnet – über die Knie. Damen legen ihre Handtasche, die abends so klein sein soll wie nur möglich, rechts neben den Teller oder ebenfalls auf ihren Schoß. Die »unbeschäftigte« Hand liegt bei uns zwanglos auf dem Tisch, in England oder Amerika aber auf dem Schoß.

Brot

Brot soll – außer im Familienkreis oder beim Frühstück – nicht geschnitten, sondern nur gebrochen und mit dem Finger gegessen werden. Auch vom Brötchen wird nicht abgebissen, sondern mit der Hand ein Bissen davon abgebrochen. Mit Brot wird weder aufnoch eingetunkt (außer in Frankreich!).

Gerichte

Nur im Familien- und Freundeskreis bittet die Gastgeberin einen Tischgast, sich reichlich zu bedienen, bei größerer Gesellschaft aber niemals! Läßt irgend jemand ein gereichtes Gericht vorübergehen, wird davon selbstverständlich keinerlei Notiz genommen.

Wein

Wird bei einem neuen Gang ein anderer Tischwein eingeschenkt, kann man zwar das vorherige Glas noch austrinken, darf es aber nicht mehr ergreifen, wenn man schon den neu aufgetischten Wein berührt hat.

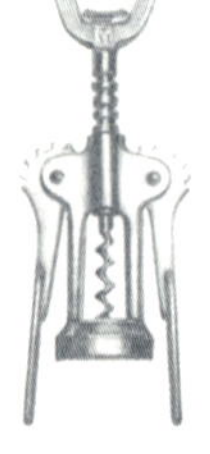

Portion

Was die Portionen betrifft, so gilt allgemein Zurückhaltung. Es ist wenig schicklich und gar nicht nötig, auf seinem Teller Vorratswirtschaft zu treiben, denn außer Fisch und bisweilen Suppe und Käse sollte jedes Gericht zweimal gereicht werden. Liegenbleiben darf möglichst nichts, ein zweites Mal zu nehmen ist durchaus möglich, auch vorbeigehen lassen kann man alles und zu jeder Zeit.

Besteck

Was das jeweils fällige Besteck betrifft, so arbeitet man sich »von außen nach innen« vor. Fisch wird mit zwei Gabeln gegessen, wenn nicht besondere Fischbestecke bereitliegen. Im Gegensatz zur englischen Sitte schneidet man bei uns immer nur das Stück Fleisch vom Ganzen ab, das gerade in den Mund soll. Das Messer wird aus Prinzip nur dann und dort zum Schneiden benutzt, wo man auch mit bestem Willen nicht ohne Messer auskommt. Daß Fisch nicht mit dem Messer gegessen wird, dürfte sich inzwischen herumgesprochen haben, doch von niemandem wird erwartet, sich mit einer stumpfen Gabel an einem Hering abzuquälen, der ihm zum Dank auf den Schoß springt. Auch daß Kartoffeln, Knödel und Omelett nicht mit dem Messer geschnitten, sondern mit der Gabel zerteilt werden, ist vielleicht eine »schöne Tradition«, aber keineswegs mehr selbstverständlich.

Wichtig ist auch heute noch die »Symbolik«: Gabel und Messer nebeneinander rechts an den Tellerrand gelegt bedeuten, daß man vom gleichen nichts mehr wünscht; über den Teller gekreuzt rufen sie nach »Mehr!«

Obst

Früchte, in die man sonst herzhaft hineinzubeißen gewöhnt ist, werden an der festlichen Tafel recht umständlich mit dem Obstbesteck (oder mit kleinen Messern und Gabeln) geschält und gegessen.

Im Restaurant und an der Bar

Wer allein in ein Restaurant geht, hat nur sehr wenige Dinge zu beachten, um als wohlerzogener Mensch zu gelten. Da er allein ist, wählt er einen möglichst kleinen Tisch, denn er will ja ungestört bleiben. Hat ein Herr eine Dame zum Essen eingeladen, läßt er einen Tisch reservieren und macht sich beim Eintreten der Dame durch Aufstehen bemerkbar. Erscheinen Dame und Herr gemeinsam, so geht der Kavalier voraus und hält der Dame die Tür auf. Denn es ist traditionell seine Sache, den Tisch zu wählen, und hierbei muß er vorgehen. Er fragt sie aber, ob ihr dieser oder jener Tisch gefällt. Der Herr nimmt der Dame den Mantel ab; nur seine eigene Garderobe kann er sich abnehmen lassen.

Die Bestellung war früher strikt geregelt – sie wurde vom Herrn aufgegeben, die Dame ließ sich Vorschläge machen und äußerte Wünsche, wandte sich dabei aber dem Herrn zu, nicht dem Kellner. Der Herr wählte auch die Getränke, fragte jedoch seine Dame, ob sie damit einverstanden sei. Das alles ist sehr formell und heute selbst in exklusiven Restaurants nicht mehr üblich. Auch daß die Dame dem Herrn vorlegte, das heißt, ihn von der auf dem Tisch stehenden Platte bediente, ist erfreulicherweise passé. Eine schöne Tradition ist jedoch die Selbstverständlichkeit, daß man die Dame von allem zuerst nehmen läßt.

Im erstklassigen Restaurant ist es üblich, daß ein aufmerksamer Kellner nachschenkt. Besonders dann, wenn sich der Weißwein oder Champagner in einem eisgefüllten Kübel befindet und zum Einschenken mit der tropfenden Flasche eine Serviette gehört. Ist dies nicht vorgesehen, wird der Herr der Dame einschenken.

Was das Bezahlen angeht, so gibt es inzwischen keine triftigen Regelungen der Etikette mehr. Eine Prinzessin zahlt allerdings nie selbst, wie es so schön heißt. Es sollte selbstverständlich sein, daß der Herr für die Dame zahlt, es sei denn, es ist ausdrücklich etwas anderes vereinbart worden. Verabredet sich ein Herr mit einem anderen Herrn zum Essen, so ist es nicht immer ganz klar, ob dieser eingeladen oder nur aufgefordert wurde. Das wird erst dann klar, wenn sich der eine mit der Frage »Was wünschen Sie zu essen?« an den anderen wendet und dessen Bestellung an den Kellner weitergibt. Er übt damit die Funktion des Gastgebers aus und will einladen. Wer sich nicht einladen lassen will, sagt zum Schluß, wenn es an das Bezahlen geht, zum Kellner: »Bitte getrennt.«

Im allgemeinen ist es noch immer üblich, daß der auswärtige Bekannte oder Geschäftsfreund von dem eingeladen wird, der am Ort wohnt. Ebenso lädt meist der wirtschaftlich besser Bestellte den anderen ein, der Vorgesetzte seinen Mitarbeiter, der Ältere den Jüngeren.

In größeren Gesellschaften verteilt der Gastgeber die Plätze; die Herren nehmen erst dann am Tisch Platz, wenn alle Damen sitzen. Erhebt sich eine Dame vom Tisch, so ist es üblich, ebenfalls aufzustehen (oder das Aufstehen zumindest sichtbar anzudeuten), ebenso, wenn sie zum Tisch zurückkehrt und wieder Platz nimmt. Sitzen sechs Herren mit ihr am Tisch, brauchen und sollen sie natürlich nicht allesamt aufspringen, sondern nur ihr Tischherr oder -nachbar steht auf.

Es ist übrigens nicht richtig, die anderen Mitgeladenen lang und breit darüber zu befragen, was sie zu essen beabsichtigen. Noch schlimmer wäre es, freundliche Gaben und Gegengaben von einem Teller zum anderen auszutauschen. Selbst unter Familienmitgliedern gehört es sich in einem Restaurant nicht, daß der eine vom anderen »ein bißchen mitißt«.

Werte

Der Begriff Werteerziehung taucht in den letzten Jahren immer wieder im politischen Kontext auf, Internetforen werden gebildet, Wettbewerbe ausgeschrieben. Bildungspolitiker, Philosophen, Pädagogen, Soziologen geben zu bedenken, daß einem drohenden Werteverfall nur mit klaren Vorgaben zu begegnen ist. Lange Zeit hatten die klassischen Werte, klar formuliert, immer ein wenig mit dem Verdacht des Erzkonservativen zu kämpfen. Im Gefolge von Frauen- und Studentenbewegung wurde mit althergebrachten Normen aufgeräumt. Radikale Schritte waren dazu notwendig, um Verkrustungen aufzubrechen und Neues möglich zu machen. Mit der neuerlichen Diskussion um die Bildung der Kinder seit den Pisa-Studien, die so schockartig die Mängel der Grunderziehung und des Bildungssystems aufgewiesen haben, und angesichts der Herausforderungen einer multikulturellen Gesellschaft muß neu über Werteerziehung nachgedacht werden.

»Aber das ist doch alles selbstverständlich«, möchte man da einwerfen! Ist es aber leider nicht. Allein einmal die Begriffe aufzuzählen, die den Grundstock eines modernen (und damit auch klassischen) Wertesystems bilden, gleicht einem verbalen Rundgang durch die *hall of fame* des Guten.

Denn in jeder Kindererziehung, in jedem gemeinsamen Leben innerhalb einer Zivilgesellschaft sind sie so notwendig wie Schlafen und Essen: Freundschaft, Liebe, Ehrlichkeit, Gerechtigkeit, Lust, Wohlfühlen, Harmonie, Disziplin, Taktgefühl, Güte, Vertrauenswürdigkeit, Einhalten von Grenzen, Respekt, Hilfsbereitschaft, erweitert durch Konfliktfähigkeit, Glaubensfähigkeit und Weisheit.

Seit Aristoteles und Platon den Begriff des *Guten* herausbildeten, haben sich nicht nur Philosophen, sondern auch Sozialwissenschaftler, Theologen und neuerdings auch Ökonomen mit der Frage beschäftigt. Worum geht es? Um *gut* miteinander leben zu können, um Befriedigung in der Gemeinschaft mit Menschen, in der Arbeit, in Freizeit und Familie zu finden, bedarf es neben einer materiellen und hygienischen Sicherheit auch einer *moralischen*, die eine gewisse Allgemeingültigkeit haben muß.

Als im antiken Griechenland die Staatsform der Demokratie entwickelt wurde, standen Werte schon ganz oben auf der Skala. Schließlich sollten so gut wie alle Menschen Mitsprache am Allgemeinwohl haben. Früh wurde erkannt, daß große gemeinsame Wünsche und Werte etwas voranbringen, die Gemeinschaft stärker machen können. Das aristotelische Streben nach dem Guten, der Luxus des individuellen Glücks, das platonische Perfektionieren des Geistes, schließlich die Philosophie Epikurs, die den Genuß in die Werteskala einführte, setzten schon ein gewaltiges Maß an moralischer Zivilisation voraus. Die biblischen Zeiten lagen da bereits zurück: die Zehn Gebote, jene an Moses überreichten Worte Gottes, um den Menschen einen Leitfaden an die Hand zu geben. In ihnen liegt das Rüstzeug, das mehr oder weniger eine Basis schafft für das Verhalten der Menschen mit- und untereinander. Ob man es nun aus theologischer, philosophischer, aus moralischer oder aus ethischer Sicht betrachtet: Die Zehn Gebote sind ein Klassiker, einfach, immer noch modern und ausgesprochen hilfreich.

Da aber das Leben historischen Veränderungen unterworfen ist und immer wieder neue moralische Anforderungen an die gesellschaftliche Existenz gestellt werden, mußte im Laufe der Jahrhunderte der Wertekanon ständig erweitert werden. Erst mit der Französischen Revolution und dem Novum *liberté, egalité, fraternité* (Freiheit, Gleichheit, Brüderlichkeit) wurde Ungleichheit in Frage gestellt; die amerikanische Unabhängigkeitserklärung schuf ein Instrument der Freiheit. Derartige Beispiele gibt es viele und sie reichen bis in die jüngste Zeit. Kaum glauben will man, daß das Wahlrecht und das Recht auf ein Studium für Frauen in Deutschland erst Anfang des zwanzigsten Jahrhunderts durchgesetzt wurde. Die Rechte der schwarzen Bevölkerung haben erst mit Martin Luther Kings Aufruf 1968 eine Wendung erfahren, die Homosexualität ist erst seit den neunziger Jahren straffrei gestellt worden. Und noch bis in die neunziger Jahre war in deutschen Schulen die Prügelstrafe erlaubt.

Viele Werte sind aber auch dem historischen Wandel unterworfen und werden schlicht unmodern. Keuschheit und Sittsamkeit sind heute so unpopulär wie Heldentum und Askese. Dagegen sind neue, gesellschaftspolitisch wichtigere Werte hinzugekommen: ökologische Verantwortung, die Kinderrechte, Toleranz gegenüber der gleichgeschlechtlichen Liebe, das Recht auf Bildung, Integration und Wertebildung in Zeiten von Migrationsbewegungen.

Dies alles sind klassische Bestandteile und Koordinaten des Wertesystems, die in keiner Kindererziehung fehlen sollten. Da der Grundstock jeder Erziehung im Elternhaus gelegt wird und Institutionen nur dort ansetzen, wo bereits vorgearbeitet wurde, ist es unerläßlich, die häusliche Wertephilosophie ganz bewußt immer stärker in den Vordergrund zu rücken.

Die medialen Entwicklungen wie Fernsehen, Internet, Handy bringen neue Grauzonen der Moral und des Verhaltens mit sich, die mit unserem Wertenetz noch nicht erfaßt sind. Die Verfehlungen von Konzernmanagern, Korruptionsskandale, die ans Licht kommen, der Umgang mit Arbeitnehmern in Krisenzeiten, Arbeitslosigkeit und Gerechtigkeit, ökonomische Ethik und Kritik der Globalisierung – die Zeitungen sind voll mit ethischen Grundfragen, die nicht einfach mit den Zehn Geboten erklärt und beantwortet werden können, die man auch nicht einfach per Gesetz verbieten oder erlauben kann.

Was ist gut, was ist schlecht, was schadet mehr, wenn ich es tue? Kann ich mit einer Lüge Leben retten? Ist ziviler Ungehorsam hilfreich? Wann ist Protest sinnvoll? Wie gehe ich mit schlechtem Gewissen um? Was erlaube ich mir, was stört mich? Wo helfe ich, wo begebe ich mich in Gefahr? Lebe ich im Einklang mit der Natur? Was schafft allgemeine Zufriedenheit, wie integriere ich Randgruppen? Familien mit hoher Debattierkultur können über diese Fragen spannende Tischgespräche führen. Firmenchefs können und sollen neben den wirtschaftlichen Visionen über Ethik nachdenken. Und sollte eine Bewegung aus dem angloamerikanischen Raum unser Bildungssystem erreichen – das Einrichten von Debattierclubs an Schulen –, könnte der Umgang mit solchen Fragen schon in der Schule spielerisch erlernt werden.

Zeit

Zeit haben · Freizeit, Fest und Feier · Umgang mit Zeit · Muße

Es ist paradox: Je mehr Errungenschaften und Erfindungen, die uns das Leben leichter machen und Zeit sparen sollen, desto schwieriger erscheint uns das Leben, desto weniger Zeit meinen wir zu haben. Wir fahren schnelle Autos, die uns prompt an jeden gewünschten Ort bringen. Wir erledigen Einkäufe bei Ebay, Amazon, im Versandhauskatalog und lassen uns alles bequem ins Haus liefern. Wir sind mit Mobiltelefonen ausgestattet, die uns unabhängig vom Festnetz machen und uns jederzeit erreichbar sein lassen. Und doch eilt uns die Zeit davon, hetzen wir durch unseren Alltag. Doch fehlt uns wirklich Zeit? Oder haben wir vielleicht nur vergessen, was wichtig ist? Ist uns die davoneilende Zeit womöglich sogar willkommen, um uns über unfreiwillige Einsamkeit, über die Leere in unserem Leben, über die Langeweile hinwegzutäuschen? Könnte es sein, daß wir das Gefühl der dahineilenden Zeit brauchen, um nicht spüren zu müssen, wie verloren wir wären, hätten wir die Zeit, nach der wir uns sehnen?

Wir hören die innere Stimme, die uns sagt, es wäre besser, alles etwas langsamer anzugehen, Prioritäten zu setzen und mehr Zeit für uns selbst, für den Ehepartner, für die Kinder und die Freunde zu haben. Wir wissen nur zu gut, daß die Strategien »Raus aus der alltäglichen Routine« und »Mehr Zeit für das Wesentliche« ihre Berechtigung haben. Die Probleme, die dem entgegenstehen, kennen wir alle.

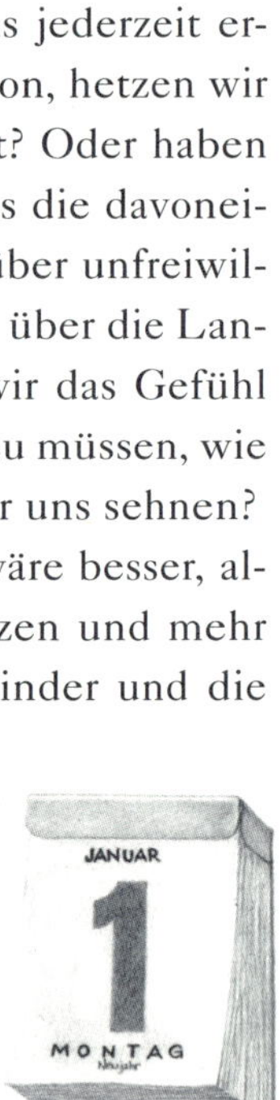

Tatsächlich heißt mehr Zeit zu haben, auch mehr Freiheit zu haben, um sich den Menschen oder Dingen zu widmen, die einem wichtig erscheinen. Denn ohne einen Sinn in unserem Leben kommt schnell Leere auf. Ohne die Erfüllung unserer »Herzenswünsche« wird unser Leben nicht in die Balance kommen.

Zeit haben

Der erste Schritt zu einem glücklichen Leben: Zeit. Für sich selbst. Für die Stille. Um konzentriert nachzudenken. Um nichts zu tun. Um allein zu sein. Um endlich eine schöne Stunde mit einem Freund, einer Freundin zu verbringen. Um nicht gehetzt irgendwohin zu gehen oder sich irgendwo aufzuhalten, wo man nicht sein möchte.

Deshalb ist nicht das Zeithaben an sich schon wertvoll, sondern die *Qualität* des Zeithabens. Die Wichtigkeit, welche die Tätigkeit hat, für die wir Zeit gewonnen haben, ist das entscheidende Kriterium für jede neue erlebte Zeit.

Es nützt daher nichts, nur den bisherigen Stundenplan durcheinanderzuwirbeln, um sich nun endlich Zeit zu nehmen für die schönen Dinge. Niemand erlebt eine neue Qualität im Leben, wenn er sich bei den Alltagsaktivitäten abhetzt, um die vielleicht ersparte halbe Stunde erschöpft vor dem Fernseher zu sitzen. Und es ist der Konzentration nicht gedient, wenn man die Wochenendnächte auf lauten Partys verbringt und zum inneren Ausgleich am Montagabend einen Tai-Chi-Kurs besucht.

Harmonie im Leben läßt sich nicht in einen Terminkalender pressen. Es ist umgekehrt: Der Terminkalender muß das Wissen um die innere Harmonie widerspiegeln.

Freizeit, Fest und Feier

Freizeit ist zunächst einmal die Möglichkeit der Muße und der Besinnung, die Zeit, in welcher der Mensch sich erholt. Dafür braucht er keine bestimmten Aufgaben, weil er sich so besser aus den Zwängen der alltäglichen »Lebensbewältigung« herausnehmen kann.

Wie der Begriff »Arbeit« durch Aktivität, Anstrengung, Mühe und sozialen Nutzen (letztlich durch Funktion) gekennzeichnet ist, so ist es andererseits Fest und Feier durch Ruhe, Freisein von Mühe und Herausgelöstsein aus den alltäglichen Funktionen. In einer vom Nutzdenken (»Was bringt mir das?«) vollständig beherrschten Welt ist ein wirkliches Fest nicht möglich. Es entspringt aber nicht dem Bedürfnis, nun dem Alltag zu entfliehen, sondern der Art von Leben nahezukommen, die wir für »die richtige« halten.

So kursieren zahllose Mißverständnisse, zum Beispiel über das Wochenende, das nahezu ausschließlich in seiner Funktion der Entspannung und der Regeneration von Arbeitskraft gesehen wird. Der Ursprung des Sonntags wird vielfach verdrängt, er dient oft sogar kaum noch der Besinnung und Erholung, sondern als Zeit der Anstrengung und Verplanung. Viele haben es zudem verlernt, in ihrer Freizeit »die Seele baumeln zu lassen«, das heißt auch, sie mit Muße sinnvoll zu gestalten.

Umgang mit Zeit

Die Kunst, Zeit zu haben, scheint ausgestorben. Es gibt kaum noch Menschen, die auf eine entsprechende Frage mit offenherziger Zuvorkommenheit antworten: »Aber ja, kommen Sie herein, ich habe Zeit.«

Dabei lehrt uns die Tradition, daß es kein schnelles Glück gibt. Zum Glück gehört Zeit, sogar sehr viel Zeit, übermäßig viel Zeit. Viele meinen daher das Glück vor allem dann zu finden, wenn sie der inneren Erfahrung nach die meiste – freie – Zeit haben: im Urlaub, auf Reisen.

Es gibt kein schnelles Glück. Zum Glück gehört die Langsamkeit, die Muße, die Faulheit. Der Streß ist nur für glückentwöhnte Manager, unter deren gebräunten Gesichtern sich eine graue Einstellung tarnt, befriedigend.

Wer mehr Glück in seinem Leben, einen befriedigenden Lebensrhythmus finden will, kommt nicht umhin, dem Thema Zeit viel Aufmerksamkeit zu widmen. Nicht nur, daß jede Veränderung ihre Zeit braucht, die eigene Einstellung zur Zeit bedarf einer gründlichen Überprüfung. Ein französisches Sprichwort lautet: »Die verlorene Zeit fängt man nie wieder ein.« Es geht darum, keine Zeit zu verlieren, was bedeutet, sie nicht an Dinge zu verschwenden, welche die Zeit nur rauben. Wichtige, bedeutungsvolle Dinge schenken uns das Gefühl von Zeit, indem sie einfach vorübergeht, ohne uns ins Bewußtsein zu rufen, sie investiert oder gar »verloren« zu haben.

Bewußt in Widerspruch zur Tradition setzt sich das moderne Zeitmanagement, das in unzähligen Büchern von uns fordert, Zeit zu gewinnen, den Tag zu optimieren und das Letzte aus jeder gewonnenen Minute herauszuholen. Doch Zeitgewinn als solcher ist noch nicht sinnvoll, er erhöht zunächst einmal nur den Druck, keine Zeit zu verschwenden, Zeit besser und gezielter einzusetzen. Nur selten lesen wir bei den Zeitmanagern vom Verweilen, von der »Lust an der Pause«, vom Überfluß eines Tages, der nicht verplant ist. Wer erlebt sie noch, die Muße, die Tage ohne Termine, ohne Verpflichtungen, ohne Aufgaben und ohne jede Vorherbestimmtheit?

Musse

Müßiggang und Faulheit sind ansteckend. Einer, der sich auf einer Wiese ausstreckt, weckt in jedem vernünftigen Menschen den Wunsch, das gleiche zu tun wie er, nämlich nichts. Doch wie es nun einmal ist, gibt man diesem Verlangen nicht nach, sondern zieht weiter, irgendein Ziel vor Augen, das man für wichtig hält. Die Sehnsucht jedoch läßt man zurück – die Sehnsucht nach einem paradiesischen Zustand, der Ziele und Termine nicht kennt. Wer jedoch faulenzt, läßt der Welt ihren Lauf und ist mit ihr zufrieden, wenn sie ihn zufrieden läßt.

Die Arbeit ist nicht gerade ein Fluch, doch auch kein reiner Segen. Der Müßiggang ist keine Tugend, aber auch kein Laster. Beides ist erschaffen, damit es sich ergänzt. Wenn der Mensch sich müde gearbeitet hat, legt er sich auf die faule Haut und wird vegetativ. Während er in den blauen Himmel schaut oder auf eine Pusteblume, geschieht etwas mit ihm: Er spürt sich selbst, er spürt seinen Körper, die Sonne, die ihn bescheint, den Schatten, der ihn kühlt.

Viele Menschen sind unfähig, sich zu entspannen, sobald es not tut. Wann es not tut, sagt einem der Instinkt, und eben diesen Instinkt haben sie verloren. Sie verstehen sich nicht darauf, zur Welt jenen philosophischen Abstand zu halten, der Weisheit oder Gelassenheit heißt. Es gibt Leute, die den Anblick eines Müßiggängers oder Faulenzers nicht ertragen. Wie kommt der Bursche dazu, nichts zu tun, während sie sich abrackern? So lassen sie ihn denn ihren Ärger spüren, ihren gerechten Zorn – richtiger: ihre Mißgunst.

Doch wenn jemand faulenzt oder »die Seele baumeln läßt«, sollte man ihn nicht stören, denn man kann nie wissen, wozu sein Nichtstun gut ist. Vielleicht bekommt es ihm, vielleicht schöpft er Kräfte, die irgendwann Erstaunliches vollbringen werden. Das ist etwas ganz anderes als Lethargie oder Trägheit, denn der Müßiggänger verdämmert nicht, er erholt sich nur. Und er liebt das Leben.

Register

Bibliografische Information der Deutschen Nationalbibliothek
Die Deutsche Nationalbibliothek verzeichnet diese Publikation in der Deutschen Nationalbibliografie; detaillierte bibliografische Daten sind im Internet über http://dnb.d-nb.de abrufbar.

2. Auflage
Illustrationen: Ada Forster
Covergestaltung: Christina Krutz
Layout und Innengestaltung: Christine Paxmann
Lektorat: Wolfgang Straub
Realisation: Renaissance Books

ISBN 978-3-85033-185-2

Christian Brandstätter Verlag
GmbH & Co. KG
A-1080 Wien, Wickenburggasse 26
Telefon (+43-1) 512 15 43-0
Telefax (+43-1) 512 15 43-231
E-Mail info@cbv.at
www.cbv.at